이기인으로 돈벌레?
이타인으로 돈 벌래?

이승철·양휘강 공저

Digilog = Digital + Analog
세계 최초로 디지로그 라임으로 전하는 깐부되어 갑부되는 '자리이타' 전략

스마일스토리

머리말

머리맡에 전해 "맞다!" 해 멀리 전하려는 머리말

'같이의 가치'로 가지가지 가지런히 같이 가지는 상생의 삶!
더 붙어 더불어 더블로 더 불려 더 불러 더 풀어 더 푸르러 더불어 사는 공존공영의 삶!
네가 좋으면 내가 좋고, 네가 벌면 나도 번다는 상부상조의 삶!
이것이 자리이타의 삶입니다.

'자리이타'(自利利他)는 '남을 잘되게 하는 것이 나도 잘되는 것'이라는 삶의 법칙으로 환원형 사회법칙이자 순환형 경제법칙입니다.

이 책은 이 자리이타 법칙을 세상에 널리 전하고 싶어 쓴 책입니다.

이 책에서 탐의 이기심으로 사는 자리이기인(이하 "이기인) 땀의 이타심으로 사는 자리이타인(이하 이타인)의 삶의 비교를 통해 나를 스스로 돌아보고 아름다운 이타인의 삶을 사는 계기를 만드시기를 바랍니다.

...
이기인은 탐의 이기심에 많은 것들을 가지고도 남보다 먼저 많은 것들을 가지려 하는, 사려 하는 사람이기에 삶이 도발, 도박, 역정의 열전이다. 도박, 도발해야 하니 돈은 뭔 짓에 먼지 된다. 또 동반해 받은 돈을 반으로 나눌 줄 모른다. 모든 다 나눌 줄 모른다. 다만 사람을 나눌 줄 안다.
이타인은 땀의 이타심에 열정을 가지고 나보다 먼저 많은 사람을 사랑하는 사람이기에 삶이 여전히 가지런한 동반 여정이다. 동반해야 하니 돈도 먼저 동반된다. 또 동반해 받은 돈을 반으로 나눌 줄 안다. 먼 집에도 나눌 줄 안다. 다만 사람을 나눌 줄은 모른다.

...
이기인은 배은망덕으로 떡을 쌓는 사람이다.
이타인은 배워온 많은 덕으로 덕을 쌓는 사람이다.

…

이기인은 자기를 늘 착각하고, 자기 위주로 하고, 주위에 창칼을 들고
자기가 늘 착하게 산다고 하고,
이타인은 자기를 늘 자각하고, 자기 위주를 주의해 짝의 위주로 하고,
주위에 착하게 해, 주위의 창가에 해 들게 하고 산다.

…

이기인은 누군가와 싸워 전사를 한다.
이타인은 누군가의 수호천사를 한다.

…

이기인은 누군가를 원망하며 근근이 엉망이게 산다거나 누군가의 돈
긁고 산다거나 누군가와 끈 끊고 "휙" 까칠이 산다.
이타인은 누군가와 만월같이 동글고 원만하게 산다거나, 같이 하며
선다거나, 누군가와 끈끈히 꼭 같이 산다.

…

이기인은 의리를 빙자해 우리를 돈 한 푼 없는 빈자, 마음이 텅 빈 자,
피나는 자가 되게 해 울린다.
이타인은 의리로 돈 한 푼 없는 빈자, 마음이 텅 빈 자인 우리를 돈
한 풀어 피는 자가 되게 해 올린다.

…

이기인은 돈으로 타인을 울게 한다.
이타인은 돈으로 타인을 웃게 한다.

…

이기인은 돈의 화려함에 꽂혀 꽃보다 아름다운 사람을 잃는다. 돈을 놔둬 돈을 고
초로 만든다.
이타인은 하려함에 꽂혀 꽃보다 아름다운 사람이 된다. 돈을 나눠 돈을 아름다운
꽃으로, 곡조로 만든다.

…

이기인은 돈으로 공동체에 화염을 만든다.
이타인은 돈으로 공동체에 화음을 만든다.

이상은 이기인과 이타인이 사는 모습입니다. 그럼 당신은 어떤 사람으로 살고 싶은가요?

탐의 이기인인 자리이기인으로 살래요?
땀의 이타인인 자리이타인으로 살래요?

이 책에서는 자리이타인으로 살기를 권합니다.

자리이타인은 나눔을 기쁘게 실천하며 돈을 꽃으로 만들며 사는 꽃보다 아름다운 사람입니다. 자리이타는 자기희생이 아닙니다. 자기 회생입니다.
자리이타 법칙은 대접한 만큼 다시 대접이 돌아오는 뉴턴의 '작용·반작용'의 법칙이 적용되는 자연법칙이기도 헤겔의 변증법 3단계인 정립, 반정립, 종합 개념인 '정반합(正反合)'의 사회법칙이 적용되는 '환원주의' 사고의 자연스러운 세상 이치입니다. 그 자연스러움이 더욱 자연스럽게 물 흐름처럼 리듬을 타고 세상 사람들에게 스며들도록 세계 최초로 [디지로그=디지털+아날로그 감성]을 융합한 '디지로그 라임톡(Digilogrhymetalk)', '디지로그 리듬톡(Digilogrhythmtalk)', '디지로그 라임랩(Digilogrhymerap)', '디지로그 리듬랩(Digilogrhythmrap)'이라 명명한 운율어법과 운문시 같은 '디지로그라임퍼즐(Digilogrhymepuzzle)' 형태의 '디지로그 문학'을 창조해 내 자리이타를 전하오니 이 책을 읽으시면서 자리이타가 자연스레 스며들어 어느새 아름다운 자리이타인으로 변모하시기를 바랍니다.

이 책은 K-디지털문화 세계화기구인 한국디지털문화진흥회(회장 저자 이승철 박사)와 직속기관인 디지털금융문화원(원장 저자 양휘강)이 깐부가 되어 자리이타 실천운동으로 펼치고 있는 '디지털포용금융문화운동'의 지침서이자 연구서이기도 합니다.

아울러 노래하듯 흥겹고 맛난 말법으로 스며드는 전달력을 만들어, 흥겨운 만남을 만들고, 말 한마디로 천 냥 빚을 갚듯 복이 굴러 들어오게 만드는 마법 같은 어법인 디지로그라임톡, 디지로그리듬톡의 기본교과서 즉 '운율정음'이기도 합니다.
이 책을 즐겁게 읽으시면서, 즐거운 일이 가득하시길 바랍니다.

저자 이승철·양휘강 Dream

★ 이승철이 걸어온 자리이타의 길

● **자리이타 현장의 길**

- 고려대 법학과를 졸업한 법학박사이나 통일한국의 미래의 꿈을 품고 러시아로 건너가 유엔 유네스코 선정 세계 6대 명문인 세계 사회이즘의 본산인 상트페테르부르크국립대에서 정치대 대학원을 최우수 졸업하여 국제정치학 석사학위를, 사회과학대에서 최우수 과정수료로 '한반도 문화통일론' 으로 사회학 박사학위를 취득하고, 동대학에서 글로벌사회학부 교수 겸 동서사회연구원(IEWS) 설립 원장으로, 연세대 동서문제연구원 연구교수, 국립비엔나대 한국학과 초빙교수, 서남대 석좌교수를 지내며 한국어학당 설립 등 한국학 전도사의 길에 나섰다.
- 대한민국 최초·최연소 공인노무사로, 한국공인노무사회 연구실장으로 산업재해분쟁구조원을 설립해 부당노동 행위, 산업재해를 당한 노동약자의 무료법률구제에 나섰다.

● **자리이타 공익의 길**

- 국무총리실 직속 국민고충처리위원회 국가인권위 전문위원 공채합격을 계기로 사회적약자 구제에 나섰다.
- 16대 국회의원 재·보궐선거에선 최연소 당선되어 국회 국가미래전략특별위원으로 디지털10만 양병설을 주창하며 지역구인 구로구의 구로공단역 명칭을 구로디지털단지역으로 바꾸고, 세계최초의 디지털단지인 구로디지털단지의 첫 삽을 떠 '한국디지털개척자'의 길에 나섰다.
- 국회 환경노동위원회 위원으로 환경기본법과 탄소배출권 제도를 기초하고, 환경노동청원심사소 위원장으로 활동하면서 국정감사기간 중 단 1초도 자리를 뜨지 않은 의원으로 기록될 만큼 성실한 의정활동으로, 670개 시민단체로 구성된 한국유권자운동연합과 국정감사모니터단으로부터 최우수의원상을 수상했다.
- 남성이지만 국회 여성위원회에도 자원해 호주제 폐지와 성폭력 방지 입법 등 양성평등을 위한 입법에 앞장섬으로써 국회 여성위원회 선정 최우수의원상을 수상했다.
- 비장애인이지만 당 장애인위원회 부위원장으로 국회에 장애인특별위원회를 설립하여 위원으로 활동하면서 장애인 인권 향상 입법에 앞장섰다.

● **자리이타 글로벌 사회공헌의 길**

- 캄보디아 국회의장 경제고문으로 활동하면서 약소국의 경제자립을 도와 지구촌식구 살리기로 글로벌 사회공헌에 나섰다.
- 녹색세계포럼(GWF:Green world Forum) 세계의장으로 활동하면서 지구살리기로 글로벌 사회공헌에 나서고 있다.
- e스포츠 개념 창시자로 국제e스포츠포럼(IeSF)의 국제의장으로 e스포츠의 올림픽종목선정 추진 활동을 하면서 체육으로서의 e스포츠 활성화와 청소년 활성화에 나서 글로벌 사회공헌에 나서고 있다.
- K-디지털문화 세계화기구인 (사)한국디지털문화진흥회(KAADC)의 회장으로 활동하면서 디지털플랫폼정부의 마중물 역할과 디지털한류증진으로 글로벌 사회공헌에 나서고 있다.

양휘강이 걸어온 자리이타의 길

● **자리이타 현장의 길**
- 디지털금융 혁신가로,
  프리미엄 디지털자산거래소인 (주)코어닥스의 상무이사로서 디지털종합자산거래시스템 구축에 기여하고 디지털자산거래 활성화를 통한 디지털플랫폼정부의 디지털금융경제 활성화의 마중물 역할에 나서고 있다.

● **자리이타 공익의 길**
- (사)한국블록체인산업협회 이사로 K-암호화폐기술과 K-디지털자산플랫폼 기술향상에 나서 K-디지털금융한류와 디지털금융강국의 미래를 위해 나서고 있다.
- 광복회와 한국디지털문화진흥회 공동주최 대한민국디지털문화독립운동선언식에서 대한민국디지털문화독립운동가 33인 중 한 인사로 선정되었다.
- KDA한국디지털자산사업자연합회의 상임고문으로 디지털자산거래생태계 활성화를 통한 K-이코노미 세계화를 위해 나서고 있다.

● **자리이타 글로벌 사회공헌의 길**
- K-디지털문화세계화기구인 (사)한국디지털문화진흥회 K-디지털금융문화원(KDFCI) 원장 겸 세계디지털금융포럼 의장으로 디지털플랫폼정부의 디지털자산정책 제안 활동과 자리이타 실천운동인 '디지털포용금융문화운동'을 추진하면서 디지털기부문화 확산을 통한 자리이타형 디지털포용금융세계의 초석을 다지고, 금융경제적 약자를 돕는 길에 나서고 있다.
- 인공지능융합학회(ACIS) 이사와 메타버스 교육연구소의 수석연구위원으로 활동하며 최근에는 '메타버스 한 권으로 끝내기' 도서를 공동 집필하여 후학 양성에도 힘을 쏟고 있고, 자리이타 공인으로서 왕성한 활동을 하고 있다.

몫 차지하는 목차

제1장 | 자리이타 황금률 ... 15

[자리이타 관문 통과 문제]
1. 네가 좋으면 내가 좋다!
2. 네가 벌면 내가 번다!

1번, 2번에 모두 동의한 자리이타 도전자에 한해 이 황금률이 적힌 행운의 황금서와 황금지도가 주어진다.

    자리이타 기초론 · 16
      자리이타 개념론 · 16
      자리이타 이념론 - 공유가치론 · 17
      자리이타 원리론 - 대우 환원론 · 18
      (작용·반작용의 법칙 & 정반합의 법칙)

    자리이타 구성각론 · 21
      자리이타 금융론 - 깐부갑부론 · 21
      자리이타 조직론 - 양면 동전 리더십론 · 22
      자리이타 가정론 - 가화만사성론 · 24
      자리이타 인간관계론 · 25
        재미있고 도움 되는 사람 만남론 · 25
        긍정이타인 어울림론 · 27
      자리이타 우정관계론 - 의리다운 의리론 · 29
      자리이타 공동체론 - 두레 두레박론 · 30
      자리이타 경제론 - 큰 떡 이론(빅 파이론) · 30
      자리이타 규율론 - 신용 재산론 · 31

제2장 | 자리이타 황금열쇠 - 자리이타 사고전환 전략으로 황금 찾기   33

    [자리이타 관문 통과 문제]
      1. 탐의 이기심으로 살래?
      2. 땀의 이타심으로 살래?

1번을 선택한 자는 다음에 부르고,
2번을 선택한 자리이타 도전자에게는 황금금고를 열 총 7개의 행운의 황금열쇠가 주어진다.

      1번 황금열쇠를 쓰기 위해 알아두어야 할 황금팁 · 34
      2번 황금열쇠를 쓰기 위해 알아두어야 할 황금팁 · 44
      3번 황금열쇠를 쓰기 위해 알아두어야 할 황금팁 · 55
      4번 황금열쇠를 쓰기 위해 알아두어야 할 황금팁 · 64
      5번 황금열쇠를 쓰기 위해 알아두어야 할 황금팁 · 73
      6번 황금열쇠를 쓰기 위해 알아두어야 할 황금팁 · 85
      7번 황금열쇠를 쓰기 위해 알아두어야 할 황금팁 · 96

제3장 | 자리이타 황금고리 – 자리이타 깐부 연합전략으로 황금다발 쥐기   107

[자리이타 관문 통과 문제]
    1. 벗 다 버려 덜 벌래?
    2. 벗 더불어 더 벌래?

1번을 선택한 도전자는 버리고,
2번을 선택한 자리이타 도전자에게 황금다발을 묶을 총 7개의 행운의 황금고리가 주어진다.

    1번 황금고리를 엮기 위해 알아두어야 할 황금팁 · 108
    2번 황금고리를 엮기 위해 알아두어야 할 황금팁 · 118
    3번 황금고리를 엮기 위해 알아두어야 할 황금팁 · 127
    4번 황금고리를 엮기 위해 알아두어야 할 황금팁 · 135
    5번 황금고리를 엮기 위해 알아두어야 할 황금팁 · 144
    6번 황금고리를 엮기 위해 알아두어야 할 황금팁 · 152
    7번 황금고리를 엮기 위해 알아두어야 할 황금팁 · 161

제4장 | 자리이타 황금계단 – 자리이타 정복전략으로 황금탑 정복하고 황금나누기   171

[자리이타 관문 통과 문제]
    1. 자리이기인으로 돈벌레일래?
    2. 자리이타인으로도 돈 벌래?

1번을 선택한 도전자는 벌레니 털어 버리고,
2번을 선택한 자리이타 도전자에게는 사람만 통과해 오를 수 있는 황금탑 정상으로 가는 총 27단계의 행운의 황금계단이 주어진다.

1단계 황금계단에 오르기 위해 알아두어야 할 황금팁 · 172
2단계 황금계단에 오르기 위해 알아두어야 할 황금팁 · 180
3단계 황금계단에 오르기 위해 알아두어야 할 황금팁 · 188
4단계 황금계단에 오르기 위해 알아두어야 할 황금팁 · 196
5단계 황금계단에 오르기 위해 알아두어야 할 황금팁 · 203
6단계 황금계단에 오르기 위해 알아두어야 할 황금팁 · 209
7단계 황금계단에 오르기 위해 알아두어야 할 황금팁 · 215
8단계 황금계단에 오르기 위해 알아두어야 할 황금팁 · 222
9단계 황금계단에 오르기 위해 알아두어야 할 황금팁 · 227
10단계 황금계단에 오르기 위해 알아두어야 할 황금팁 · 235
11단계 황금계단에 오르기 위해 알아두어야 할 황금팁 · 242
12단계 황금계단에 오르기 위해 알아두어야 할 황금팁 · 248
13단계 황금계단에 오르기 위해 알아두어야 할 황금팁 · 254
14단계 황금계단에 오르기 위해 알아두어야 할 황금팁 · 261
15단계 황금계단에 오르기 위해 알아두어야 할 황금팁 · 267
16단계 황금계단에 오르기 위해 알아두어야 할 황금팁 · 273
17단계 황금계단에 오르기 위해 알아두어야 할 황금팁 · 280
18단계 황금계단에 오르기 위해 알아두어야 할 황금팁 · 286
19단계 황금계단에 오르기 위해 알아두어야 할 황금팁 · 292
20단계 황금계단에 오르기 위해 알아두어야 할 황금팁 · 299
21단계 황금계단에 오르기 위해 알아두어야 할 황금팁 · 306
22단계 황금계단에 오르기 위해 알아두어야 할 황금팁 · 312
23단계 황금계단에 오르기 위해 알아두어야 할 황금팁 · 318
24단계 황금계단에 오르기 위해 알아두어야 할 황금팁 · 325
25단계 황금계단에 오르기 위해 알아두어야 할 황금팁 · 329
26단계 황금계단에 오르기 위해 알아두어야 할 황금팁 · 334
27단계 황금계단에 오르기 위해 알아두어야 할 황금팁 · 340

삽화 : 류승권(작가)세계 최초의 웹툰플랫폼 창시자

제1장

자리이타 황금률

제1장

자리이타 황금률

> **자리이타 관문 통과 문제**
>
> 1. 네가 좋으면 내가 좋다!
> 2. 네가 벌면 내가 번다!
>
> 1번, 2번에 모두 동참한 자리이타 도전자만 황금률이 적힌 이 행운의 황금서와 황금 지도가 주어진다.

◼ 자리이타 기초론

...

이기인은 황금을 섬긴다.

이타인은 황금율을* 섬긴다.

* 뜻이 있어 인생에 썩 유익한 잠언(가르쳐서 인도하는 말) / 남에게 대접받고자 하는 대로 남을 대접하라는 가르침/황금분할에 의한 조화의 원리

[자리이타(自利利他) 개념론]

> – 타인에게 이롭게 하면 자신에게도 이롭다. –

나도 잘되고 이웃하는 남도 잘되게 하는 방법이 '자리이타'(自利利他)이다.

'자리이타'는 자신을 이롭게 한다는 '자리'와 남을 이롭게 한다는 '이타'를 합친 말로 자기도 이롭고 남도 이롭게 남도 이롭게 한다는 뜻이다.

한 농부가 있었다.
이 농부가 수확한 옥수수는 품질이 우수해 농산물 박람회에서 1등을 항상 차지했다. 이웃 사람들은 그 농부를 부러워했다. 그래서 그 비결을 추적했다.

그런데 그가 이웃 농부들에게 자신이 가진 씨앗 가운데 최고 우량종자를 나눠주었다는 것이 그 비법임을 알아냈다. 그것도 공짜로 말이다. 놀란 이웃들이 그 이유를 물었더니 그는 이렇게 답했다.

"다 나 잘되자고 하는 일입니다. 바람이 불면 꽃가루가 흩날리지 않습니까?
만약 이웃 밭에서 품질이 떨어지는 옥수수를 기른다면, 그 옥수수의 꽃가루가 날아와 내 밭에 자라는 옥수수의 품질까지 떨어뜨릴 수 있지 않겠습니까?
그러니까 이웃들도 최상의 옥수수를 기르는 것이 제게도 도움이 된다는 겁니다."

그렇다. 자리이타(自利利他) 비법이다.

"남을 잘되게 도와줘라, 그것이 내가 잘되는 일이다!"

미국 금융인·기업인으로 '월스트리트의 살아 있는 전설', '영적인 투자가'란 별칭으로 불리며, 자신이 설립한 투자회사인 템플턴 그로스 사의 투자범위를 세계로 확대해 '글로벌 펀드'라는 새로운 분야를 개척하고, 종교계의 노벨상 격인 템플턴 상을 제정하고, 또한 템플턴 재단을 설립해 많은 봉사활동을 해 영국 여왕으로부터 기사 작위까지 받은 인물인 존 템플턴(Jhone Templeton)은 말했다.

"하나라도 더 주려고 노력한 것이 우리의 성공비결이다."

이것이야말로 이웃과 친구들과 공유하며, 힘 안 들이고 잘 사는 방법이라 생각된다.

[자리이타 이념론 - 공유가치론]

- '같이'의 가치 -

자연도 인간사회도 어떤 형태로든 서로 연결되어 있다. 즉, 지구촌은 공유해야 사는 구조이고, 인류는 그 존재가치를 발한다는 말이다.

'공유 가치'는 경쟁과 분열이 아니라 우애와 신뢰의 가치로, 독점이 아닌 나눔의 가치를, 오만이 아닌 배려의 가치로, 죽임이 아닌 생명의 가치로, 파괴가 아닌 공생의 가치로 지구와 사람을 살리는 첫걸음이 되어 줄 것이다.
이제 우리 공유가치로 '지구촌 구하기'란 가치 있는 일에 그래서 같이 있고, 같이 가지는 공유에 같이 나서 보자! 우리가 사는 길이다.

요컨대, 공유가치를 실천하는 방법론을 정리하면 이렇다.

* 사상적 방법론은 '홍익인간(洪益人間)' – 널리 세상을 이롭게 함.
* 전략적 방법론은 '자리이타(自利利他)' – 나도 잘되고 너도 잘됨.
* 전술적 방법론은 '상부상조(相扶相助)' – 서로 의지하고 도움.
* 실전적 방법론은 '견리사의(見利思義)' – 이익을 앞에 두고 의리를 생각함
* 처세적 방법론은 '역지사지(易地思之)' – 다른 사람의 입장에서 생각함.
* 내면적 방법론은 '측은지심(惻隱之心)' – 남을 불쌍히 여기는 착한 마음.
* 학문적 방법론은 '타산지석(他山之石)'='반면교사(反面敎師)' – 남의 허물이나 언행에서도 교훈을 찾음.
* 이런 방법론의 목적은 '공생공영(共生共榮)'='공존공영(公存共榮)'이다.
* 이런 방법론의 모범 사례는 한민족 전통의 '두레', '품앗이'이다.

이제 우리, "더 붙어 더불어 더블로 더 불려 더 벌어 더 불러 더 풀어 더 더불어 더 푸르러 살자!"

[자리이타 원리론 – 대우 환원론] (작용·반작용 법칙 & 정반합 법칙)

– 네가 대접받고 싶은 만큼 남을 대접하라. –

유명한 뉴턴의 운동법칙 가운데 '작용·반작용의 법칙'이란 것이 있다. 요점은 모든 작용에 대해 항상 방향이 반대이고 크기가 같은 반작용이 뒤따른다는 것이다. 모든 물체가 잡아당기는 작용을 가하면 되돌아가려는 반작용이 생겨난다는 것이다.

이 법칙은 자연의 운동 법칙일 뿐만 아니라 일반 사회나 정치에서도 적용되는 법칙이다.

가령 어떤 이가 나에게 맛집에서 음식 대접을 하면 커피라도 대접하고 싶고, 칭찬받으면 기분이 좋아져 나도 상대방을 똑같이 칭찬하게 되고, 반대로 욕을 들으면 나도 똑같이 욕을 하거나 투덜거리게 된다.

성경에는 "모든 일에 네가 대접받고 싶은 만큼 남을 대접하라."는 마태복음 구절이 있다. 대접이란 작용이 있으면 그만한 대접이란 반작용이 되돌아온다. 내가 남을 대우하는 만큼 남들도 나를 대우한다. 작용, 반작용의 원리를 말하는 대표적인 말씀이다.

이 같은 '작용·반작용의 법칙'이 지금 이 순간도 인간 사회활동 속에 분명히 존재하고 운동하고 있다. 문제는 인간들이 이 법칙을 알고도 믿지 않는다는 것이다. 그런데 이 믿음이란 것조차도 작용·반작용의 법칙이 적용된다는 것이 흥미롭다. 내가 믿으면 상대방도 믿는다. 내가 믿지 않으면 상대방도 믿지 않는다.

이런 믿지 못하는 의심 때문에 계약서란 것도 생겨난 것이다. 계약할 때는 유리한 계약을 체결하기 위해서 서로 머리 굴리고 다툰다. 복잡한 인간관계는 서로 믿지 못하는 데서 비롯된다.

자연의 운동은 똑같은 질량의 운동량이 되돌아오지만 인간 사회관계에서는 똑같은 경우는 아니라도 그에 상응하는 반작용의 갚음이 분명히 있다. 사람들이 복수란 것을 왜 하겠는가. 갚아 주는 것이다. 단지 부정적인 갚음일 뿐이다.

내가 남을 해치면 상대방도 반사적으로 앙갚음하게 된다. 또한 나를 도와준 사람은 도와주고, 해악과 손해를 끼친 사람은 해롭게 한다. 반면 칭찬이나 덕담하면 칭찬이나 덕담으로 되돌아온다.

작용·반작용의 법칙을 사회학적으로 적용한 것이 바로 헤겔의 '정반합(正反合)의 원리'이다. 요점은 어떤 주장이나 논리, 즉 정(正)이 있으면 이에 반하는 주장과 논리 즉 반(反)이 생겨난다는 것이다. 작용·반작용의 과정에서 타협해 새로 도출된 것이 바로 합(合)이다.

이 합(合)은 또다시 정(正)이 되어 정반합의 원리로 사회가 발전되어 나간다는 것이다. 성경에 보면 '원수를 사랑하라.'는 말이 있다. 작용·반작용의 법칙에 따르면 원수는 원수로 갚게 되어 있다. 그런데 어떻게 원수를 사랑할 수 있겠는가. 하지만 원수를 갚기 위해 원수에게 해를 끼치려면 그에 상응하는 피해를 또다시 입게 된다. 피는 피를 부르는 법이다. '원수를 사랑하라.'는 말은 원수 때문에 자기 자신을 괴롭히지 말라는 뜻이다.

원수를 원수로 갚는 생각을 바꾸어 새로운 합, 즉 사랑으로 갚으면 상대방도 고마움과 사랑으로 보답하게 된다. 악순환의 고리가 선순환으로 바뀌게 된다는 말이다.

가령 자기를 비난하는 사람을 공석이든 사석이든 여러 번 칭찬해보라. 결국 그 사람은 비난을 덜 하게 되고 오히려 태도가 바뀌어 좋은 말을 해 줄 것이다.

'작용·반작용의 법칙'과 '정반합의 원리'는 자연스러운 인간사회의 법칙이다. 자리이타 법칙에 기본원리를 제공한 실용의 사회법칙이다. 사람들이 이 법칙들을 깨닫고 지혜롭게 이용한다면 자신은 물론 우리 사회가 보다 더 밝고 평화롭고 여유롭게 진보할 것이다.

전화위복도 인생 역전도 마음먹기에 달렸다. 이 법칙들이 만들어 내는 것이기에.

■ 자리이타 구성각론
[자리이타 금융론 - 깐부갑부론]

- 깐부는 사람 마음 갑부, 사람 모음 갑부 -

'깐부'란 우리네 놀이인 딱지치기, 구슬치기할 때 한 팀이나 동지를 뜻하는 순우리말이다. 동반자, 반려자, 벗, 절친, 베프의 뜻도 있는 말인데, 지역에 따라 깜보, 깜부, 가보, 갑오 등으로도 불린다. '깜보'는 '약속'을 뜻하는 말이라고도 한다.
하지만 종합적으로 볼 때, 깐부는 단순한 동반자·반려자나 벗·절친·베프가 아니라 프라테르니테(형제애)를 뛰어넘는 바이오필리아(생명애)적, 헌신적, 희생적, 이타적 존재이며, 자율준법적 존재이며, 공유경제적 존재이며, 공생전략적 존재라 보아야 타탕하다.

특히 깐부는 '디지로그(Digilog)' 존재라는 점이다. 디지털+아날로그 즉 수치적, 정량적이지만 '정'적인 감성·생명 존재, 양과 질을 동시에 충족하는 존재, 임도 보고 뽕도 따는 존재, 실리와 명분을 동시에 갖는 존재, 기술과 정신이 융합된 존재이다.

깐부 관계인 친구들은 보통 구슬과 딱지 같은 것도 네것 내것 없이 거리낌 없이 서로 나누며 공유한다. 즉, 공유경제적 존재이다. 여기에 '깍두기'란 존재가 더해져 이타적 포용경제적 존재가 된다.

구슬이 홀수냐 짝수냐를 알아맞히는 구슬치기 게임은 배팅한 만큼 가져가는 확률 게임인 만큼 밑천이 두둑이 많을수록 유리하다. 이기기 위해서는 연합이 필요하다는 것을 아이들도 일찍이 알았다.

추억 속에 잠자고 있던 깐부를 다시 깨워 낸 것은 극 중 구슬치기 게임 편에서 참가자 1번인 오일남(오영수 분)이 456번인 성기훈(이정재 분)에게 일대일 깐부를 맺자고 제안하는 장면이 나온 드라마 화제작 '오징어게임'이다.

오징어게임 속 인물들은 약자인 깍두기도 챙겼다. 게다가 자신의 목숨을 내어 주면서까지 깐부인 동료의 승리를 지원했고, 결국 우승은 그쪽으로 돌아갔다.

깐부는 '나'로 우뚝 서기 위해서는 '우리'라는 힘이 필요하다는 교훈을 준다. 부자인 '나'로 되기 위해서도 마찬가지다. 이는 자리이타 실천에 시사하는 바가 크다.

홀짝게임. 구슬따먹기 게임을 넘어 금융경제권도 금융경제 생활의 현실경제도 깐부 개념을 마중물로 공감과 배려와 소통을 기반으로 상생과 공생으로 나아가 자리이타 세계로 진화해야 한다.

참고로 안중근 의사가 옥중에서 썼던 "눈앞의 이익을 두고 의리를 생각하라!"는 '견리사의(見利思義)'라는 말은 깐부가 되는 자리이타 방법 중 하나다.

[자리이타 조직론 - 양면 동전 리더십론]

- 따르는 것이 다루는 것이다. -

누구나 자신이 리더가 되기를 바란다. 팔로우하는 것을 싫어한다. 그러나 리더십은 책임이 뒤따른다. 심지어 공동체 구성원들의 생명과 재산을 보호해야 할 책무까지 따른다.

그러니 능력도 없으면서 리더가 되는 것은 죄악이나 다름없다. 심지어 공동체가 붕괴하고 만다.
무능한 사람이 사장이 되면 회사가 무너지고, 무능한 사람을 대통령으로 뽑으면 국가가 무너진다.

누구나 남을 따르는 것보다는 할 수만 있으면 본인이 리더, 보스가 되기를 바란다.
하지만 팔로워십(Followership)이 없는 리더십은(Leadership)은 있을 수 없다. 있어서도 안 된다.

인간이 태어나면 가장 먼저, 엄마 아빠를 따를 수밖에 없다. 아기가 엄마를 따르지 않고는 살 수 없는 법이다. 아기는 어떻게든 살려고 팔로워십부터 배운다. 그러다 자라 동생이 생기면 자연스럽게 동생보다 나은 지식을 바탕으로 노릇이라는 리더십을 발휘하게 된다. 보통 장남이 막내보다 리더십이 강한 성향을 보이는 것도 바로 이런 이유다.

힘이 없을 때는 힘 있는 자를 무조건 따라야 산다. 이는 사회적 동물이라는 인간이 살아가는 본능적 질서이고, 생존법이다.

동호회 같은 일반적인 모임에서도 마찬가지다. 처음 가입하면 뭘 모르니 먼저 선배들을 따른다. 후배가 들어 오면서 자연스럽게 리더십을 발휘하게 되는 것이다.

처음부터 리더십만 발휘할 수는 없는 이치다. 어찌 아는 것도 하나 없이, 힘도 없이 어떻게 리더십을 발휘하겠는가. 조그만 회사에 입사해도 회사가 돌아가는 상황을 파악해야만 리더십을 발휘할 수가 있는데 말이다. 리더십은 태어날 때부터 가지고 태어나는 선천적 산물이 아니라 후천적 습득의 산물이다.

팔로워십은 꿀리거나 비굴하거나 수치스러운 것이 결코 아니다. 우선 팔로워십을 수련하는 것이 순서다. 다시 말해 팔로워십은 리더십의 선결 조건이자 전제조건이자 필수조건이나 다름없다.

종종 민주주의를 자기 마음대로 하는 것으로 착각하는 경우가 있는데 그래서는 안 된다. 조직원이 리더를 선출한다고 해서 조직원이 리더가 아니다.

반면 리더는 조직원의 의사를 존중하고 소통하고 반영해야 지속해서 리더의 위치에 있을 수 있다. 조직원은 리더의 합법적 결정·결단을 따라야 할 책무가 있다.

조직원이 리더의 지시를 따르지 않으면 조직규율에 따라 징계와 처벌을 받는 것이 마땅하다. 조직원이 상사의 지시를 따르지 않으면 조직은 붕괴하고 만다.

자신이 먼저 리더의 말을 존중하고 받들고 따라주면 리더도 배려하게 된다. 역할 분담, 권한이 양도하게 된다. 또 자신이 리더의 위치에 올랐을 때 남들도 내 의사를 존중하게 된다. 내가 남을 존중하고 따라주지 않는데 남들이 왜 나를 따르겠는가! 자기가 리더가 되면 남들이 자기 뜻대로 움직여 주기 바라면서, 남이 리드할 때는 자기 마음대로 하려는 것은 아주 잘못되어도 한참 잘못된 것이다. 이런 사람은 리더가 될 자격이 없어도 한참 없다.

리더를 존중하고 따르는 것은 리더보다 자신과 공동체구성원을 위해서다. 회사 사장이나 대통령이 죽을 쑤고 사고를 치면 그 피해나 손해는 고스란히 사원이나 국민이 입게 되고 뒤집어쓴다.

리더십이 양이라면 팔로워십은 음이다. 음과 양이 조화를 이루어야 조직이 원만히 돌아가고 굴러간다.
리더십과 팔팔로워십은 동전의 양면이나 다름없다. 팔로워십은 곧 나를 위한 것이다.

이것이 내가 따르면 남도 따른다는 자리이타 리더십이다. 일명 '동전 양면 리더십론'이다. 따르는 것이 다루는 것이다.

[자리이타 가정론 - 가화만사성론]

- 져주는 것이 이기는 것이다. -

자리이타는 가까운 데에서부터 실천할 수 있어야 더 넓은 곳에서 실천할 수 있다. 그 가까운 데가 가정, 그것도 무촌이라는 부부 사이다.

아내가 있어 도와주고, 남편이 나의 불편함을 덜어주니 그 얼마나 고마운가! 즉 부부로 만난 것에 대한 고마움을 느끼는 것이 자리이타 부부가 되는 출발점이다. 고마움은 바로 자리이타 행복의 시작이다.

그런데 명심할 것은, 부부간에 이기려고 하는 것은 바보라는 것이다 '져주는 것이 이기는 것'이다. 이것이 자리이타 부부 전략이다.

'가화만사성(家和萬事成)'이라고 많이 들어봤을 것이다. 가정이 평화로워야 모든 일이 순조롭게 원만히 이뤄진다는 말이다. 가정이 평화롭지 못하면 직장도 사회 일도 잘 될 리 만무하다.

이 가화만사성 성취를 위한 자리이타 법을 몇 가지 제시해 보면 이렇다.

첫째, 부부가 된 것을 고맙게 생각해라.
둘째, 큰일보다 작은 일이 갈등의 주요 원인이니 상대방의 조그만 일에 관심을 가져라.
셋째, 부부간에는 무조건 믿어라. 믿음이 부부의 초석이다.
넷째, 집안에서 존중받지 못하는 사람이 나가서 존중받을 리 없으니 서로 존중·격려
    하고 가급적 존댓말을 써라.
넷째, 남과 비교하지 마라. 절대금물이다.

* 부비부비 부벼야 뽀뽀해야 부부랴! '부(副)'해야 부부라!
* 부부간엔 지는 것이 이기는 것이다. 부부를 짓는 것이다. 부부간에 짖는 것은, 치는 것은 이기인 것이다. 지는 것이다. 부부를 찢는 것이다.

[자리이타 인간관계론]
〈재미있고 도움 되는 사람 만남론〉

– 사람을 먼저 좋아하면 먼저 사람도 나를 좋아한다. –

인간은 누구나 본능적으로 타인들이 자기를 좋아하기를 바란다. 사람들이 좋아하는 이유를 분석해보면, 재미있는 이치가 있다. 첫째, 자기를 좋아하든지, 둘째, 도움이 되든지, 셋째 재미가 있어야 한다. 그래야 그 사람을 좋아하게 된다.

첫째, 자기를 좋아하게 되면 그 사람만큼은 좋아하지는 못해도 최소한 싫어하지는 않는다. 인지상정(人之常情)이라고 자기를 좋아하는 사람을 덩달아 좋아하게 마련이다. 자기를 좋아하는 팬을 싫어하는 사람이 어디 있겠나!

둘째, 도움이 되면 성격이 맞지 않아도 그 사람을 좋아하려고 온갖 애를 쓴다. 도움, 다시 말해 이익이 되면 갖은 아양, 아첨을 떨기도 하고, 이익을 주는 사람에게 잘 보이려고, 즐겁게 하려고 접대도 한다. 사업하는 사람들이 이득·이권이 있다 싶으면 자존심이고 뭐고 다 버려가며 후한 접대를 하는 것을 보면 알 수 있다. 도움이 되면 좋든 싫든 도움이 되는 사람을 졸졸 따라다닐 수밖에 없다. 그러기에 독재 군주에게도 신하들이 있는 것이다. 지금은 비록 도움이 되지 않지만, 훗날이라도 도움이 될 것 같다 싶으면 투자하는 셈 치고 따라다닌다. 그러나, 현재도 도움이 되지 않고, 앞으로도 도움이 될 기미가 안 보이면 아예 상종하지 않는다.

누구나 본능적으로 자기에게 도움이 되는 사람과 만나 어울리고 싶어 한다. 그러니 내가 상대방이 필요로 하는 것을 갖고 있지 않으면 그가 나를 만날 이유가 없다. 그게 부인할 수 없는 현실이다. 이는 자리이기인의 도움에 대한 생각이라고도 할 수 있다.

셋째, 재미가 있으면 사람들이 오지 말래도 기어이 온다.

가령 자기가 좋아하는 유명 개그맨이나 아이돌그룹의 연예인공연이 있으면 암표를 사서라도 사람들이 구름처럼 모여든다. 바로 재미란 것이 있기 때문이다. 도움이 되면 할 수 없이 찾아가지만, 재미가 있으면 제발 오지 말래도 자기 발로 자발적으로 찾아간다. 부모가 말려도 어린아이는 단짝친구와 어울려 논다. 학생들이 도움이 되는 부모보다 같은 반 짝꿍과 어울리는 것을 좋아하는 것도 바로 재미란 놈이 있기 때문이다.

재미있고 도움이 되는 사람에게는 사람들이 모이게 되어 있다. 도움도 재미도 있는 사람이 자기를 좋아하면 그보다 더 신나는 일이 없다.

다른 사람이 나를 좋아하게 하는 것은 어렵지 않다. 내가 먼저 그 사람을 좋아하면 된다. 자기에게 좋은 감정을 가진 사람을 싫어하는 사람은 없지 않은가! 그다음 도움도 되고 재미가 있도록 노력하면 관계는 돈독해질 수밖에 없다. 도움이 되고 재미가 있게 되는지는 내 마음대로 되는 것이 아니다. 나의 능력과 노력하는 모습을 보고 상대방이 결정한다. 하지만 좋아하는 것은 내 마음대로 할 수가 있는가!

내가 몹시 누구를 좋아하면 그 사람도 정도와 온도의 차이는 있겠지만 결국은 나를 좋아하게 된다. 어린아이도 자기를 좋아하는 사람을 따른다. 심지어 반려견도 짐승들도 자기를 좋아하는 사람을 따르지 않는가!

문제는 자기가 먼저 좋아하지 않으면서, 그렇다고 도움도 되는 것도 없이, 게다가 재미있게 해주지도 못하면서 자기를 좋아하지 않는다고 투정을 부리는 사람들이 있다는 것이다. 심지어 시도 때도 없이 어떤 사람을 지목해 욕을 해대면서 그 사람이 뭐 하나 해주지 않는다고 투덜대는 사람들이 있다. 대인관계의 ABC를 모르는 사람이다.
결론적으로 내가 먼저 누구를 좋아하면 상대방도 덩달아 나를 좋아한다. 내가 먼저 좋아하면 누구와도 통하게 되어 있다. 자주 만나는 사람들은 도움도 되고 재미가 있기 때문이다.
자리이타인은 이런 사람이다. 자리이타 화법인 디지로그 리듬톡, 디지로그 라임톡도 말부터 재미있게 흥겹게 말맛 나게 쏙쏙 스며들게 하려 만들어진 것이다.
"먼저 좋아하면 누구와도 통한다!"

<긍정이타인 어울림론>

- 긍정 이타인을 만나면 잇단 금전을 만난다. -

세상 사람들은 흔히들 이렇게 만나 살아갈 것이다.

* 파리를 따라다니면 덩달아 시궁창으로 꽂히게 되고, 나비를 따라다니면 덩달아 꽃을 만난다.
* 부자를 따라다니면 돈을 쓸고 벌게 되고, 빈자를 따라다니면 돈을 쓰고 버리게 된다.
* 힘 있는 사람을 만나면 더불어 힘을 쓰고, 힘없는 사람을 만나면 더 불리해진다.

이처럼 현실 세계 속에서 누구랑 어울리느냐는 매우 중요하다. 어떤 사람과 어울리느냐에 따라서 인생 자체가 180도 달라진다. 이 180도 반전의 어울림 중 자리이타 관점에서 가장 중요한 어울림이 있다. 긍정인과의 어울림이다.

* 이타의 긍정적인 사람을 만나면 인생이 반전되고!
  이기의 부정적인 사람을 만나면 인생이 방전되고!
* 이타의 긍정적인 사람과 어울리면 적극적이고 명랑해진다.
  이기의 부정적인 사랑과 어울리면 불평불만으로 가득 차게 된다.
* 이타의 긍정적인 사람을 만나면 날마다 낭만을 만나고!
  이기의 부정적인 사람을 만나면 날마다 낙망을 만나고!
* 긍정적인 사람은 달과 같아 밝게 빛나는 사람이다.
  부정적인 사람은 어둠과 같은 사람이다.

누구와 어울리냐에 따라 보름달도 되고 그믐달도 된다.

* 이타의 긍정적인 사람이랑 어울리면 보름달 환함 속에서 어디든 거닐고!
  이기의 부정적인 사람이랑 어울리면 그믐달 어둠 속에서 화가 나 거닐고!
* 이타의 긍정적인 사람이랑 어울리면 봄을 만나고!
  이기의 부정적인 사람이랑 어울리면 밤을 만나고!

당신이 누구인가는 중요치 않다. 중요한 것은 당신이 누구를 만나 함께 어울리냐는 것이다. 적어도 당신의 에너지를 뺏기는 사람과는 되도록 어울리지 않는 게 좋다.

긍정적이고 적극적인 에너지를 주고받을 수 있는 파트너를 만나면 활기차다. 열정도 없고 호기심도 없고 세상을 부정적인 시각으로 바라보는 사람과 같이 살거나 같이 일하면 피곤하다.

* 이타의 긍정적인 사람이랑 어울리면 관계가 파동에너지고!
  이기의 부정적인 사람이랑 어울리면 관계가 동파에너지고!
* 이타의 긍정적인 사람이랑 어울리면 화기애애 에너지가 활기차고, 에너지로 죽죽-날고!
  이기의 부정적인 사람이랑 어울리면 화기에 에너지를 차고, 에너지가 죽-축나고!

이타의 긍정적이고 진실한 사람들과 끈끈한 인연을 맺어야 적어도 인생의 후회가 없다.

* 이타의 긍정적인 사람을 만나면 인연을 끈끈하게 하고!
  이기의 부정적인 사람을 만나면 인연을 끊고, 확 깨고!

자리이타인은 긍정적이고 진실한 사람의 표상이다. 그런데 아무리 자리이타인이 너른 자애를 베푸는 사람이라도 부정적인 사람은 경계해야 한다.

[자리이타 우정관계론 - 의리다운 의리론]

- 진정한 의리는 진전하는 우리를 만든다. -

의리(義理)란 '사람으로서 마땅히 지켜야 할 도리'라고 사전에 적혀 있다. 본래 의리는 친구가 위험이나 불행에 처하면 그것을 마치 자기 일인 양 성심성의껏 행동함으로써 그로부터 빨리 벗어날 수 있도록 도와주는 아름다운 우정을 말한다.

그러나 현실세계에서는 의리가 본래의 의미에서 훌쩍 벗어나 있다. 친구에게 도움을 청했을 때 도움을 주면 의리가 있는 사람이라고 말하고, 반대로 도움을 주지 못하면 의리 없는 사람이라는 말을 듣는다. 이 말인즉, 의리를 빙자해 청탁하고 가깝다는 이유로 공짜로 부려 먹으려 한다는 말이다.

주위를 보면 가까운 친척을 찾아가 부탁하는 경우가 있는데, 이때 불합리하며 정상적으로 하기 힘든 일을 부탁하는 경우가 많다. 심지어는 탈법·불법적인 일도 부탁한다. 이쯤 되면 의리보다는 비리에 가깝다. 그런데 이런 비리에 가까운 일을 도와주면 의리가 있다고 하고, 도움을 거절하면 의리가 없다고 한다. 이처럼 의리는 힘이 있거나 높은 자리에 있는 가까운 사람들이나 공직자들에게 불합리하게 도와주라는 압력의 수단으로 둔갑했다. 아니 전락했다. 현실이 이러니 의리 있다는 말을 들으려면 본의 아니게 부조리하게 되고 비리를 저지르게 된다.

게다가 도움에서 간접적인 도움은 도움으로 생각하지도 않는다. 사실 간접적인 도움이 훨씬 위력도 크고 자긍심을 높여주는데 말이다.

의리와 청탁 해결을 혼동·혼돈해서는 안 된다. 이 점에서 의리도 개념 정립을 분명히 해 볼 필요가 있다. 의리는 부정·불합리·부조리 청탁을 들어주는 것이 결코 아니다. 의리는 인간으로서 마땅히 지켜야 할 올바른 생활 도리를 뜻한다. 의리는 친구가 자긍심을 갖게 하는 참다운 우정이다. 말로는 의리를 말하고, 이리(利理)를 엮으며 행동해서는 안된다.

아무리 자리이타가 남을 돕는 도움이 중요한 덕목이지만 청탁 해결은 자리이타 도움의 본질에서 벗어난 것인바, 경계하고 삼가야 할 것이다.

[자리이타 공동체론 - 두레 두레박론]

- 자리이타의 한민족적 뿌리는 홍익인간·제세이화와 두레이다. -

자리이타는 고조선의 건국이념을 넘어 한민족의 건국이념인 널리 세상을 이롭게 하려는 '홍익인간(弘益人間)', 세상을 제대로 살피어 이치에 맞게 다스리고 교화하라는 '재세이화(在世理化)' 이념과 이의 자랑스러운 상부상조 실천 전통이요 공유경제의 세계적 원조격이라 할 수 있는 두레의 뿌리를 가진 한민족이야말로 자리이타의 세계적 리더로서 세상에 나서야 할 사명이 있다고 감히 말하고 싶다.

요컨대, 자리이타의 한민족적 뿌리는 '공존공영'-'홍익인간'이며, 실천적인 한민족적 뿌리는 '상부상조'-'두레'이다. 한민족 전통의 평등형 공동노동에 의한 공동경제 운동이고, 지금도 그 맥을 이어오고 있는 홍익인간 실천으로서의 두레문화이다.

자리이타는 두레라는 두레박으로 퍼 올린 마중물로 두루두루 잘사는 세상을 만들 생명수적 이념이다.

[자리이타 경제론 - 큰 떡 이론(빅 파이론)]

- 더불어 더블로 더 불려 더불어 가지자! -

자리이타는 공유가치론에서 출발한다.
'공유'는 떡(파이)을 나누는 것이 아니라 생산성을 증가 시켜 떡(파이) 자체를 크게 하는 것이다. 공유는 떡(파이)을 나누는 것이 아니라 떡(파이) 자체를 함께 하는 것이다. 떡(파이)을 나누어 각자가 하나씩 가져가서 먹는 것이 아니라 온전한 떡(파이)을 공유해서 점차 더 큰 떡(파이)을 만들어 나가는 것이 공유경제의 본질이다.
자리이타는 공유경제 창출이 본질이다. 나누어서 쓸모가 적어진다면, 굳이 나눌 필요조차도 없어진다. 온전한 것을 서로 주고받을 수 있어야 공유의 가치와 경제성은 증폭되는 것이다.

그 큰 떡 만드는 법(빅 파이 레시피)은 쉽게 말하면 이렇다.

"더 붙어 더불어 더블로 더 불려 더불어 가지자!"

한마디로 큰 떡 이론은 공유의 가치와 경제성의 증폭 효과를 말한다. '같이'의 가치로서 희망을 이렇게 증폭한다.

"'같이'의 가치로 가지가지 같이 가지자!"

자리이타는 큰 떡을 맛있게 나누며 더불어 살맛나게 잘 사는 사회를 이루는 마중물 효과가 있다.

[자리이타 규율론 - 신용재산론]
- 신용은 실용이다. -

공약(公約)은 공개적으로 한 약속이다. 홍익 즉 널리 세상을 이롭게 하는 약속이란 점에서 자리이타형 약속이다.
개인 간의 약속보다 중요한 것이 공인의 공개적인 약속, 바로 공약이다. 공약했으면 지키던지 지킬 수 없으면 지킬 수 없는 전후 사정을 소상히 설명하고 약속한 사람들에게 양해를 구해야 한다.

공인은 공약을 빌 공(空)자 공약(空約) 정도로 우습게 알아서는 안 된다.
인간관계에서 분쟁이 일어나는 것은 약속을 지키지 않는 데서 비롯된다. 약속은 신용과 연결된다. 약속을 어기고 사과를 해도 이를 세 번만 반복하면 신용이 바닥에 떨어진다. 개인이나 회사, 국가도 신용이 떨어지면 파멸에 이르는 것이다.

서양 속담에 '신용이 재산이다. (Credit is capital)'이란 말이 있다. 새겨야 할 말이다. 가장 믿을 만한 사람은 약속을 지키는 사람이다. 자리이타인은 약속을 반드시 지키는 사람이다.

"공인이 사인한 공약 안 지키다 고약한 사람 될라! 모든 사람 원한에 고인 될라!"
"사인이 약속 안 지키다 야속한 사람 될라! 사인의 원인 모르는 사람 될라!"

삽화 : 류승권(작가)세계 최초의 웹툰플랫폼 창시자

제2장

자리이타 황금열쇠
– 자리이타 사고전환 전략으로 황금 찾기

제2장

자리이타 황금열쇠 — 자리이타 사고전환 전략으로 황금 찾기

> **자리이타 관문 통과 문제**
>
> 1. 탐의 이기심으로 살래?
> 2. 땀의 이타심으로 살래?
>
> 1번을 선택한 도전자는 다음에 부르고,
> 2번을 선택한 자리이타 도전자에게는 황금금고를 열 총 7개의 행운의 황금열쇠가 주어진다.

▣ 1번 황금열쇠를 쓰기 위해 알아두어야 할 황금팁

...

이기인은 돈에 안달나 해 돈을 벌 줄만, 받을 줄만 알지, 주위에 줄 줄 모른다. 또 알박이 알을 박을 줄만 알지 바뀐 알을 주위에 줄 줄 모른다. 그러나 되레 돈이 줄지 돈이 안 따른다.

이타인은 돈을 주위에 안 달라고 해 벌은 알진 돈도, 알바*해 받은 돈도 주위에 줄줄 안다. 그러나 되레 돈줄이 온다. 또 주위에 줄 돈을 모은다. 돈이 줄줄이 따른다.

* 아르바이트.

...

이기인은 좋은 것이라 말 만들어 사기해 사게 한다.
이타인은 좋은 것으로 뭘 만들어 싸게 해 사게 한다.

...

이기인은 돈맛 들어, 머리에 돈만 들어, 똥만 들어, 그러나 일은 멀리해, 무례해, 무리를 토막 만들어, 무리의 미래에 멍 들여, 또 막 뜯어 찢는다.
이타인은 일머리 아는 뭐로 일을 미리미리 해 미리미리 돈 만들어 무리의 미래를 만들어 짓는다.

...
이기인은 무리의 위에서 무례한 일을 해, 무리한 일을 해, 미리 몰이 해*, 무리 몰래 해*, 무리가 돈 물리는 해, 돈 무르는 해, 돈 물어 주는 해를 준다. 무리의 이익을 줄인다. 무리를 멀리하게 한다.
이타인은 무리를 위해서 일머리로 일해, 무리로 일해, 무리의 일을 해 주는 일을 해 무리에 돈 몰리는 이익을 준다. 무리에 사람들이 몰리게 한다.
* 알박기, 투기, 띄우기 등의 의미로.
* 횡령, 배임 등의 의미로.

...
이기인은 어려운 사람들을 만나면 내 돈 준다며, 돈 줄줄을, 도울 줄을 모른다.
이타인은 어려운 사람들을 만나면 내내 도움을 주다. '돈쭐'을 만나 돈을 모은다.

[이기인과 이타인의 소비행태의 차이]

...
이기인은 '까짓것 지름 소비', '기분에 하는 즉각 소비'*, '명품을 직구로 구하려고 소비'를 해 소비의 가치를 잃는, 빚 속에 사는 비속한 사회를 만든다.
이타인은 '지금 가질 것 소비', '즉각 기부하는 착한 소비', 지구를 구하려는 명분 있는 소비'*를 해 빛 속에 같이 사는, 가치 있는 사회를 만든다.
* 쇼핑 중독, 무분별한 소비 등 의미로.
* 환경제품 구매 등 의미로.

...
이기인은 사 놓고 쌓아 '놓는 소비'로 사니, 잡동사니가 늘 다달이 가정과 조직에 늘어난다. '노는 소비'*로 사니 탈이 늘어난다.
이타인은 잡동사니가 늘어나 가정과 조직에 탈이 날 소비를 싹~ 놓는다.
* 쇼핑이 취미, 쇼핑으로 스트레스를 푼다는 의미로.

...

이기인은 돈 있기에 소비를, 흥정 망쳐 소비를, 흥청망청 이 기회에 소비를 한다. 그러다 그 자신은 돈 잃기에 속히 빚도 는다. 그 공동체도 속 빈다. 즉 공동화된다.

이타인은 흥정에 만전 기해 소비한다.* 그러다 자신 자산도 그 공동체 자산도 속 빚는다. 즉 고도화 된다.

* 알뜰 소비를 한다는 의미로.

...

이기인은 흥정을 '쩐'으로 하느라 흥, 정을 잃어 한다. 그러니 상대가 "응!" 안 하니 흥하는 흥정을 잃는다.

이타인은 흥정을 '쩐'이 아니라 흥, 정으로 한다. 그러니 상대가 "응!"하니 흥하는 흥정에 이른다. 흥하는 '쩐'을 이룬다.

...

이기인은 돈을 위해서 간보는 이, 돈에 의해서 까부는 이, 돈 위에서 깔보는 이다.
이타인은 돈, 의리에서 깐부이다.

[놀부 이기인과 흥부 이타인]

...

이기인은 돈만 보이며 늘 홍보하는, 돈맛 보면 늘 흥분하는, 돈 많이 없는 사람 보면 늘 흉보는 '놀부' 업은 사람이나 늘 '흉', '불' 있다. '제비 대박' 없다. 인생이 재미 대빵 없는 놀부전 같다.

이타인은 돈 많이 없는 사람 보면 늘 흥부 업은 사람이나 늘 '흥', '부' 있다. 부흥 있다. '제비 대박' 있다. 인생이 재미 대빵 있는 흥부전 같다.

...

이기인은 돈독이 올라 절연을 밥 먹듯이 하다 다 까지고 떨어진다며, 정상에 올라간다.
이타인은 돈독히 결연을 밥 먹듯이 하다 다 같이 곧 정상에 올라간다. 다같이 더 어질어진다.

...

이기인은 남의 좋은 것을 절도하다시피 한다.
이타인은 남이 좋을 것을 전도하다시피 한다.

...

이기인은 돈 앞에서 주위 사람들한테 꼴불견 언행을 한다.
이타인은 돈 앞에서 주위 사람들한테 고품격 언행을 한다.

...

이기인은 젊어 어정쩡 살다 늙어 더 어정쩡한 생을, 주위 사람들이 다 "어쩔?" 하는 사선의 골골 생을 살다 싹 다 고생에 한탄한다.
이타인은 젊어 사서 고생을 하다 늙어도 주위 사람들이 "어쩜*!" 하는 더 엄청나게 정정한 생생한 '꽃생'을 산다.

* 가령 "어쩜 그렇게 젊어 보여요?"

...

이기인은 경제·금융을 몰라도 경제·금융 관련 도서를 멀리 나둬 독서를 멀리하니 그에게 물으면 그의 입에서는 '독사'의 물이 나오니 그를 따르다 경제사회와는 멀리 된다.
이타인은 경제·금융 관련 독서를 몰래라도 하니 그에게 물으면 그의 입에서는 '경제 도사'의 말이 나오니 그를 따르다 경제사회의 머리 된다.

...

이기인은 자신에게 이미 있는 좋은 것조차 남을 쪼아 선취하기를 좋아하나 자신을 쪼아 성취하기를, 조화해 성취하기를 좋아하지는 않는다.
이타인은 좋은 의미 있는 것을 자신을 쪼아 성취하기를 좋아하나 남을 쪼아서 하지는 않는다. 남을 좋아해 조화해 성취히기를 좋아 한다.

...
이기인은 돈 안 되는 일들이, 힘든 일들이 주어지면 "그까짓 걸 해서 뭐해!" 하며 냅다 내뱉다 내뺀다.
이타인은 돈 안 되는 일이든, 힘든 일이든 주어지면 일들을 하며, 끝까지 그걸 해서 뭘 해 내보인다.

...
이기인은 돈이 생기면 빨리 바로바로 챙기며, 쟁기며*, 주위 사람들을 기피해 주의한다. 상이 생기면 조의금 아끼려 냅다 달아나 피해 있다. '이기'이다.
이타인은 돈이 생기면 바리바리 주위 사람들을 챙기며, 아끼며, 주의를 기피해 주위 사람들에 상이 생기면 배달아 조의금을 낸다. 주위에 피해 생기면 돈 낸다. '이타'이다.
* 끈이나 줄 따위로 걸어 묶는다.

...
이기인은 자기의 지나친 욕심을 부리다 사람들을 지나쳐 살필 주위 사람들을 지나쳐 버린다. 그러니 주위 사람들은 서러워 그 사람을 떼어 버린다.
이타인은 자기의 지나친 욕심을 버리니 주위 사람들을 살핀다. 그러니 주위 사람들은 살림이 핀다. 삶이 핀다. 그러다 서로 '사랑의 지남철'이 되어 버린다.

...
이기인은 막소리로 목소리 톤을 올리며, 사람들을 모서리로 몰아가며, 돈으로 울려가며, 돈을 더 벌려 더 불리려 사람들을 더 부리려 살아간다.
이타인은 사랑들은 맘 소리의 톤을 올려 가며, 사람들 목소리를 모아가며, 사람들을 올려가며, 더불어 살아간다.

...
이기인은 돈 없어 하루하루 버티며 사는 사람들을 버리며 사는 사람이다.
이타인은 돈 없어 하루하루 버티며 사는 사람들에 벗 되며, 보태며 사는 사람이다.

...
이기인은 돈을 낚는 맛에, 돈이 돈을 낳는 맛에, 돈을 쌓는 멋에 사는 사람이다.
이타인은 돈을 나누는 멋에, 사랑이 사랑을 낳는 맛에 사는 사람이다.

...
이기인은 돈 쌓는 일은 하나 도네이션*, 돈 내서 선을 쌓는 일을 안 한다.
이타인은 하나하나 한달 한달 쌓은 돈 내, 일선에 서서 도네이션을 한다.
* Donation. 기부. 나눔.

...
이기인은 '적의를 전제'로 '쩐의 전쟁'을 하여 '쩐의 적재'를 하려 하다 공동체 전체의 절의·정의가 멍든다.
이타인은 절의·정의를 전제로 '정'의 전체인 공동체를 만든다.

...
이기인은 "돈돈돈!" 돈 때문에 사는 삶의 태도 때문에, 돈 때 묻은 얼룩진 오점 때문에, 돈 갖고도 돈 안 갚고 돈 떼먹은 대도의 과거 때문에, 돈 갖고 도도한 '갑'이고 돈 대어 먹는 온전을 깨는 태도 때문에, 돈 갖고 앙갚음하는 '죽이고 살기'의 온정 없는 얼음 태도 때문에, 죽기 살기로 삶을 사는 사람들을 사기를 치는 삶 살기 때문에 대문에 온 정, 온 돈은 이렇다 느끼니 돌아가고!
이타인은 돈 때 묻은 얼룩진 오점, 과거를 얼른 지워 온전케 하는 태도 때문에, 돈 얼른 알아 갚고 돈 갖고 앙갚음 안 하는 온전한 어른의 운전태도 때문에, 늘 끼니 때문에 죽기 살기로 사는 사람들의 사기를 치키는 태도 때문에 온전한 돈 가 꿔 떼어 먹이는 '주고 살기'의 온정 있는 삶 살기 때문에 대문에 온 정, 온 돈은 "이러다 늦겠네!" 들어가고!

...
이기인은 기부할 때나 나눌 때나 곁단에 선다. 이득을 센다. 받을 이들은 이를 간다.
이타인은 기부할 때나 나눌 때나 결단해 쓴다. 쏜다. 나눌 때 기쁨 솟는다. 받은 이들은 이를 갖는다.

...
이기인은 빈번히 기부의 결단을 할 뻔한 사람이거나, 한 기부의 결단이 번번이 변하는 사람이거나, 뻔뻔히 기부를 한 번도 안하는 사람이거나, 기부를 행하는 사람을 곁단에서 뻔히 바라만 보는 사람이거나, 기부를 한다면 바라는 사람이거나, 왕 하는 사람이다.

이타인은 한 번 한 기부의 결단은 애써 행하는 사람이거나, 기부를 한다면 보람만 바라는 사람이거나, 기부를 안 하는 사람을 곁단으로 당겨 단결을 바라는 사람이거나 기부를 왕왕 빈번히 펑펑 편히 하는 사람이다.

...

이기인은 내일의 삶이 낫다며 오늘을 때우며 산다. 그러나 사람들을 등치며, 불우한 사람들을 등지며 산다.
이타인은 내 일이 곧 내일의 삶을 낳는다며, 내일의 삶은 늦다며 오늘을 불태우며 산다. 그러나 불우한 사람들의 일을 등에 지며, 불우한 사람들을 등에 태우며 한 둥지의 동지로 대하며, 대우하며, 데우며 산다.

[이기인과 이타인의 부자에 대한 생각의 차이]

...

이기인은 돈을 많이 모음을 진전한, 즉 돈을 집적한 사람을 부자라고 본다. 즉 양적인 모음의 부자를 진정한 부자라고 본다. 양적인 부자는 자리이기 부자이다.
이타인은 도운 사람이 양적으로 집적된 사람, 진정한 사람을, 사랑을 많이 모음을 죽~ 직접한 사람이 진정한 부자라고 본다. 즉 마음의 부자를 진정한 부자라고 본다. 질적인 부자는 자리이타 부자이다.

[이기인과 이타인의 근면성의 차이]

...

이기인은 무언가에 꽤 게을러 누군가가 꽤 우려한다. 누군가, 무언가의 위에 가려 누군가, 무언가를 깨려 한다. 누군가에게 위해 가하려 꾀로 무언가를 꾀려 해 누군가가 꺼린다.
이타인은 누군가, 무언가를 위해 꽤 일러 깨려 한다. 누군가의 무언가를 깨우려 한다. 누군가를 위해 무언가를 무언으로 한다. 누군가를 위해 모은 것을 깨려 한다.

...
이기인은 큰일날 그른 양의 금전 목표를 세우고, 밤새 웃고, 그냥 "획-" 맞추려 한다. 그러다 밤새운다.
이타인은 클린한 자기 그릇 양의 금전 목표를 세우고, 밤새우고, 겨냥*해 맞추려 한다. 그러다 밤새 웃는다.
* 하나하나 차근차근 계획을 세워 노력해 일궈 나간다는 의미로.

[이기인과 이타인의 '우리' 인식의 차이]

...
이기인은 아주 가지가지 가지고 산다마는 '우리'란 가치를 갖지 않고 산다.
이타인은 아직까지 가지지 않고 산다마는 '우리'란 가치를 알고, 우리를 안고, 우리랑 같이 산다.

...
이기인은 '나' 아닌 '우리'란 가치를 값 치지 않으니 우리에게 갑질을 잘한다. 우리랑 같이 안 한다.
이타인은 '나' 아닌 '우리'란 가치를 값지게 아니 우리에게 갑절 잘한다. 우리랑 같이 안아 한다.

...
이기인은 가령 많은 금전이 쌓이면 더 불려 지게 한 사람의 담 쌓인 으리으리한 금 궁전을 지으려는 사람이다.
이타인은 가령 많은 금전이 쌓이면 더불어 사는 꿈을 담은 자기에 귀한 사랑의 짝의, 사람의 궁전을, 우리의 꿈의 궁전을 지으려는 사람이다.

...

이기인은 '우리'란 가치를 마치 송충이 같이 여겨 역겨워 꼭 피한다.
이타인은 '우리'란 가치를 소중히 여겨 같이 마침내 꽃 피운다.

...

이기인은 가진 것을 더블*로 더 불려 으리으리하게 사는 삶을 가치 있는 삶이라 여긴다.
이타인은 가진 것으로 우리 우리 함께 더블로 더 불려 더불어 사는 삶을 가치 있는 삶이라 여긴다.

* Double. 배.

...

이기인은 "돈이 전부라며 자기가 가지가지 갖지 않는 삶, 조금만 가진 삶은 가치 없다 여긴다면 안된다."는 현인들의 말을 들먹여도 들어먹지 않는다. 맛없는 '삶은 가지' 먹으라는 것쯤으로 여긴다.
이타인은 "돈이 전부랴! 같이 가지지 않는 삶은 가치가 없다. 가지지 않은 사람, 조금만 가진 사람을 '좀' 쯤으로 여긴다면 안된다." 여긴다. 현인들의 말을 안 들먹여도 말이 멋지지 않아도 말없이 들어 먹어야 할 좋은 금말이다. 가지지 않은 사람을 먹으려는 것은 참으로 가치 있다. 짝이 가지지 않는다면, 우리가 삶을 같이 안 안는다면 우리는 앓는다. 우리의 삶은 가치가 까진다.

...

이기인은 사회의 불우한 사람들을 불러 도구로 굴려 몇몇 쓰면서도, 슥~ 면 세우면서도 슬며시 사회의 '독'으로, 적으로 여겨 줄이고, 죽이고 하는 이중적인 사람이다.
이타인은 사회의 불우한 사람들을 불러 슬며시 돈으로 면 세워 주고, 하는 일 중 쓸 도구를 통으로, 짝으로 엮어 주고, 일 준 적 있는 사람이다.

...

이기인은 없이 사는 사람을 가축이나 가축우리의 똥같이 까칠이 대해 산다.
이타인은 없이 사는 사람을 가족이나 우리와 똑같이 대해 같이 산다.

...
이기인은 암울한 삶을 사는 사람들을 사회의 암으로 아는 사람 그그래서 심지어 그들을 사회에서 끌어내어 꺼내라는 사람이라 자기와의 끈을 끊어 내려 한다. 그러나 오히려 사람들은 그를 사회에서의 암적인 존재를 넘어 '적'인 존재로 끌어 내리려 한다.
이타인은 암울한 삶을 사는 사람들을 사회에 안으려 하는 사람 그래서 심지어 그들을 사회에 끌어들이는 사람이라 자기의 금을 끌어내어 꺼내어 건넨다. 그러니 오히려 사람들은 그 사람을 사회에서 안 적 있는 아는 존재를 넘어 '정인'인 사랑의 존재로 내리 끌어안는다.

...
이기인은 밑지는 일은 하는 것은 정신하나 없는 이가 미친 일을 한 것이라고 한다. 또한 '밑진다'는 말을 들으면 일단 믿지 않는다는 말을 한 다음, 그 밑 잰 다음, 되레 자기가 밑진다 말 한 다음, 다운시켜 그 밑 '짠'을 준다. 또한 '짠'이 미진한 사람을 대하면 자기 밑 샐까봐 뒤로 밀친다.
이타인은 밑지는 일을 하는 것은 한때 없는 이한테, 한때 미진한 미천한 이한테 절실한 밑전이 미치는 일을 한 것이라고 한다. 또한 '밑진다'는 말을 들으면 일단 믿지, 믿지 않는다는 말을 안 한 다음, 그 밑 안 깨, 있는 것을 밉지 않게 준다. 또한 짝의, 미진한 사람의 밑 셀까 봐 되레 그 밑 쥔다.

...
이기인은 우월감있는 사람들이 다 뜯는 다투는, 피의, 냉혹한 사회 때문에 얼어 붙은 불우한 사람들의 우울감을 모른다.
이타인은 오월의 따뜻함이 있는 사람이라 따뜻한 오월의 감을 얼어 붙은 냉혹한 사회 때문에 불어 열어, 우울감에 얼어 붙은 불우한 사람들을 따뜻한 불을 피워 모은다.

...
이기인은 힘든 경제사회 현실 속에서 하루하루 끼니를 때우는 사람들의 밥그릇을 마저 깨니 늘 사회를 망쳐, 사회에 그릇 된 사람이다.
이타인은 힘든 경제사회 현실 속에서 하루하루 끼니를 때우는 사람들의 밥그릇과 끼니를 데우니 늘 사회를 만져, 사회의 '그릇'되는 사람이다.

...
이기인은 타인의 자금 운용에 대해서는 불독, 잠금식이나 자기의 자금 운용에 대해서는 뻔뻔하니 자기 이기·이익이 끼이고, 뻔한 덧칠이 있고, 뻥 튀기고, 번번이 독불장군식 불통이 잇따른다. 그러니 조직구성원들의 분통이 뻥 터지고, 불통이 돼 튀고 하니 번번이 부동의, 부동이 잇따른다.
이타인은 자금 운용에 대해서 늘 자긍심에 별동대 돼 번번이 뛰기 있고, 번번이 자기 이익을 깨고, 번번한 '덕치'있고, 통하니 이를 따른다. 그러니 동의, '동'이 잇따른다. 조직이 "부릉부릉" 발동이 있고, 조직구성원들이 '조직 돌보는 장군'으로 부르며 따른다.

...
이기인은 회색 술수로, 획책으로, 불통으로 경직된 공동체를 만든다. 공동체의 해체를 부른다.
이타인은 순수로, 자신의 불통 해제로 결집된 공동체의 '핵'체를 만든다. 공동체의 회생을 부른다.

...
이기인은 타인이나 짝의 자금 운용에 대해 한없이 엄격히 짜 대거나, "너 그러겠다!" 너 그렇게 했다!" 한없이 엄격히 잣대를 들이대나 자기의 운용에 대해 한없이 너그럽게 둘러댄다.
이타인은 타인이나 짝의 자금운용에 대해 한이 없이 대해, 썼는 때, 썼는데에 대해 너그럽게 대하는 자 되나, 자기의 운용에 대해 한없이 엄격한 잣대를 들이댄다.

▣ 2번 황금열쇠를 쓰기 위해 알아두어야 할 황금팁

...
이기인은 남을 겨누기 위해, 남을 거느리기 위해, 저속한 에너지는 남을 가두기 위해 남을까, 남을 건드릴 저속한 에너지를 재장전하는 시간을 가진다. 그래서인지 일단 저속 충전된다.
이타인은 남을 가누기 위해, 남과 거닐기 위해, 남을 업기 위해, 남을 거두기 위해 에너지로 접속, 재충전하는 시간을 가진다. '남' 충전 에너지는 남을 업어 거뜬히 하는 에너지로, 제일 짱 제일 짱짱, 정정한 에너지다.

...
이기인은 돈으로 "땅" 쳐 사람들을 기죽인다. 심지어 죽인다.
이타인은 돈으로 기죽은 사람들에게 기 준다. 심지어 애초 기준 이탈한 돈으로, 주기 이탈한 도움으로 돈 줄기 죽~잇는다.

...
이기인은 향락에 돈들여, 돈 처들여 저 즐긴다. 가난에 찌들어 산다.
이타인은 향락에도 '지'* 들여, '도' 들여 저도, 저들도 즐긴다. 가난해도 향나는 향락을 즐기며 산다.
* 지(성). 시적 멋.

...
이기인은 인생을 환락에 빠져 살다 지금 자금의 환란에 빠져 산다.
이타인은 인생에 활약을 바쳐 살다 지금 자금의 활황에 빠져 산다.

...
이기인은 자금의 합계에 도전을 한다.
이타인은 지금의 한계에 도전을 한다.

[이기인의 개품과 이타인의 기품]

...
이기인은 있게 보이게 개폼 잡고 돈 쓴다. 잡 없고, 집 없고, 입을 게 없고 해도.
이타인은 개폼 행동 없고, 복있게 기품 있게 돈 쓴다. 잡 얻고, 집 얻고, 입을 거 얻고, 돈 센다! '복'인게다!

• • •
이기인은 기분에 따라 산다. 특히 기분에 따라 돈 쓴다. 쏜다. 그러니 그 개인도 가정도 회사도 돈통이 달랑달랑하다.
이타인은 기본에 따라 산다. 특히 기본에 따라 돈 쓴다. 그러니 그 개인도 가정도 회사도 돈독히 단란하다.

• • •
이기인은 기존 1군 기업을 선택해 안주하며 돈 벌려 한다. 직업의 귀천을 따진다.
이타인은 기존 1군 기업을 안 좋아하며, 1군 기업 일굴 일꾼 길을 선택해, 기적 일굴 개업의 길을 선택해 돈 벌려 한다. 직업의 귀천을 안 따진다.*
* 창업정신, 벤쳐정신의 의미로.

• • •
이기인은 실패를 일생적인 차질로 받아들인다. 실패로 성공을 찾지 못한다.
이타인은 실패를 일시적인 차질로 받아들인다. 못한 실패로 성공에 착지한다. 성공을 차지한다.

• • •
이기인은 실패를 "어머나!" 하는 성공의 의외가 돼버려 일생 글렀다. "왜?" 하는 성공의 예외가 돼버려 인생 바닥에 떨어졌다고 여긴다. 특히 "어마어마 머니! 억 머니!" 자금 운운하며 자기 뜬구름을 바로 잡으려다 실패하면 더욱 더 그렇다.
이타인은 실패를 실패가 인생 성공의 어머니가 돼버렸다, 실패로 성공의 우회로 바닥에 떨어졌다고 여긴다. 특히 "얼마니? 맞니? 얼마 막니?" 자금 운용하며 자기, 짝이 들은 그룹을 바로 잡으려다 실패하면 더욱더 그렇다.

• • •
이기인은 패배해 진다면 빽빽 운다. 그러다 빼빼해진다.
이타인은 패배해 진다면 진단하며 백 배 빽빽이 배운다. 그러다 백 배 웃는다.

…

이기인은 하다 안되는 것은 그치고 만다. 다만 금전에 있어서만은 그저 꽂히고 끝이, 그만이 없다. 많은 금전이 있어서 많은 골치 거리가 있다는 것은 모른다. 금전을 만당 모은다만 급전이 필요한 불우이웃은 모른다고 거리를 둔다.

이타인은 하다 안되는 것은 고치고 하고 만다. 다만 금전에 있어서만은 꽂히면 안 되는 것은 그치고 만다. 거리를 둔다. 급전이 필요한 불우이웃에게는 많은 금전이 없다마는 모든 다 한다. 그 끝이, 그만이 없다. 이웃 사랑의 금전은 꽂이고 극치고 맑다고 한다.

…

이기인은 안되는 것은 그치고 만다. 안그치고 만다.

이타인은 안되는 것은 고치고 만든다. 다만 돈 건만은 맞는 것만 맡아 돈 되는 것으로 만든다. 돈 많다는 말들 다 그치고, 돈 대는 건이, 도운 건이 많다.

…

이기인은 할 일을 하다 그만둔다. 그러나 돈 안되는 일은 그만 안 둔다.

이타인은 할 일을 하다 그만 안 둔다. 그러나 돈 안되는 일도 그만 안 둔다. 끝 만든다.

…

이기인의 생각과 삶은 진부하다. 그러나 욕심만은 드러내 진보하다 뭔가의 치부를 드러낸다.

이타인의 생각과 삶은 진보하다 뭔가를 드러낸다. 그러나 욕심만은 진부하다.

…

이기인은 지식 없는 사람, 집 없는 집시인 사람, 직 없는 사람, 돈 없는 사람을 찝찝해해 무시하고 혹평하면서도 이것들이 있는 사람은 질시하는, 몰수하는 몹쓸 자기 모순적인 언행을, 진실한 모습 적은 언행을 한다.

이타인은 지식 없는 사람, 집 없는 집시인 사람, 직 없는 사람, 돈 없는 사람을 집, 직에 모시고 질시 없는 호평하면서도 이것들이 있는 사람이 이것들이 없는 사람을 무시하는 몹쓸 언행을, 적인 언행을 한다면 즉시 자기 목숨 무시하면서도 혹평을 한다.

• • •

이기인은 포효하니 서로 포옹할 수 없다. 특히 돈 문제에 있어서.
이타인은 포용하니 서로 포옹할 수 있다. 특히 돈 문제에서는.

• • •

이기인은 굶주린 사람들한테 꿈을 줄 리, 금을 줄 리 만무한 사람이다.
이타인은 굶주린 사람들한테 꿈 주는 이, 금주는 이, 맘 모아 하는 사랑을 하는 사람이다.

• • •

이기인은 가진 것 풍족해도 부족한 사람들한테 부조 줄이며, 까칠이 쪼아, 갑질까지 하며 산다.
이타인은 가진 것 부족해도 더 부족한 사람들한테 부조해 주며, 보조, 부축해 주며, 조화해 좋아하며 부족같이 같이 산다.

• • •

이기인은 가난과 추위에 덜덜 떨음에 돈 도움이 필요한 주위 사람들에게 떫음으로 덜음, 도움을 줄이는 사람이라 그들 피로의 더 돌음을 주는, 그들을 더 죽이는 사람이나 줄 있는 사람에게는 덜음, 도움이 죽~ 있는 사람이다.
이타인은 가난과 추위에 덜덜 떨음에 돈 도움이 필요한 주위 사람들에게 덜음, 도움을 주는 사람이라 그들 필요에 도움을 주는, 돈 돌음을 주는, 덤을 주는, 움*의 더 돋음을 주는 사람이라 주위에 사람들이 줄 잇는 사람이다.
* 싹.

• • •

이기인은 사람들한테 어떤 상황에서도 우수리*가 없으니 사람들이 웃으랴!
이타인은 사람들한테 어떤 상황에서도 우수리가 있으니 사람들이 웃으리!
* 덤.

• • •

이기인은 탐이 진한 말을 하고, 말을 따져 하고, "닥쳐!"라 말하고, 한 말에 판전 한다. 그러니 다가가려던 '쩐'도 판전 한다.

이타인은 말을 다져 단정히 하고, 한 말에 땀이 진하다. 그러니 '쩐'도 다정히 다가가 전한다.

· · · ·

이기인은 자기의 금전적인 욕망은 피어오르게, 짝의 금전적인 희망은 피 어리거니 얼리게 한다. 이는 '우리'라는 존재를 울리게 하는 의리 적은 금전적 욕망이다. 이타인은 자기의 금전적인 욕망을 비워, 짝의 금전적인, 희망이 피어오르게, 옳게 열리게 한다. 이는 '우리'라는 존재를 어울리게, 올리게 하는 의리적인 긍정적 여망이다.

· · · ·

이기인은 문화의 겉치레를 소중하게 여긴다. 그래서 문화생활을 떠벌여 사치생활화 한다.
이타인은 문화의 '같이의 가치'를 소중하게 여긴다. 그래서 겉치레, 사치의 문화생활을 다 버려 문화를 더불어 일상생활화한다.

· · · ·

이기인은 정의를 밟고* 산다. 한편 '쩐'은 받들고, 쩐의 정의는 자기 유리'라 밝히고, '쩐'을 밝히고 산다. 그러나 유리*의 유리 위에서 선다.
이타인은 정의를 받들고, 정의로 밝히고 산다. 한편 '쩐'의 정의는 '짝의 유리, 의리'라 밝히고 산다. 그러니 '우리'의 유리 위해서 선다.
* (짓)밟고. * (깨지는)유리.

· · · ·

이기인은 '쩐'이 사회의 질서를 만든다고 여긴다.
이타인은 정의, '정'이 사회의 질서를 만든다고 여긴다.

· · · ·

이기인은 벽 속에, 빈 배 속에 가지가지 모든 다 모은다.
이타인은 빈 뼈 속에 가치 있는 가지가지를 모든 다 모은다.*
* '경험이 최고의 스승이다.'(영미속담)의 의미로.

· · ·
이기인은 금고를 모시고 더 불려 산다마는 굶고 있는 없이 사는 이웃을 무시하고, 금 긋고, 정 끊고 산다.
이타인은 금고는 없이 산다마는 굶고 있는 없이 사는 이웃을 모시고, 더불어 꿈꾸고, 정 끌고 산다.

· · ·
이기인은 또다른 지금은 없다며 지금 환락에 빠지다 환란에 빠진다. 또 금지자금에도 손을 뻗치다 도탄*에 빠진다. 공동체도 도탄에 빠진다.
공동체는 박진력이 빠진다.
이타인은 또다른 지금은 없다며 지금 활약해 손을, 박진력을 뻗치다 도달한다. 또 자금도 따른다. 또 다른 자금도 다룬다. 또다른 자금을 공동체에도 바친다.
공동체는 박진력이 뻗친다.
* 진구렁에 빠지고 숯불에 탄다는 뜻으로, 몹시 곤궁하여 고통스럽고 괴로운 지경을 이르는 말.

· · ·
이기인은 시대를 관통하는 메시지로 '쩐사랑'을 '쩐'한다. 한마디로 쩐이 메시아'*요, 자신은 '쩐'을 모셔야 하는 쩐의 '메신저'*이다.
이타인은 시대를 관통하는 메시지로 '사랑'을 전한다. 한마디로 '사랑'이 메시아요' 자신은 사랑으로 사람을 모셔야 하는 사랑의 메신저'이다.
* Messiah. 성경에서 유래한 말로 구세자, 구원주, 구주.
* Messenger. 전달자.

· · ·
이기인은 자신이 더블로 더 불려 놓은 사기로 노리는, 살기로, 불의로 사람들의 삶 살기의 사기를 누르는 사람이다.
이타인은 자신이 삶 살기의 사기를 불어 넣은 사람들을 불러 더불어 더블로 더 불려 놓는, 늘리는, 더불어 녹는, 더불어 노는, 더불어 누리를 누리는 사람이다.

· · ·
이기인은 사람들이 모이면 시끄럽게 되고, 싸움이 시작되고, 돈이 나가게 된다고 믿는다.

이타인은 사람들이 모이면 식구 얻게 되고, 쌓음이 시작되고, 도우는 이 되고, 삶이 나아가게 된다고 믿는다.

...

이기인은 돈 운운하는 음울한 톤의 말을 우는 얼굴로 자주 하니 돈도 울며 오다가도 간다.
이타인은 도움 운운하는 은은한 톤의 말을 웃는 얼굴로 자주 하니 돈도 웃으며 온다. 갔다 가도 온다.*
* '웃으면 복이 와요!', '소문 만복래' 의미로.

...

이기인은 한마디 말의 톤으로 돈을 버린다.
이타인은 한마디 말의 톤으로 돈을 번다.*
* '말 한마디로 천 냥 빚을 갚는다' (속담) 의미로.

...

이기인은 우리 사회가 자본주의 사회니 자본이 주인으로 우리가 자본 위주로 살아야 한다고 여긴다. 즉 자본에 엮인다.
이타인은 자본주의 사회니 우리가 자본의 주인으로 자본에 주의해 차분히 살아야 한다고 여긴다. 즉 자본의 처분이 사회에 엮인다.

...

이기인은 불공정이 머리에 처박힌 이로, 천박한 자본주의로 '쩐' 위주로, 자본 위주로 무례해 무리를 척박한 사회로 만든다.
이타인은 불공정에 처박힌 먼 이에 자본주의의 '정'을 발하는 이로 먼 이가 무리에 정박하는 사회를 만든다.

...

이기인은 돈으로 불우한 사람들이, 밑 됨을 맛 들이며, 돈에 맛들이며 살아간다.
이타인은 돈으로 불우한 사람들을 믿음을, 불우한 사람들의 밑 됨을 맛 들이며, 돈으로 미담을 만들며 살아간다.

• • •
이기인은 더러운 아름 들어온 돈을 불우이웃의 앓음의 알음이, 덜음이 없는 '얼음'다운 돈, 즉 돈을 안 덜어 다 우는 돈, 공동체가 다운*되는 돈으로 만든다.
이타인은 더러 온 아름 들어온 돈을 불우이웃의 앓음의 알음이, 덜음이 있는 아름다운 돈, 즉 돈을 한아름 덜어 다 웃는 돈, 공동체가 다 웃는 돈으로 만든다.
* Down. 쓰러짐. 하락.

• • •
이기인은 돈을 인생의 전부인 존재, 인생의 전제·전체로, 하지만 자신과 타인 위의 존재로, 즉 신적인 존재로, 구도적인 존재로 생각하는 사람이다.
이타인은 돈을 인생에 첨부하면 자신도 타인도 도움이 되는 도구적 존재, 자산적 존재로, 하지만 절제할 존재로 생각하는 사람이다.

• • •
이기인은 돈이 벌리면 자기의 배를 우선 불린다.
이타인은 돈이 벌리면 짝의 배를 우선 불린다.

• • •
이기인에게 돈이 생기면 색기가 생긴다.
이타인에게 돈이 생기면 새끼의 세 끼가 생긴다.

• • •
이기인은 자본의 형성과 처분이 탈 있게, 처벌이, 천벌이 따르게 한다.
이타인은 자본의 형성과 처분이 차분해 자본이 착 붙게, '딱'있게, 정의, 정, 정분이 따르게 한다.

• • •
이기인은 사람보다 돈을 따른다. 하지만 되레 돈은 달아난다. 사람들이 달아난다. 왜? 돈을 따르는 허기의 '개'이기에, 돈을 다루는 사람이 '이기에 있기에.
이타인은 돈보다 사람을 따른다. 하지만 되레 돈이 따른다. 돈이 따라 나눈다. 사람들이 따른다. 왜? 돈이 따르게 돈을 다르게 다루기에, 따른 돈으로 사람들을 다르게 하기에, 사람들이 다루게 해 있게 하기에, 사람들이 따르게 하기에.*

* 디지털플랫폼을 이용하거나 가상자산이나 블록체인의 NFT(대체불가토큰)를 다루는 등 차별화된 재테크 방법을 쓴다는 의미로.

...

이기인은 처벌, 화 될 돈을 벌고, 사람을 돈으로 본다. 돈으로 사람을 차별하고, 울린다. 사람을 돈으로 본다. 돈으로 마을을 울린다.
이타인은 차별화 된 돈을 벌고, 돈 위로 사람을 올린다. 돈 보다 마음을 우린 사랑으로 사람의 마음을 울린다. 마을을 올린다.

['개평'에 대한 이기인과 이타인의 생각의 차이]

...

이기인은 가령 '홀짝게임'*을 해서 돈을 따먹더라도 홀짝홀짝 혼자 먹는다. 그리고 게임 후 진 사람에게 개평*으로 조금도 안 덜어 주는 사람이다. 즉 게임을, 내기를 하더라도 '공동체 지속 가능 사고'가 개입 안한다.
이타인은 가령 '홀짝게임'을 해서 돈을 따먹더라도 '홀짝게임'해서 먹는다. 그리고 게임 후 진 사람에게 개평으로 조금이라도 덜어라도 준다. 즉 게임을, 내기를 하더라도 '내'가 아니라 '공동체 지속 가능 사고'가 개입한다.
* TV영화 드라마 '오징어게임'에서 홀짝게임을 하면서 배우 오영수가 배우 이정재에게 '깐부' 맺자고 제안한 것을 떠올려 보자.
* 딴 돈 중에서 낱돈을 주는 것.

...

이기인은 돈에 관련된 일에 있어서 늘 황당한 언행을 한다. 그리고 돈에 관련돼 확답한 것에 있어서 확 달아난다. 그러니 한때 함께 한 사람들은 당연히 황당하다. 그리고 화가 당연하다. 그로 인해 이내 화를 당한다.
이타인은 돈에 관련된 일에 있어서 늘 화통한 언행을, 연한 언행을 한다. 그리고 한때 함께 한 사람들한테 할당한다. 그로 인해 사람들은 이내 활달해 일에 애써서 화답한다. 그러니 늘 함께 다 연하는 것이 당연하다.

...

이기인은 평소 남에게 호통치는 사람, 집도*하는 사람이다. 그러니 호통에 돈도 넘어 오다가도 돌아가니 집도 남에게 홀라당 넘어가는 사람, 허탕치는 사람, 허당되는 허탈한 사람이 된다. 그러다 그 공동체는 사람도 돈도 허한 공동체가 된다.
이타인은 평소 남에게 호탕한 사람, 남 아껴 사람들 짐도 지는 된 사람이다. 그러니 돈도 홀딱 반해 넘어온다. 돌아갔다 가도 넘어온다. 그러다 그 공동체는 사람도 돈도 홀딱 반하는 공동체가 된다.
* 칼 잡음.

...

이기인은 사회적 가치를 재고로 만들어 간다.
이타인은 사회적 가치를 제고, 최고로 만들어 간다.

...

이기인은 이웃이 서러워 울 때, 어려워 울 때 더 서로간의 '정' 끊고, 잊고, 이기에 이기고 려 한다. 그러나 '쩐'은 끌고 이고 지고 살려 한다. 감당하기 어려울 만큼 보다더, 더, 더...
이타인은 이웃과 서로간의 '정'만큼은 끈끈히 끈 잇고, 이기기보다 지고 살려 한다. 그러니 이웃이 서러울 때, 어려워 울 때 더 '정'을, '쩐'을 끌고 이고 지고 살리려 간다. 감당하기 어려울 때도. 새빨간 거짓말 보다 더, 더, 더...

...

이기인은 자신의 본색에, 볼 색에 덧칠을 떡칠을 한다. 그러니 한때 곧 감출 수는 있다. 그러나 세상 사람들한테 공감 줄 수 없다. 그리고 돈을 밝히고 색 밝히는 본색은 감출 수 없다.
이타인은 자신의 본색을 덕치를 한다. 그러니 세상을 덕으로, 도움으로 밝히고, 새빨간 거짓말, 공갈하는 세상 사람들을 봉쇄해 줄 수 있다.

▪ **3번 황금열쇠를 쓰기 위해 알아두어야 할 황금팁**

...

이기인은 공동체의 규정을 어긴다. 특히 규정을 어기면서까지 돈 문제에 얽힌다. 그리고 공동체 돈으로 자기의 업에 돈 푼다. 그러니 공동체는 어김없이 기운다.
이타인은 공동체의 규정을 귀중히 여긴다. 어김없이 규정에 엮인다. 특히 돈 문제는 규정으로 푼다. 그리고 자기 돈으로 공동체, 짝의 업에 돈 푼다. 그러니 규정 엮임으로 공동체 엮음에 기운 있다.

...

이기인은 사람들을 자신의 돈벌이에 이용해, 또는 사람들의 도움을 역 이용해, 또는 사람들을 해하며, 사람들의 돈을 유용하며 돈 벌려 하는 자산가이나 돈 더 벌려, 더 불려 하는 돈벌레다. 자신만 갖는 사람이다.
이타인은 사람들이 자신의 도움을 애용해 돈이 벌리게 하려 하는 동료, 벗에다 자선을 행하며 도움 벌려 가는 자선가. 또는 더불어 자신만만 돈 벌어 사람들과 더불어 갖는 사람이다.

...

이기인은 이기인은 재물이 적어서 울며 사는 공동체 사람들을 더 울리며, 사람들은 적으로 나누며, 재물이 "손에 퍽 적소! 적었소!" 적재·축재에 멋 들어 산다. "저 쇼 퍽 좋소!" "푹 젖었소!" 축제, 쇼에 멋들어 일생을 빠져 산다. 그러다 "인생이 가다 "퍼졌소!" "인생에 졌소!" "인생을 접소!" 말 하며 멍든 인생으로 멎는다. 억울이 이는 인생!
이타인은 재물이 적어서 울며 사는 공동체 사람들과 더 어울리며, 어울려 만든 재물을 정으로 나누는 '적재적소' 나눔에 인생을 바쳐 산다. 그러다 인생 "펼쳤소!" "퍽 좋소!" 말 듣는 인생으로 멎는다.

...

이기인은 죄 물을 재물의 축재에도, 한탕 축재에도, 재미 과몰두의 축제에도 막 몰아 몰두한다. 이기에 일탈한다. 그러다 이따 자기가 뭣도 "못 됐다!" 자기 "목 떴다!"며 한탄한다. 마을 모두의 재물을 축낸다. 마을은 죽는다.
이타인은 죄 물을 재물의 축재도, 한탕 축재도 재미 과몰두의 축제도 "못됐다!"며 안 한다. 그러나 마을 모두의 재물, 마을 모두의 축제에는 마음 모아 몰두한다. 이타에 일당, 자기 몫 떼어다 재물을 마을에 죽~낸다. 마을을 죽죽-는다.

●●●
이기인은 한탕 돈 벌 일에 몰두한다. 그러다 자기도 모두도 별일 다 당하고 한탄하게 한다.
이타인은 합당한 돈 벌 일에 몰두한다. 그러니 자기와 모두를 단합하게 해 벌 일을 담당하고, 한 단 한 단 하게 한다.

●●●
이기인은 모든 돈 합하는 데 몰두한다. 자기 돈만 합한다. 그 공동체는 못된 '이기공동체'가 된다.
이타인은 모두를 통합하는 데 몰두한다. 짝의 동반에 몰두한다. 그 공동체는 모두의 '이타 공동체'가 된다.

●●●
이기인은 타인을 구워삶아 우리는 건수 올리는 일에 몰두한다. 그러니 자신의 삶은 올리나 타인 삶을, 우리 모두의 공동체 삶을 울리는 이다.
이타인은 자신의 삶을 구워삶아 우리는, 자신의 삶을 건설해, 올리는 일에 몰두한다. 그러니 타인 삶을, 우리 모두의 공동체 삶을 올리는 이다.

●●●
이기인은 매사 화려하려 한다. 그러니 돈을 물 쓰듯 한다. 그러니 그 공동체는 죽~죽 쑨다. 공동체 자산은 죽~ 줄줄 샌다.
이타인은 매사 하려 한다. 그러니 돈을, 물*을 쌓듯 한다. 그러니 그 공동체에 줄줄을 선다. 공동체 자산이 죽~ 족족 쌓이듯 한다. 공동체는 죽~죽죽 선다.
* (재)물.

●●●
이기인은 돈에 미친 사람이라, "돈" 소리에 솔깃해 미치는 사람이라, 공동체 사람들을 속인 돈으로 여유 있음에도 여유 없는 공동체 사람들한테도 솔깃한 소리로, "밑,진다!"는 소리로도 미친, 돈 소리로도 돈을 다 뜯는 사람이다.
이타인은 "도움" 소리에 솔깃해하는 사람이라 여유 없음에도 한때 여유 없는 공동체 사람들한테도 돈을, 사랑의 따뜻한 손길을 미치는 사람이다.

...
이기인은 자기의 잘못, 특히 금전운용의 잘못을 교묘히 인정 안한다. 그래서 타인과 자기 공동체를 잘못 되게 한다.
이타인은 자기의 잘못, 특히 금전운용의 잘못을 겸허히 인정한다. 그래서 타인과 자기 공동체를 자못* 되게 한다.
* 생각보다 매우.

...
이기인은 처음부터 날려고 비행하는 법부터 배운다. 또한, 비행 저지르는 비행 법도 배운다. 특히 자기 공동체가 경제적 고통으로 처질 때 자산·비용까지 빼오는 법을 배운다. 그리고 비행 저지르다 자신의 인생을 날리고 배로 운다.
이타인은 처음부터 저지대 보행하는 법부터 배운다. 또한, 비행하는 보행법도 배운다. 가령 자기 공동체가 고통으로 처질 때 자신의 자산·비용까지 빼 나르는 법을 배운다. 그리고 공동체 자산을 보호해 공동체와 공동 보행의 행보를 하다 자신의 인생은 행복의 나날이라고 배로 웃는다.

...
이기인은 자기 공동체에서 처음부터 돈 버는 법을 배운다.
이타인은 자기 공동체에서 처음부터 돈 빼는 법으로 빼온다.

...
이기인은 약한 자와도 다투듯이 산다. 심지어 약한 자의 돈 뜯으려 검쓴다.
이타인은 약한 자를 따뜻이 감싼다. 심지어 약한 자에 금 쓴다. 돈 뜯으려 검쓰는 악한 자가 와도 다독다독 감싼다.

[이기인과 이타인의 기부행태의 차이]

...
이기인은 기부를 기피해 모두를 위해 가하는 삶 즉 '사회배신형'으로 산다.
이타인은 기부를 기쁘게 해 모두를 위해 가는 삶 즉 '사회백신형'으로 산다.

···
이기인은 자기에게 "쩐"을 수북수북 쌓으려는 자기 이기의 삶, 거부가 되는 삶을, "쩐"에 복수전을 하는 삶을 사나 기부는 거부한다. 즉 '사회적 적'이 되는 삶을 산다.
이타인은 기부로 사회에 정을 소복소복 쌓으려는 소폭소폭 사회 잇기를 한다. 즉 '사회적 짝'이 되는 삶을 산다.

···
이기인은 '죽임'을, '줄임'을 두려워하지 않는다. 특히 죽~금을 두려 남 죽임을, 남 줄임을 두려워하지 않는다. 그러나 자기 공동체를 위한 죽음은 두려워한다.
이타인은 '죽음'을, '줄음'을 두려워하지 않는다. 특히 나 죽음으로 도리어 남 죽~ 큼을, 굶주린 남 준 금으로 도리어 난 줄음을 두려워하지 않는다. 그러니 자기 공동체를 위한 죽음도 두려워하지 않는다.

···
이기인은 살살 사기로, 쌀쌀 살기로, 자기 삶 살기를 한다. 즉 이기의 삶 살기를 한다.
이타인은 쌍쌍 사귀기로, 싹싹 사교로, 짝의 삶 살리기를 한다. 즉 이타의 삶 살기를 한다.

···
이기인은 돈으로 사람들의 희망을 허망하게, 망하게, '희망 꺽기' 한다.
이타인은 돈으로 허망한 사람들이, 망한 사람들이 희망 갖게 한다.

···
이기인은 재물이 있는 곳에 맘이 있다. 그러다 죄 물은 곳인, 빵*에 몸이 있다. 재물의 밤*이 있다.*
이타인은 재물이 있을 곳에 맘이, 몸이 있다. 그러다 재물을 봄이, 재물의 봄*이, 재물의 붐*이 있다.*

* (감)빵 살이 한다는 의미로.
* 창업정신, 도전적 자세로 사업에 성공한다는 의미로.   * Boom. 호황.

...
이기인은 약속을 또 안지킨다. 미뤄미뤄 안 지킨다. 그러니 사람들은 야속하다 하고 미워한다.
이타인은 약소한 약속도 지킨다. 미리미리 지킨다. 그러니 사람들은 악수하고, 미래를 약속하고, 미더워 한다.

...
이기인은 운명에 기대어, 귀 대어 재물을 만든다.
이타인은 문명에 기대어, 문명이 키*되어 재물을 만든다.*
* Key. 열쇠. *블록체인. 가령 디지털 플랫폼 자산거래시스템, NFT, 메타버스 등.

...
이기인은 '돈이 자신의 유일한 목적이요 탐의 수단이요 돈 이용이 답이다.'라고 여긴다.
이타인은 '자신의 목적에 유익한 수단이 돈이요 땀 이용이 답이다.'라고 여긴다.

...
이기인은 삶에서 돈이 아주 많이 남았다, 남 위에 있다가 중요하다.
이타인은 삶에서 돈이 아직 남아 있다, 남이 많이 있다, 남 위해 있다가 중요하다.

...
이기인은 돈이 있어야, 돈 사랑이 있어야 삶이, 세상이 아름답다고 믿는 돈에 돈 사람이나 되레 돈이 떨어지는 사람이다.
이타인은 세상에 사람이 있어, 돈 덜어 준 사람이 있어, 삶을 도울 사람이 있어, 사랑이 있어 세상이 아름답다고 믿는 사람이나 되레 돈이 도는 사람이다.

...
이기인은 돈에 환장해 한탕 하고, 혼자 다 갖고, 돈으로 이웃을 다 까고, 돈을 이웃과 싸우듯 확장하고, 이웃에 쌀쌀하고, 돈으로 싹 화장한다. 그러다 되레 돈 잃어 한탄하고, 운다.
이타인은 온당한 돈을 한 장 한 장 한 단 한 단 쌓듯 확장하고, 돈 이뤄 이웃에 다가가고, 싹싹 하고, 활짝 웃음으로 화장한다. 그러니 돈이 되레 환장해 살살 다가온다.

․․․․
이기인은 모두 칭칭 두른 호황형 인생에 몰두한다.
이타인은 모두 친친 두루두루인 호환형 인생에 몰두한다.

․․․․
이기인은 타인의 상위에 서서 살려, 성에 살려 살아간다.
이타인은 타인과 성의로 상의서, 선의로 타인을 살려 살아간다.

․․․․
이기인은 타인과 제 것 견주어, 견제로, '설의 경제'*로 타인 것 줄여, 타인 죽여 살아간다. 타인 것 재빨리 줄여 제 곁에 재어 두고 쌓아간다 마는 안 가진 타인 곁에 제 발로 안 간다.
이타인은 타인과 '선의의 경제', '성의의 경제'로 살아가다 제 것 줄여 타인 주어 살아간다. 많은 제 것 제 팔로 들고 안 가진 타인 곁에 제 발로 갔다 두고 간다.
* 감언이설, 사기, 기만, 속임수, 거짓, 공갈, 협박 등으로 타인의 돈을 뜯어낸다는 의미로.

․․․․
이기인은 공동체에서 참 지독한 자로 살아간다. 특히 금전관련에 있어서.
이타인은 공동체에서 '참'을 지도하는 자로 살아간다. 특히 금전관련에 있어서.

․․․․
이기인은 가진 것 없이 사는 사람들을 무시한다.
이타인은 가진 것 없이 사는 사람들을 모신다.

․․․․
이기인은 빵빵하게 살면서도 불우한 이웃과 빵 한 개도 안 나눈다. 불우한 이웃을 마치 산도적으로, 적으로도 보기까지 한다.
이타인은 빵빵하게 살면 선도적으로 불우한 이웃과 빵 한 개도 나눈다. 불우한 이웃을 맞이해 정으로 돌보기까지 한다.

...
이기인은 금이 있는 길이라면 인간관계 끊기 하더라도 인간관계에 금 가더라도 금기의 길이더라도 간다.
이타인은 기근의 길이라도 큰 길이라면 끈기로 극기로 간다. 금 갖더라도 인간관계 끈 갖는다.

...
이기인은 이익 목전에서 자기의 몫, '쩐'에 목적을 둔다.
이타인은 이익 목전에서 짝의 몫, '쩐'에 목적을 둔다.

...
이기인은 '쩐'을 앞에 두고 상시 상식 상실 언행을 더 한다. 심지어 짝을 자기적으로 대한다. 그러니 짝은 상심이 대단하다. 그러다 '쩐'을, 짝을 상실한다.
이타인은 '쩐'을 앞에 두고 상시 성실·선심 언행을 더 한다. 짝을 자기 심지의 성심으로 대한다. 그러니 짝은 성실·성심이 대단하다. 그러다 '쩐'을, 짝을 상시 대한다.

...
이기인은 도'쩐'·응'쩐'의 개천의 삶을 산다.
이타인은 도전·응전의 개척의 삶을 산다.

...
이기인은 '부'를 욕심으로 대박을 노려 도박으로, 도발로, 누구를 때려눕혀 누리려 한다.
이타인은 '부'를 또박또박 노력해, 또 발로 누리를 터벅터벅 누벼, 욕심을 되레 눕혀 누그러뜨려 따박따박 늘리려 한다.

...
이기인은 복병, 적으로 인간관계와 금전 관계에 임한다.
이타인은 보편적으로 인간관계와 금전 관계에 임한다.

...
이기인은 자신과 공동체에 흐물흐물 혀만으로 허망의 불씨를 키운다. 그러다 불신을 키우다 허물로 허물어져 망한다.
이타인은 자신과 공동체에 희망의 불씨를 키운다. 그러다 분신을 키운다.

...
이기인은 "돈 벼락으로 돈 벌래!" "또 벌래!" 하며 액수를 늘리며, 사람들을 벼뤄 버럭 악써 산다. 그러니 사람들이 '돈벌레'라 놀리며 별로인 사람이라고 한다.
이타인은 돈 벼랑 사람들과 악수를 늘리며 산다. 그러니 사람들이 "또 볼래!"하며 애수를 늘리며 '별'인 사람이라고 한다.

...
이기인은 "돈! 돈!"하는 사람이라고 공동체 사람들에게 찍히는 비호감도 높은 사람이다.
이타인은 공동체를 지키는 든든한 사람이라고 사람들이 치키는, 비호하는 호감도 높은 사람이다.

...
이기인은 '쩐'이 안 쥐어지는 일이면 최전선에 "왜 서?" 좌시 좌식 자세를 낮 쭈그린 자세를, 최전선에서 '나'정신 잃었다!" 자신 잃는 자세를, '나 죽은 자세'를 더 하다. "나 잃었다!" 한다.
이타인은 '쩐'이 안 쥐어지는 일도 옳은 일이면 낮은 자세로, 자신있는 자세로 최전선에서 정신일도, 최선을, 정성을 애써 다하다. "나 이뤘다!" 한다.

...
이기인은 금전 때문에 전전긍긍하는 사람이기에 "쩐! 쩐!" 하나 '쩐' 궁한 사람들에게 동전 하나도 쫀쫀하다.
이타인은 급전 때문에 전전하는 '쩐' 궁한 사람들에게 접근, 동전 하나라도 전한다.

...
이기인은 많은 금을 갖는 꿈은 있지만 한 단 한 단 끝 감이 많이 큼을 잃지만,
이타인은 많은 금을 갖는 꿈은 없으나 한 단 한 단 끝 감만큼은 잊지 않으니 꿈, 큼, 금은 일치한다.

...
이기인은 '쩐'이 절대 필요해 쩔쩔대는 공동체 사람들을 천대하며, '정'대신 피로한 듯이 대하며, 족족 적대시 대시*해 다투듯이 대한다.
이타인은 '쩐'이 절대 필요해 쩔쩔대는 공동체 사람들을 절대시 대하며, '정' 촉촉히 따뜻이 대하며, 접대하며, 필요한 '쩐' 댄다.

* Dash. 저돌적 공격.

[이기인과 이타인의 나눔의 차이]

...
이기인은 돈을 빌려줘도, 줘도 기분 쫄게 준다.
이타인은 돈을 빌려줘도, 줘도 기분 좋게 준다.

...
이기인은 거부가 아니라고 기부를 기피해 거부한다.
이타인은 거부가 아니라도 기부를 기쁘게 한다.

...
이기인은 기브엔 떼기엔 거부, 테이크만 할 줄 안다. 그러니 "뗏기!" 듣는다.
이타인은 '기브 앤 테이크'*를 할 줄 안다. 나아가 '기브 앤 기브 앤 기브'를, '테이크 앤 떼기' 많이 할 줄 안다. 그러나 '대길'*이 든다.

* Give and take. 주고받기. 가는 정이 있으면 오는 정이 있음.
* 크게 길함. 운이 매우 좋음. 일이 매우 상서로 움.

▣ 4번 황금열쇠를 쓰기 위해 알아두어야 할 황금팁

...

이기인은 이기적으로, 적으로 사니 인기척이 없다. 공동체도 없다. '쩐'이 있다가도 이따 동전 한 닢 없다.
이타인은 이타적으로 정으로, 동정으로 사니 인기척이 있다. 공동체에 있다. 동전 한 닢 없다가도 이따 기적적으로 있다

...

이기인은 자기의 은행을, 주식을, 수수료를, 늘 이익이 있는 것을 늘리고, 돌보고, 돌아보고 그 돈 벌 타임*을 중시, 주시하는 타입*이나 자기 외 타인이 이익인 것은 돌로 보고, 자기의 이익은 살찌우고 살지만, 짝이나 타인을 덜 보고, 자기의 언행은 스스로 돌아보고 살지 않는다만,
이타인은 자기의 이익에서 짝에 이익 있는 것을 더 돌보고, 살찌우고, 자기 외 타인을 돌보고 그 돌볼 타인의 타임을 중시, 주시하는 타인, 타인을 살짝 웃고 안는 타입이나 자기의 언행을 스스로 돌아보고, 언행의 타임을 중시한다.
* 타이밍의 의미로. * Type.

...

이기인은 모은 돈을 많이 쥘 줄만 알고, 쓸 데 쓸 줄을 모른다. 쓸데없는 데 쓰다 줄줄 샌다. 죽쑨다. 쓸 때 있을 때는 샌다. 돈 잃는 데 돈 들고 줄 선다.
이타인은 모은 돈을 많이 줄 줄 알고, 쓸 데 쓸 줄 알고, 슥~ 줄 줄 안다. 쓸 때 있을 때, 쓸 데 있는 데 돈 들고 줄 선다.

...

이기인은 마치 공동체 재정의 자물쇠이게 역할을 한다.
이타인은 공동체 재정이 마침내 마치 좔좔 물 새게 역할을 한다.

...

이기인은 돈독이 올라 한탕 도도히 독히 하다 돈도, 이익도 도돌이 한다. '한때 떠돌이'*한다.

이타인은 옳아 한다, 단 똑똑히 똘똘히 돈독히 하다 돈도, 이익도 올라 더 돈 돌아 '한때 떠돌이'*한테도 더 돈 돌린다.

* 예기치 않게 집도 절도 없어진 사람들의 의미로.

...

이기인은 그전 금전으로 그저 금전을 만든다. 자기 공동체의 금전으로 자기 금전을 만든다.
이타인은 긍정으로 극적으로 금전을 만든다. 자기 금전으로 자기 공동체의 금전을 만든다.

...

이기인은 한탕 별난 일 벌여 노린 대가로서의 엄청난 현금을 벌려 한다.
이타인은 한땀한땀 엄청난 노력의 대가, 한단한단 땀 뻘뻘한 일 벌이로서의 대가, 노력으로 대가가 된 업적의 대가로서의 엄정한* 현금을 벌려 한다.

* 엄격하고 바르고 공정한.

...

이기인은 도발로 타인을 박해 해 자신의 자산을 늘린다. 또 돈다발 단박*에 늘리려 돈다 박아 도박'으로 자신 재산과 공동체의 자산을 개천에 날린다.
이타인은 뚜벅뚜벅 발로 판로를 등반 개척해, 또박또박해 느리나 따박따박 자신 재산을 늘린다. 또 타인과 동반으로 자신의 공동체의 자산을 늘린다.

* 요행을 바라는 한탕주의 의미로.

...

이기인은 가령 '공돈', '공짜'를 좋아해 자기 공동체한테 "나에게 '골드* 탑'을 공짜로 지어 줘라!"라는 골자의 자기 이기의 욕구 요구로 쪼아 댄다. 그러니 으리으리한 공동체도 곧 쫄아든다. 멍든다.
이타인은 '공든 돈', '공조'를 좋아한다. 그러니 자기 공동체한테 "우리에게 공동 공작할 공장을 지어 줘라!"라는 골자의 '우리'의 공통 요구를, "제한테 쥐어 줘라!"라는 골자의 의리 이타의 요구를 한다. 그러니 그 공동체는 곧 조화된다. '공든 탑'을 만든다.

* Gold. 금.

• • •
이기인은 타인 모르게 쥐도 새도 모르게 돈을 쥔다. 돈을 쥐어 세어도 타인에게 안 쥐여 준다. 그러나 쥐도 새도 모르게 돈이 준다. 샌다. 돈이 쥐도 새도 모르게 쥐똥, 새똥 된다.
이타인은 타인에게 쥐도 새도 모르게 돈을 준다. 그러나 돈을 주어도 쥐도 새도 모르게 돈을 쥐여 돈을 센다.

• • •
이기인은 공동체 자산에서 알짜 빼기로 뼈기고 살아 공동체 사람들을 바닥에 뻗게 하는 사람이라 사람들이 공동체에서 진작 빼기 바라는 사람이다.
이타인은 자신의 공동체에서 알짜배기로 살아 공동체와 공동체 사람들의 바탕이 살아 뻗게 하는 진짜배기, 진작 뵙기 바라는 사람이다.

• • •
이기인은 자신과 공동체의 자산을 낭비로 막 써 빚낸다거나 거덜낸다. 자기공동체 겉을 떠돌고, 안 거들고, 냄비처럼 껄떡 껄떡 시끄럽게 떠들고, 거들먹거들먹 댄다. 그러니 사람들이 그 공동체를 '날라리 공동체'라며 거들떠도 안 본다. 공동체는 곧 똥 된다.
이타인은 공동체의 자산을 거덜 낼 낭비의 빚에 맞서 자신 자산을 낸다거나 거둬 낸다. 자신의 공동체를 나날이 싱그럽게 빛낸다. 그러니 그 공동체에 사람들이 나비처럼 날아들어 공동체를 안아 본다. 공동체와 동체 된다.

• • •
이기인은 공동체의 예산을 외상해서 집행한다.
이타인은 공동체의 예산을 예상해서 집행한다.

• • •
이기인은 도박, 도발의 일에 올인*을 한다. 또 공동체를 울리는 일에 올인을 한다.
이타인은 돈 밖의 일에 올인을 한다. 또 공동체를 올리는 일에 올인을 한다.
* All in. 전부 걸다.

• • •
이기인은 대번에 돈을 벌려 이기로 일탈로 일 벌이다 타인의 잃기로 대번에 돈벼락 돈을 벌어도 그 돈은 대번에 준다. 또 대변같이 된다. 이따 대부분 벌이 있다. 그로 인해 그 공동체는 다 같이 위기인 이기 공동체가 되니 별별 일 된탕!
이타인은 '일벌'같이 벌어 둔 돈을 돈 벼량 위기의 타인에 돈 벌라 단번에 빌려준다. 위기를 이기라 준다. 이따 타인은 대부분 벌이가 있다. 또 타인을 일단 1번으로 별별 일을 일일이 대변해 준다. 그로 인해 그 공동체는 다 같이 위기 이기는 이타 공동체가 되니 별이 된다.

• • •
이기인은 이기로 가옥 하나 없는 공동체 사람들한테도 지킬 신의를 버리며 가혹하다.
이타인은 선의로 가옥 하나 없는 사람들한테 신의 가호가 '가가호호'에 있기를 바라며 신의를 지킨다.

• • •
이기인은 지금은 영원하지 않기에, 지금은 다시 돌아오지 않기에 지금 자금이 0원이 되도록 써 버린다. 자기 공동체 자금도 0원이 되도록 써 버린다. 그러니 소중한 사람들이 다시는 돌아오지 않는, 사람들이 들어오지 않는 영원히 서 버린 골동 공동체가 된다.
이타인은 지금은 영원하지 않기에, 지금은 다시 돌아오지 않기에 소중하기에 자신의 속 중하게 해 영혼이 염원한 바를 되도록 지금 '대시!'*를 한다. 그러나 그 공동체는 바른 공동체, 영원한 공동체가 된다.
* Dash. 저돌적인 행함.

• • •
이기인은 공익 보다 사익을 추구한다. 그러니 사이 쪽 깨져 적으로 지낸다.
이타인은 사익 보다 공익을 추구한다. 그러니 사이좋게 정으로 지낸다.

• • •
이기인은 매사 미리미리 대응에 서툴다. 그러니 공동체에 구멍이 '뽕' 나 공동체의 소실과 자산 손실이 극명하니 공동체의 미래는 밀리는 공동체, 미래 자산은 0이다.

이타인은 매사 미리미리 대응에 서두른다. 그러니 공동체의 소실과 자산 손실의 구멍을 미리 봉해 놔 공동체를 구명*하니 선두 공동체의 미래를 연다.

* '유비무환'의 의미로.

...

이기인은 돈은 중요한 것'이 아닌 "주여!"*하는 사람이거나 돈이 삶의 전부라고 생각하는 사람이지만 이타인은 돈은 중요한 것이지만 중용할 것이라 생각하는 사람이거나, 돈은 삶의 전부는 아니지만 주효한 것이라 생각해 일하는 사람이거나, 돈을 돌로 똥으로 생각하거나 증오하지는 않지만 돈을 "주여!" 하지는 않는 사람이거나 "줘요! 줘요!"하는 사람이 있는 곳에 증여할 생각을 하는 사람이다.

* 주인. 주님. 배금주의 의미로.

...

이기인은 돈 모양을 바꾸면 생각 모양이 바뀐다고 생각하는 사람이거나, 돈 모양이 바뀌면 면 '사람 모양'*이 바뀐다고 생각하는 사람이거나, '사람 모양'*을 바꾸면 돈 모양이, 살림 모양이, 사랑 모양이 바뀐다고 생각하는 사람이다. 이런 사람으로 바뀌면 삶이 바퀴벌레 같다.

이타인은 생각 모양을 바꾸면 돈 모양이 바뀐다고 생각하는 사람이거나, 돈 모양이, 살림 모양이 바뀌면 '사람 살릴 도움 모양'*을 바꾼다 생각하는 사람이다. 이런 사람으로 바뀌면 삶이 바퀴로 빨리 간다.

* 명품 치장으로 있는 척해 사기를 친다거나 돈을 끌어 들인다는 의미로.
* 기부와 나눔, 선행의 액수 변동의 의미로.

[이기인과 이타인의 돈에 대한 생각의 차이]

...

이기인은 돈으로 행복을 살 수 있다고 생각하는 사람이거나, 기회로 돈을 행복을 자유를 죽~ 구하고 살 수 있다고 생각하는 사람이거나, 돈이 행복을 자유를 준다고 생각하는 사람이거나, 돈이 없다면 죽는다고 생각하는 사람이거나, 돈이 없다고 죽는다고 하는 사람이거나, 돈을 기부해 준다면 돈이 준다고 생각하는 사람이다.

이타인은 돈으로 행복을 살 수 없다고 생각하는 사람이거나, 돈으로 행복의 기회를 살 수 있다고 생각하는 사람이거나, 기회로 돈을 행복을 자유를 기획할 수 있는 자율을 추구할 수 있다고 생각하는 사람이거나, 돈은 행복을 추구할 수 있는 자유를 준다고 생각하는 사람이거나, 돈을 기부해 준다면 다 행복을 추구할 수 있다고 생각하는 사람이다.

...

이기인은 돈은 '자유'라고 생각하는 사람이다.
이타인은 돈은 '자율'이라고 생각하는 사람이다.

...

이기인은 돈을 '주'로 경애해 사는 사람으로 돈을 경이로운 존재라 생각하는 사람이라 "주여! 줘요!", "쥐어 줘요!" 외치는 사람이다.
이타인은 돈이란 존재는 사는 사람이 겸해야 하는 이로운 '재'*라 생각하는 사람으로 이를 결해 사는 "주위에 줘요!" 외치는 사람이다.

* 재(화).

...

이기인은 돈으로 사랑을 살 수 있다고 생각하는 사람이거나, 돈으로 사랑의 1할은 살 수 있다고 생각하는 사람이다.
이타인은 돈으로 사랑을 살 수 없다고 생각하는 사람이거나, 돈으로 일할 사람을 살 수는 있지만 사랑을 이룰 사람을 살 수는 없다고 생각하는 사람이거나, 돈으로 사람을 살 수도 사랑에 이를 수는 있지만 이룰 수는 없다고 생각하는 사람이거나, 돈으로 사랑을 이룰 수는 있지만 그 사람과 살 수는 없다고 생각하는 사람이다.

['윈윈'형 자리이타 부자]

...

이기인은 부정직하고, 공동체에 저질의 부정 짓 저질러 부자가 되려 하는 자세의 사람이다. 그러니 되레 자신의 이기에 공동체로부터 저지를, 정직을 당한다.

이타인은 정직하고, 공동체에 부정 짓 저지름 자제로 부자가 되려 되려는 사람이다. 그러나 되레 자신에게 공동체가 붙어 부쩍 정진, 전진을 해 당당하다.

...

이기인은 100 프로 까칠이 무자비해야 배부른 부자가 된다고 생각하는 사람이다.

이타인은 배포 두둑하고', 베프'같이 물자 자비 베풀어야 "배워 보자! 보자!" 부르는 부자가 된다고 생각하는 사람이다.

...

이기인은 부자는 위에 있다는 생각에 휘둘려 '위' 위해서는 칼 "윙윙" 휘둘러 찔러야, 찢어야 하는 '부의 전쟁' 일명 '쩐쟁'을 서로 치러야 하며 승자와 패자가 있다고 생각하니 위 승자, 우승자 되기 위해서 늘 일단 "패자!", "베자!" 하며 칼 휘두루는 '위 선자'라도 '위선자'인 사람이다.

이타인은 진정한 부자이기 위해서는 승자와 패자가 있는 '부의 전쟁' 일명 '쩐쟁' 생각을 서로 지워야 하며 칼 치워야 이타로 '윈-윈'할 수 있다고, 서로 웃은 자가 진정한 우승자라 할 수 있다고 생각하는, 부자는 패자에 진정 친절할 수 있다고, 패자와 '절친'할 수 있다고 생각하는, 전쟁 아닌 '일단의 전진'을 하는 진정한 우승자인 사람이다.

...

이기인은 남에게 '이기'여야 가질 수 있고, 남을 이겨야 까칠이 남을 쳐야 넘치는 돈을 가질수 있다고 생각하는 사람이다.

이타인은 돈은 돈을 이기기에 가질 수 있고, 남과 같이 이겨야 넘치게 가질 수 있고, 이타로 남에게 돈을 넘치게 있게 해야 돈은 가치 있고, 남에게서 익혀야 돈을 가질 수 있다고 생각하는 사람이다.

[순환소비경제주의자 자리이타 부자]

•••

이기인은 필요한 것 많이, 필요 안 한 것도 많이 챙긴다. 그런데 자기만 챙긴다. 챙길 때는 혈안이 항상 되나 피로한 것을 전혀 모른다. 그런 때 남 현안 상황, 공동체 현안사항은 전혀 모른다.
이타인은 필요한 것만 챙긴다. 그런데 짝의 것 많이 챙긴다. 남 현안 상황, 공동체 현안사항을 챙길 때는 피로한 것을 전혀 모른다.

•••

이기인은 지금 자금이 없어서, 값진 게 없어서, 가진 게 없어서 그렇지 돈 쓸 데는 넘치고, 시간은 남아돈다고 생각하는 사람이라 그런지 지금 남아 논다.
이타인은 지금 자금이 없어도 지금 시간을 값지게 가치 있게 쓸 때 돈을 가질 수 있다고 생각하는, 돈을 남과 같이 가질 때, 남 친하게 같이 쓸 때, 남 돕는다고 쓸 때, 돈 가치가 넘친다고 생각하는 사람이라 그런지 시간을 남과 같이 값지게 가치 있게 쓰는 사람이다.

•••

이기인은 부자가 되려면 구두쇠까지 되어야 생각하는 사람이다. 돈, 울*, 구두, 쇠, 값진 가지가지 그득그득 쌓아 두지 않으면 구들에 앓아눕는 사람, 두 집은 두어야 한다고 생각하는 사람, "거두세! 그득 거두세!" "세 거두세! 그득세 거두세!" 하는 사람, 그득 득세까지 되어야 한다고 생각하는 사람이다.
이타인은 부자는 구두쇠같이 돈을 쌓아 두지 않아야 한다고 생각을 뒤집은 사람, 돼지같이 되지 않아야 한다고 생각하는 사람, 뒷집 앓아누운 사람을 알아 약, 돈을 쌓아 두어야, 구들을 데워 두어야 한다고, 그들을 거두어야 한다고 생각하는 사람이다.

* Wool. 양모.

•••

이기인은 나눌수록 점점 적어진다고, 저 거지 된다고 생각하는 사람이라 많이 놔두면서도 많은 사람들을 적으로 나누며, 나누는 척으로 사는 사람이다.
이타인은 나눌수록 점점 커진다고, 점점 정 커진다고 생각하는 사람이라 많은 사람들에 정으로 척척 나누며 산다.

['빈익빈부익부'에 대한 이기인과 이타인의 생각의 차이]

...

이기인은 "돈이 돈을 번다!"라는 즉 "돈이 없다가는 이따도 없다! 돈이 있다면 이따 또 있다!"라는 '공돈'을 생각하는 이기적인 생각으로 사는 사람이다. 이타인은 "돈은 돌고 돈다!"라는 즉 "돈이 없다가도 이따 있다! 돈이 있다면 일단 이타이다!" 라는 '공동'을 생각하는 이타적인 생각으로 사는 사람이다.

...

이기인은 '부'가 불과 같이 일어나면 '부'가 부가가 돼 부가가치를 가지게 한다는 '빈익빈 부익부' 결과라는 생각에 갇힌 사람, 불과 같이 일어날 부가가치를 노려 한탕 한다는 생각을 가진 사람, 한때 부가 까진 동네 사람들을 동네북과 같이 학대하는, 놀리려 하는, 불과 같이 까칠이 갑질을 되게 하는 이기의 사람이다. 그러나 이따 한탄하는 한 사람뿐인 사람일 뿐이다.

이타인은 불과 같이 일하며, 한 단 한 단 한땀한땀 노력한 결과가 '부'라고 생각하는 사람, 부가가치를 같이 가지려 같이 노력한다면 부가가치가 불과 같이 일어난다고 생각하는 사람, 한때 '빚에 빚, 불에 불'로 한탕 부가 까진 동네 사람들과 같이 가지면 부가가치의 가치가 값지게 되게 한다고 생각하는 사람이다. 그러나 이따 불과 같이 일어나 나는 사람, 동네에 부를 나르는 사람, 돈 내 동네 사람들과 부를 나누는 이타의 '분'이다.

[이기인과 이타인의 행복관의 차이]

...

이기인은 돈 때문에 행복한 사람이 되고 싶은 생각이 갑절 간절한 사람이다. 다만, 돈이 다 많이 가져 안에 다 있어서, 대번에 다 해 볼 돈이 있어서, 해 볼 때 돈때문에 행복 하다고 생각하는 사람이다. 또 돈이 간절한 간청하는 사람이 있어도 "간청해 볼 테면 해 보아라!" 하는 사람이다. 이런 생각 들 때문에 돈이 있어서 행복이 생긴다고 생각하는 사람이다. 이타인은 돈 때문에 행복한 사람이 되고 싶어 하는 생각이 간절한 사람이다. 다만, 돈 있어서 행복한 사람이 아니다. 돈을 써서 행복한 사람이 아니라 돈을 써서 행복한 사람이 있어서 이다. 또 돈이 간절한 간청하는 사람의 회복에, 대변에 대번에 쓸 돈이 있어서이다. 하지만 이런 생각들 때문에 돈 있어서 행복이 생기는 것이 아니라 행복해서 돈이 생긴다고 생각하는 사람이다.

■ 5번 황금열쇠를 쓰기 위해 알아두어야 할 황금팁

...

이기인은 돈으로 타인을 항복하게 하겠다는 생각으로 사는 사람이다.
이타인은 돈으로 타인을 행복하게 하겠다는 생각으로 사는 사람이다.

...

이기인은 왕이 사치하는 생활을 하면서도 자신은 사회에 '쩐', 재산 기부를 끊으며 거부하겠다는 생각을 지닌 사람이다.
이타인은 사치하는 생활을 끊으며 기부하는 생활을 하면서도 이왕이면 전재산을 사회에 기부하는 기부왕*이 되겠다는 생각을 지닌 사람이다.

* 가령 평소 아주 검소한 생활을 하면서 자신의 전 재산인 1조원 가까이 기부한 홍콩 영화 배우 주윤발 같은 사람 의미로.

∙∙∙
이기인은 거부이어도, 공인이어도 사회 공헌·기부는 돈 버리는 것이라는 이기의 생각으로 사회에 공헌·기부를 공언해 놓고도 잊기도 하는 사람, 돈이 놀고 있는데도 "돈 왜 써!" "아니었다!"며 기부를 거부하는 돈 버릇을 가진 사람이다.
이타인은 이타의 생각으로 사람들이 공원에서 놀고 있는 때도 애써 돈 번 것을 공언 아니해도, 공인 아니어도, 거부 아니어도 공헌·기부에 기부하는 사람이다.

∙∙∙
이기인은 타인에게 자주 실례해 만남을 고개 설레설레 하게, 꼽게, 꼬이게 한다. 특히 금전관계 실례로.
이타인은 타인을 신뢰하게 만남을 설레게, 곱게, 곧게 한다. 특히 금전관계가 신뢰 관계이게 한다.

∙∙∙
이기인은 인간관계, 금전관계에 꼼수, 술수를 부린다. 게다가 기부할 때는 꼼수*를 부린다. 기부 거부하는 금수다.
이타인은 인간관계, 특히 금전관련에서 꽃술*, 뿌리 있는 고은 수를 부린다. 게다가 기부할 때는 공수로 뿌린다. 기부 고수다. 기부 골수다. 골수를 기부하는 사람이다.
* 느릿느릿 지체한다거나 싫어한다는 의미로.   * 꽃의 중심인 암술과 수술을 아울러 이르는 말.

∙∙∙
이기인들은 인간관계에서 서로 서러워 당장 담장을 만든다. 그 담장은 적으로 나뉨의 결과이다. 나아가 기부·나눔의 담장이다.
이타인들은 인간관계에서 서로 닮자는 단짝을 만든다. 그 단짝은 정으로 나눔의 결과이다. 나아가 기부·나눔의 단짝이다.

∙∙∙
이기인은 "뭐니 뭐니 해도 머니가 좋다!"는 생각으로 사는 사람으로 부모가 집어 머니를 꾸준히 주니, 꿔 주니, 빚 꺼 주니, 집 주니 "뭐니 뭐니 해도 부모집의 머니가 좋다!"라며, 모은 머니들 먼 이에 주는 이는 쪼다!"라며 산다.

이타인은 부모집의 머니*는 멀리 해야 한다는 생각으로 부모가 준 몸, 머리로 불모지의 궂은일 꾸준히 해 모은 머니*로 "뭐니 뭐니 해도 뭔 일 뭔 일 해 모으니 좋다!"라며, " 모은 머니를 먼 이에 주니 좋다!"라며 산다.
* Money. 돈.

...
이기인은 인간관계, 특히 금전 관계에서 법정 싸움을 하곤 한다. 그러다 그간 벌어 쌓음을 빼기·나누기를 하니 불우해지는 사람이다.
이타인은 인간관계, 특히 금전 관계에서 벗, 정 쌓음을 하곤 한다. 그러다 그간 벌어 쌓음을 불우해진 사람에게 나누기를 한다.

...
이기인은 돈을 복사하겠다는 생각으로, 돈으로 사랑을 복을 사겠다는 생각으로, 사는 사람이다.
이타인은 돈으로 사랑 봉사하겠다는 생각으로 사는 사람이다.

...
이기인은 타인의 실수, 특히 금전 실수는 기억하되 타인의 용기, 특히 기여·기부의 용기는 기억 안 한다.
이타인은 타인의 용기는 기억하되 타인의 실수, 특히 금전 실수는 기억 안 한다. 그리고 기부·기여의 기품있는 용기는 특히 기분이 기쁘게 깊게 기어이 기억한다.

['바닥'같이 사는 이기인과 '바다'같이 사는 이타인]

...
이기인은 자신이 받드는 생각을 자신의 공동체와 공동체 사람들에게 바득바득 우기다, 그 생각이 웃긴다고 닥치게 하다 들이받다 타 공동체로 옮기고, 자신과 자신의 공동체에 위기 닥치게, 사람들을 다치게 하는 사람이다. 자신의 공동체와 공동체 자산을 바닥까지 떨어뜨리는 사람이다. 오기에 이기에 생각이 닫히고, 바닥 사람같이 까칠이 사는 사람이다.

이타인은 자신의 반듯반듯 번뜩번뜩하는 생각을 자신의 공동체와 공동체 사람들에게 옮기고, 그 생각들을 바다같이 받아들이고, 들어 받든다. 자신과 자신의 공동체 사람들에게 자신의 자산을 바닥까지 덜어 드린다, 털어드린다는 이타의 생각을 바탕으로 사는 사람이다. 같이 사는 게 옳기에 같이 사는, 옳게 다지고 사는 사람이다. 자신의 공동체에 옳게 사는 타 공동체 사람들도 오게 해 받아들이고, 들어 받든다는 생각으로 같이 사는 바다같이 사는 사람이다.

[값으로 사는 이기인과 가치로 사는 이타인]
...
이기인은 자기만 어마어마한 억만금 재물을 닥치는 대로 가득 가지가지 가지려는 생각을 가진 사람으로 그 재물을 가지면 죽는다 해도 가지려는 엉망인 생각을 가진 사람이다. 타인을 기만해 재물을 가지려는 생각을 가진 사람으로 그 재물을 가지면 죄물어 다 다치는데도 가지려는 사람이다. 가치보다 값을 생각하는 사람이라 얼마얼마 다 따지는 태도를 가진 사람이다. 재물을 가진 사람이 사회의 '갑'이라는 생각으로 갑질하는, 사회에 갚지 않는 사람이다. 그러니 자기 재물을 타인에게 준다면 자기 재물이 준다는 생각을 가진 사람이라 안 준다거나 준다 해도 줄이는 사람이다.
이타인은 억만금을 준다 해도 엉망인 금은 갖지 않는다는 생각을 가진 사람이다. 억만금보다 얼마만큼만 가지려는 생각을 가진 사람이다. 값보다 가치를 생각하는 사람이라 억만금을 생각하지 않는 사람이다. 재물을 가진 사람이 사회의 '을'이라는 값진 생각을 가진 사람이라 사회에 갚는다. 그러니 자기 재물을 타인에게 준다 해도 자기 재물이 준다고 생각하지 않는 사람이라 안 준다거나 줄이는 생각을 하지 않는 타인에 주는 재물의 가치를 아는 사람이다.

...

이기인은 재물을 상시 반칙, 발칙한 편법, 비상식적 병법 범벅으로 모으려는 밝지 않은 생각으로 살다 죄 물을 범법이 돼 배상하는, 까지는 상실을 가지는 사람, 사회의 적이 될 때까지는 상심을 가지는 사람이다.
이타인은 재물을 상시 사회의 평범한 사람들의 상식을 밟지 않는 방법으로, 가치 있는 비상한 방법으로 모으려는 생각으로 성실, 성심으로 살다 비상하는 사람, 사회의 짝이 되는 사람이다.

...

이기인은 이래저래 '어느 날 돈깨나 벌어 부자'*되면 불우자, 빈자, 빚 있는 자 대면하면 똥개나 '돈 개'* 낯 보는 듯한다.
이타인은 이래저래 '어느 나날이든 나날 일해 돈을 꽤나 벌어 부자'* 되면 불우자, 빈자, 빚 있는 자 대면하면 돈 깨 나날 보듬 듯하다.
* 졸부, 벼락부자 등 불로소득자의 의미로. * 미친개, 광견.
* 성실히 노력의 대가로 돈 번 부자, 청부의 의미로.

...

이기인은 가령 풀장 있는 집에 살며 돈푼깨나 벌었으면서 집 없이 나날 허허벌판에 살며 헐벗은 가련한 사람들한테 "많이 돈 풀자!" 하면 '마이동풍'인 짠 사람이다.
이타인은 가령 풀장 있는 집에 살며 돈푼깨나 벌었으면 썩* 돈 "팍" 깨, 나날 집없이 허허벌판에 살며 헐벗은 가련한 사람들한테 많이 돈 푸는 인자한 사람이다.
* 보통의 정도보다 훨씬 많이 뛰어나게/지체 없이 빨리.

...

이기인은 돈에 관한 생각을 한다마는 생각만 하는 사람이거나, 그 생각대로 하나마 는 사람이다.
이타인은 돈에 관한 생각을 한다면 한단 한단 많은 생각을 하는 사람이거나, 그 생각이 마땅히 맞다 하면 그 생각대로 한 땀 한 땀 하는 사람이다.

...

이기인은 돈을 벌려면 담합해야 한다는 생각을 가진 사람이다. 특히 기득권 담합을 한다.

이타인은 돈을 벌려면 단합해야 한다는 생각을 가진 사람이다. 특히 '기' 든 건, 합당한 일에 단합한다.

...

이기인은 인정머리 없는, 인정이 머리에 없는, 인정이 멀리 있는, 사람 멀리하는, 쩐이 없는 사람 몰라라 하는 사람이다. 이런 사람한테 사람이 몰리랴! 멀리 있는 사람이 몰리랴! 특히 '머리에 있는 사람'*이 몰리랴! 일절 사람이 안 몰 리리라! 이런 사람이니 사람들도 몰라라 하리라! 인적이 없는 이이라!
이타인은 인정이 머리에 있는, 인정이 무리 없는, 인정이 몰래 있는 사람*이다. 이런 사람한테는 늘 사람이 몰리리라! 머리에 있는 사람, 특히 '멀리 있는 특이 특기 머리 있는 사람'*도 몰리리라! 이런 사람이니 사람들도 사랑하리라! 인적이 있는 이이라!
* 배운 사람, 지식인의 의미로.
* 자비, 베풂, 나눔 등을 자연스럽게 생색내지 않고 오른손이 하는 것을 왼손이 모르게 한다는 의미로.
* 외국인이나 해외 유학파인 전문 창의인재의 의미로.

...

이기인은 돈에 관해 불합리·불공정·비상식이란 '불의'의 생각으로 사회생활을 하니 그 사회의 사람들은 나날 화나니 뿔이 나, 불이 나 뿔뿔이*이다. 이런 사람이 불우한 사람들한테 돈 뿌리나?
이타인은 돈에 관해 합리·공정·상식 이란의 '풀뿌리'* 생각으로 사회생활을 하니 그 상식의 사람들은 나날 환하니 사회생활을 한다. 이런 사람은 불우한 사람들한테 부리나케 돈 뿌리네!
* 제각기 따로따로 흩어지는 모양. * 일반 대중, 민중, 보통 사람들.

...

이기인은 "돈은 입 닦아도* 있고, 얻다 갔다 둬도 된다."*고 생각하는 사람이거나, "돈이 돈을 번다."고 생각하는 사람이다. 그래서 기부, 나눔이 낯선 사람이다.
이타인은 "돈은 있다가도 없고, 없다가도 있다.", "돈은 잃다가도 얻고, 얻다가도 잃는다."고 생각하는 사람이거나, "돈은 돌고 돈다."는 생각으로 돈을 본다는, 돈을 번다는 사람이다. 그래서 기부, 나눔에 나서는 사람이다.
* 입 닦다: 이익 따위를 혼자 차지하거나 가로채고서도 시치미를 떼다. 입 씻는다.
* 빚은 안 갚아도 되고, 뒤로 빼돌려도 된다는 생각을 가진다는 의미로.

...
이기인은 부자가 되더라도 경솔한 사람, 간사 한 사람, 줄로*하는 사람, 검* 쓰는 사람, "돈 불리자! 살림 불리자!" 하는 사람이다.
이타인은 부자가 되더라도 검소한 사람, 겸손 한 사람, 감사할 줄 아는 사람, 줄 줄 아는 사람, 사람 감쌀 줄 아는 사람, "사람 살릴 돈 풀자!" 하는 사람이다.
* 빽줄, 낙하산의 의미로.
* 사람들 마음에 상처를 입히거나 비방한다거나 명예살인 한다거나 갑질한다는 의미로.

[참부자 자리이타 부자]

...
이기인은 돈 벌러 안 갔는데도 자다가 일어나니 졸지에 돈이 생긴 졸부, 별안간 돈벼락에 얼떨결에 부자 된 벼락부자, 촌지에 부자가 되고 싶은 사람이다. 그러나 이처럼 다 가진 부자가 돼도 자기 돈이 준다며 병에 생기 잃어버려, 돈 잃어버려 벼랑에 간 불우자가 "어떡해! 어떡해!" 얼어 덜덜 떠는 소리 내는데도 얼떨결에도 다가가지도, '댓돈 변'*도 주지 않는 '쫀쫀부자'이다. 심지어 되레 버럭 확 화 소리 내는 '버럭부자' 이다. 그러니 이 철없는, 이 정 없는 '찬 부자'가 부르자 어떤 이도 심지어 어떤 건도 그 곁에 더는 다가가지 않는 '불우자 부자'이다. 부자 됐다가도 가진 돈은 어떻게든 까진 돈이 되고, 벌로 변이되고, 갖은 병으로 변이되고, '변'*으로 변이되고 벼랑에 가 죽는 '벼랑 부자'이다. 벼락이 별러 별러 까, 쪽 찢어 죽이는 '벼락별 부자'이다.
이타인은 자다가 별 안 갔는데도 일찍 일어나 어떤 일, 직이나 초지일관해 촉진해 돈 벌어 가진 부자 돼도 다 가지지 않는 부자가 되고 싶은 사람이다. 그러니 이처럼 부자 돼도 불우자 인 어떤 이 곁에도 다가가 앉는, 안는 '사랑부자'이다. 자기는 부자라며 벌어 주라 돈 빌려준다. "하하" 소리 내는 사람 되라 준다. 심지어 죽지 않는 사람 되라 댓돈 변*도 다 까준다. '참부자'이다.
* 고리대금. * 똥, 무용지물, 쓸모없는 것.

...
이기인은 가지에서 한 아름 따온 부자, 가지가지 가진 부자가 되고 싶어 하는 사람이다.
이타인은 같이 애써 하는 아름다운 부자가 되고 싶어 하는 사람이다.

• • •
이기인은 거래 협상에서 한탕, 한건의 허망에 사로잡혀 거래 협상을 꺼리거나, 협상 의지도 없거나, 현상 유지하려 하거나, 힘상궂게 타격의 막말 하거나, 유치해 허상인 말 하거나, 의지도 없거나, 해 혀 상한 걸레 형상의 말 하거나, 의치도 없는 듯 헛말 한다. 그러니 협상을 없는 듯 거래가 결렬된다.
이타인은 거래 협상에서 희망을 서로 잡고, 협상의 여지를 유지하거나 헛말을 걸러 한다. 그러니 협상이 타결된다. 타결 후 거래를 굿게 유지하거나 서로 없는 듯 의지한다.

• • •
이기인은 토론, 특히 금전 이슈*토론에서 잇속에 눈에 불을 켜고, 입에서 불을 발한다. 그러니 토론은 불발한다. 이는 '부'를 부르는 일이 불발 한 것이다.
이타인은 토론, 특히 금전 이슈* 토론에서 눈에 이타의 불을 켜고, 입에서 푸름을 발한다. 그러니 이는 토론으로 '푸르른 부'*를 부른 것이다.
* Issue. 논점, 쟁점, 안건, 문제 핵심. 쟁송 쟁점. * 깨끗한 청부, 범법 없는 재테크 의미로.

• • •
이기인은 자신의 마음에 자산 모음의 욕심을 내리 넣는다. 그러니 타인의 마음은 모른다.
이타인은 자신의 마음의 자산 모음의 욕심을 내려놓는다. 그러니 내려 놓는 이 마음은 타인의 마음에 내려 녹는다.

• • •
이기인은 탐욕이, 욕망이 강하다. 그 탐욕, 욕망으로 부자가 되더라도 금에 굶주린 욕만 먹는 요망한 부자가 되더라! 또 끝까지 성한 부자가 못 되더라!
이타인은 땀, 용기, 열망이 강하다. 그 땀, 용기, 열망으로 부자가 되며, 굶주린 타인에게 먹이는, 꿈에 굶주린 타인에게 꿈 주는 부자가 되더라! 또 끝까지 선한 부자가 되더라!

• • •
이기인은 자산을 많이 모아 자산가가 될 생각을 한다.
이타인은 자산을 많이 모아 자상한 자선가가 될 생각을 한다.

...

이기인은 자산가인 부모와 좋은 직업이 부를 창출한다고 생각한다. 그러니 줄곧 쓴다.
이타인은 애써 별은 수익과 적정한 투자가 부를 창출한다고 생각한다. 그러니 자선가가 된다.

...

이기인은 부모가 부자라면 자식도 부자라고 생각한다. 그러니 자신의 부모가 상속할 자산이 부재하면 속상해 쫓아 따르는 것이 안이하다. 이런 생각이 부모에 속삭여 부모 자산에 손상이 따르게 하니 부모는 속 썩어 한다.
이타인은 부는 부모의 상속에 따른 것이 아니라고 생각한다. 그러니 자신의 부모가산 속 생가조차 부재해도 쫓아 따르는 것이 소상하다.* 이런 생각이 부모 자산에 상승이 따르게 하니 부모는 속 안 썩어 속살이 따른다.
* 분명하고 자세하다.

...

이기인은 부의 '대물림', 때 묻은 부의 '떼로 몰림'으로 살 생각을 한다. 그러면서도 많은 자산으로 자신만을 위해 산다마는 때 묻은 사람들을 '다 모름' 자세로 산다.
이타인은 때 묻은 부의 '떼로 몰림의 다 물림', '때 몰입'*으로 부의 '더 몰림'으로 살 생각을 한다. 그러면서도 때 묻은 사람들을 위해 자신의 자산을 '더 모음'을 하다 '떼어 물림'*, '다 물림'* 자세로 산다.
* 지금 일에 열중함의 의미로. * 기부, 나눔 의미로. * 전 재산 사회 환원 의미로.

[자리이타 부의 법칙으로의 전환]
　－ 자리이타 부자가 되기 위해서는 우선 우리가 예전에 가지고 있었던 돈에 관한 다양한 편견을 깨뜨려야 한다. －

...

나는 부자가 될 자격이 없다?
누구나 부자가 될 자격이 있다. 특히 노블레스 오블리주를 실천하는 아름다운 부자인 '자리이타 부자'가 될 자격이 충분히 있다.

•••
돈 얘기를 꺼내는 것은 교양 없는 태도다?
돈 얘기를 꺼내지 않으면 돈과 멀어진다. 자본주의사회를 사는 사회구성원으로서 필수적인 화제다. 특히 좋은 데 쓰는 가치 있는 돈 얘기는 같이 많이 나눌수록 좋다. 자리이타 부자는 사회주의가 아닌 '가치 자본주의형 부자'이다.

•••
노력만 하면 부자가 될까?
노력만 한다고 부자가 되는 것은 아니다. 부자는 노력과 시행착오로 만들어진다. 거기에 약간의 운이 작용한다고나 할까? 실패를 성공으로 역전시키는 자리이타부자는 '역전형 부자'이다.

•••
부자가 되려면 무조건 열심히 일해야 한다?
부자가 되려면 현명하게, 지혜롭게 해야 한다. 즉 열심히 하되 알맞게 잘해야 부자가 된다. 자리아타 부자는 '융합형 부자'이다.

•••
돈은 모든 악의 근원일까?
돈의 결핍이 모든 악의 근원일까?
돈이 모든 악의 근원이라고 말하는 사람들은 돈이 전혀 없는 사람들이다. 돈 자체에는 좋음과 나쁨이 없다. 돈은 중립적이다. 사용하는 사람들이 문제다. 같은 칼이라도 의사에게 주어지면 환자를 살리는 칼이 되고, 강도에게 주어지면 남을 죽이는 칼이 된다는 이치다. 자리이타 부자는 기부·나눔 실천으로 사람을 살리는 '의사형부자'이다.

...
돈은 많을수록 저축도 늘어난다?
하지만 돈을 많이 벌수록 지출도 늘어난다. 그 지출 중 기부, 나눔을 실천하는 지출이 늘어나는 것은 저축한 재산보다도 더 값진 재산이다. 사회적 저축이다. 줄어도 커지는 가치 재산이다. 미래는 '가치 자본주의 시대'다. 자리이타 부자는 '순환 소비 미덕'을 추구하는 '나눔형 부자'이다.

...
부자가 되면 친구가 따를 것이다?
부자가 되면 친구가 떠날 것이다. 특히 불로소득형 졸부. 하지만 '노블레스 오블리주형 부자' 즉 자리이타 부자가 되면 진정한 친구는 당신을 지지할 것이다. 당신이 모르는 사람들도 지지할 것이다.

...
돈은 곧 힘이다?
돈은 곧 책임이다. 자리이타 부자는 '책임형 부자'이다.

...
부자들은 겸손하지 않다?
노력해 부자가 된 자수성가형 부자, 특히 자리이타 부자는 매사에 감사할 줄 안다.

...
부는 패자와 승자가 있는 '부의 전쟁'에서 승리해야 온다?
부의 전쟁에서도 윈윈할 수 있다. 부는 전쟁이 아닌 상생에서 온다. 자리이타 부자는 '상생형 부자'이다.

...
부자가 되려면 받는 데 익숙해야 한다?
도움을 받는 것보다 주는 게 더 좋다. 이는 자리이타 부자의 철칙이다.

・・・
부자가 되려면 구두쇠가 되어야 한다?
진정한 부자 즉 자리이타 부자는 구두쇠처럼 돈을 쌓아 두지 않는다.

・・・
돈은 나무처럼 자란다?
돈은 나무에서 자라지 않는다. 자리이타 부자는 가만히 감나무 밑에 누워서 감 떨어지기만을 기다리는 부자나 씨뿌리고 밭가는 땀 흘리는 노력 없이 열린 과실을 따 먹는 불로소득형 부자도 아니다. 금수저 아닌 흙수저형 부자가 자리이타 부자이다.

・・・
'빈익빈 부익부'다?
돈은 돌고 돈다. 그리고 자리이타 부자는 돈을 돌리는 부자다. 돈놀이로, 돈놀이로 돈 놓고 돈 먹기식 돈을 돌리는 것이 아니라 사회적 경제적 약자에게 돌리는 부자다. 그들이 일어서서 부자가 될 기회를 선물하는 산타 같은 부자이다. 자신이 돈 번 공을 사회에 돌리는 자리이타 부자가 세상을 돌리는 진정한 부자이다.

・・・
빚이 많으면 부자가 될 수 없다?
나쁜 빚, 즉 악성 부채, 고리대금 사채가 있으면 부자가 될 수 없다. 이는 자리이타 부자가 되기 위한 우선 정리 대상이다.

・・・
원하는 일을 하면 돈이 따라온다?
지금 하는 일에 능력과 시간과 지혜를 쏟아 부어야 돈이 따라온다. 인생이란 무대에서 주연만 하면서 살 수는 없다 조연도 엑스트라도 해야 할 때가 있다. 좋아하는 일만 할 수는 없다. 자신의 공동체를 위해서 하기 싫은 일도 원하지 않은 일도 신나지 않은 일도 희생도 해야 할 때가 있다. 이럴 때 오히려 이기적 부자가 아닌 자리이타 부자가 될 기회가 온다.

...

부자가 되려면 대학 교육을 잘 받아야 한다?
대학 교육이 부를 가져오는 것이 아니다. 오히려 이론적 학술적 교육보다 현장 교육, 전문교육을 잘 받아야 한다. 자리이타 '땀의 부자'이다.

▣ 6번 황금열쇠를 쓰기 위해 알아두어야 할 황금팁

...

이기인은 부자가 되려 하되 현명하게도 열심히도 일해야 한다고 생각하지 않는다. 그리고 자기 짝의, 부모의, 곁 몇 명의 부를 허물며 자기가 갖지 않은 부로 미리 부자가 되려 하다 헛물켜며, 허물 키우며 살다 성나 산다.
이타인은 부자가 되려 하되 자기의 짝의, 부모의, 곁 몇 명의 부를 생각하지 않고, 열심히 일하되 현명하게 일한다. 그리고 이기를 허물며, '자기 혁명'을 해, 짝, 혈맹을 해 미래에 선한 부자로 선다.

...

이기인은 돈과 권리는 중요하다고 생각하는 사람이다. 그러나 돈과 권리는 어떻게 가지는 가가 아니라 얼마나 많이 가지는가가 중요하다고 늘 생각한다. 그러니 어떻게 돈과 권리는 하늘이다 생각한다. 구린 돈이든 구린 권리든 어떻든.
이타인은 돈과 권리는 중요하다고 생각하는 사람이다. 그러나 돈과 권리는 얼마나 많이 가지는가가 아니라 어떻게 관리하는가가 중요하다고 늘 생각한다. 그러니 돈이든 권리든 어떻게든 중용을 늘 생각한다.

...

이기인은 돈 욕심은 왕성하나 못 먹어 앙상한 사람들을 모른 체 하니 그 삶의 태도는 삶의 의미를 엉성하게 하는 것이다. 왕성방*식이다.
이타인은 동료심이 왕성하니 공동체의 못 먹 앙상한 사람들을 모른 체 못 하니 그 삶의 태도는 삶을 완성하게 하는 것이다. 선방*식이다.

*'재주는 곰이 넘고 돈은 왕성방이 받는다.'는 속담 속 등장인물. *참선하는 방.

...
이기인은 자신을 광내는 노력보다 일생 후광으로 번쩍 번쩍 호강하려 하다 인생이 하강한다. 게다가 하강하더라도 "꽝", "꽝"!
이타인은 호강하더라도 후광보다 일생 자신을 광내는 노력으로 호강 하려 한다. 게다가 자신이 호강을 덜 하더라도 자신의 자산을 덜어 타인을 광내는 노력을 한다. 호강이 덜 하더라도 인생이 반짝반짝 '광'!

...
이기인은 타인을 야단쳐 약탈적·악당적 이윤 추구를 하다 야단난다. 게다가 그 이윤을 약자인 타인에게 하나도 안 주고 산다.
이타인은 타인의 약탈적·악당적 이윤 추구를 야단쳐 적당한 이윤을 촉구를 하고, 하나라도 악을 따져 이윤을 추구를 한다. 게다가 그 이윤을 약자인 타인에게 하나라도 주고 산다.

[새로운 부자의 유형인 자리이타형 부자]

...
고전형 부자
잘 아끼고 잘 안 써서 부자가 된 사람.

...
전투형 부자
남이 하지 않는 위험을 무릅쓰고 부자가 된 사람

...
안정형 부자
하던 것만 열심히 하는데 어느새 부자가 된 사람.

...
변칙형 부자
어찌 되었든, 어떻게 해서든 부자가 된 사람.
막상 부자의 유형을 나열하다 보면 부자가 되는 정답은 없다는 것이 느껴진다. 여러 가지 부자의 길 중에 자신에게 맞는 길이 어떤 것인지를 잘 찾아야 하고, 우선은 노력이, 때로는 운이 필요한 것이 아닐까 싶다. 그리고 그 운은 노력하는 사람에게 우선 찾아오는 것이 아닌가 싶다. 여기에 남을 생각하는 선한 부자인 '자리이타형
부자'를 추가해 부자 중 부자로 정립해 본다. 참고로 변칙형 부자와 고전형 부자인 '구두쇠'와는 자리이타가 멀리하는 부자 유형이다.

...
이기인은 엄마나 아빠 돈으로 살면서 아픈 사람 이 코앞에서 있어도 "치료비가 얼마나?", "얼마나 아파?" 살며시 안 물어보고, 안 돕는다.
이타인은 아픈 사람이 코앞에서 "아파!"하면 살며시 "얼마나 아파?", "치료비가 얼마나?" 물어보고, 꼭 앞서 돕는다.

...
이기인은 '금전적인 생각은 남는 장사다. 단순히 금전적으로 생각만 해도 그 힘이 발휘된다' 고 '황금만능'적으로 생각한다. 그래서 영혼이 금전적으로 환호하고, 그 마음이 손뼉 치는 사람이라 황금에 맞 든 황홀한 일, 황금 만드는 금전적인 일을 황급히 찾는다. 그러나 황혼에는 영혼의 속이 '뻥', 금이 "쩍쩍".
이타인은 '긍정적인 생각은 남는 장사다. 단순히 긍정적으로 생각만 해도 그 힘이 발휘된다'고 긍정으로 황금 만드는 쪽으로 생각한다. 그래서 영혼이 긍정적으로 환호하고, 그 '마음이 손뼉 치는 사람이라 긍정적 금전적인 일'*을 찾는다. 그러니 황혼에는 영혼이 영원히 황금.
* 기부, 나눔의 의미로.

•••
이기인은 타인한테 빼 와야, 타인을 베어야, 빼 야 타인에 비해 배*이어야 채워진다는 생각으로 오늘도 채운다. 그러다 체한다. 자신한테, 자신의 자산한테 비애·비운이 온다.
이타인은 타인한테 배워야 자신을, 자신의 자산을 비워야 채워진다는 생각으로 오늘도 비운다. 그러다 배*온다. 배 온 자산으로 한때 비애·비운 온 타인을 비호*한다.
* (두)배. * 편들어서 감싸 주고 보호함.

[이기인의 '일확천금'과 이타인의 '일한 천금'의 가치 차이]

•••
이기인은 돈에 환장해 돈방석을 좋아해 그 위에서 일확천금의 환상에 사로잡혀 산다.
이타인은 서로 동반해서 환상의 조화를 이뤄 일한 천금으로 돈방석을 이뤄 그 위에서 서로 쫙-펴 산다.

•••
이기인은 매사 매상 생각에 타인의 돈은 생각을 안 하는 삶의 태도를, 매사 "돈돈돈!" 돈독에 돈 떼고는 생각을 안 하는 삶의 태도를, 매사 돈으로 타인을 생각을 하는 삶의 태도를, 매사 돈 되는 일을 갈 생각을 하는 삶의 태도를, 매사 돈 대고는 일 갈 생각을 안 하는 삶의 태도를, 매사 타인 데리고 더불어 일 갈 생각을 안 하는 삶의 태도를, 매사 타인의 돈을 털 대도*인 생각을 하는 삶의 태도를, 매사 돈을 더블*로 더불려 쌓는 생각을 하는 삶의 태도를, 매사 떼돈을 벌 생각을 하는 삶의 태도를, 매사 돈 떼일까 타인을 싸늘히 버리는 삶의 태도를, 매사 돈 때문에 이기 있는 일탈 있는 삶의 태도를 가진다. 그래서일까 이따 돈 때문에 벌 있다. 돈 버릴 일 있다. 돈 잃기 있다. 타인이 더 뿔나 이를 갈고 벼를 일 있다. 벌 있다.
이타인은 매사 매상 팬 돈으로 돈 떼인 타인에 돈 대는 생각을, 돈을 덜 생각을, 타인을 돕는 생각을 하는 더불어 사는 이타의 삶의 태도를, 매사 타인과 돈독해 돈 떼고 타인을 생각하는 삶 의 태도를, 매사 대도*는 돈 안 돼도 일을 갈 생각을 하는 삶의 태도를, 매사 타인이 있기에 삶이 있다는, 타인의 도움 때문에 삶이 있다는 생각을 하는 삶의 태도를 가진다. 그래서일까 이따 돈의 대문이, 돈의 대도*가 있다.타인이더 붙어 돈이 더 붙어 더블로 더불어 더불어 돈 벌 일 있다. 타인과 더불어 이기기 있다.*

*Double. 배. *큰 도둑. *큰 길. *윈-윈. Win-Win.

...

이기인은 제 욕구에 '일확천금'을 노리는 삶을, 저금을 쌓는 사람들을 노리는 저급한 삶을, 그 천금으로 노는 삶을 산다마는 그 천금을 만지자 삶을 망친 자들을 늘리네! 삶을 망친 자들을 먼지짝만치 놀리네! 지옥만치 삶을 사는 사람들을 망치만치 막 치네! 그 천금을 만지작만지작 만지자 지역구에 전국에 온 누리에 노린내 누린내 나네! 사람들에 막말 짖자 사람들을 막 찢자 온 누리를 지옥만치 망치네! 사람들 삶을 망치네!

이타인은 사람들은 노는데 늘 인내해 노력을 내 만지작만지작 '일한 천금'을, 내내 적금을 쌓는 삶을 산다마는 그 천금을, 적금을 만지자 산타*만치 지역구 사람들과 전국의 사람들에 나누네! 사람들이 맘 짓자 온 누리를 천국만치 누리네! 사람들 삶이 맛지네!

*산타(클로스).

...

이기인은 신용관계인 실용 금융거래에서 자신만 먹는 식용의 실용은 있으나 신용이 없는 사람이다. 즉 자신의 진정한 자산이 없는 사람, 신용 실효인이다.
이타인은 신용관계인 실용 금융거래에서 신용이 있으니 실용을 업는 사람이다. 즉 신용이 자신인 사람, 신용이 자산인 진정한 실용인이다.

...

이기인은 '돈을 잃은 것은 전부 잃은 것이다.'라고 생각하는 사람이나 명예를 잃은 것, 용기를 잃은 것, 특히 위기의 타인을 구할 용기를 잃은 것은, 구하지 않는 것은 크게 생각하지 않는 사람이다. 세상을 작게 적게 만드는 사람이다.

이타인은 '돈을 잃은 것은 적게 잃은 것이다. 명예를 잃은 것은 크게 잃은 것이다. 용기를 잃은 것은 전부 잃은 것이다. 특히 위기의 타인을 구할 용기를 잃은 것은, 구하지 않는 것은 세상을 잃은 것이다.'라고 생각하는 사람이다. 세상을 크게 정 있게 만드는 사람이다.

...

이기인은 경제적으로 힘들 때 우는 사람이다. '2류'이다. 또한 경제적으로 말도 못한 힘든 사람들을 울게 하는 사람이다. '이끼류'만도 못한 '이기인류'이다.
이타인은 경제적으로 힘들 때 웃는 사람이다. '1류'이다. 또한 경제적으로 말도 못한 힘든 사람들을 웃게 하는 사람이다. '이타인류'이다.

...

이기인은 돈 때문에 쩔쩔매는 사람이 다가오면 "꺼려!" 저리로 가라 한다.
이타인은 돈 때문에 쩔쩔매는 사람이 다가오면 갈라 가져 가라, 저리로 가져 가라, 거저 가져 가라 한다.

...

이기인은 삽질같은 힘든 일은 도망쳐 돈만 쳐다 보고 살지만, 돈 맞춰 싸지 않은 집만 쳐다 보고 살지만, 돈 만져 살지만 살 집 없는 사람들을 쳐다보고 살지 않는다. 인생을 토막 쳐, 또 망쳐 사는, 마음을 지워 사는 사람이다.
이타인은 삽질같은 힘든 일을 척척 다 하고, 일을 또 만져 보고 또 보고 살지만, 돈 만져도 살 집 없는 사람들을 쳐다보고 이 사람들을 살찌운다. 인생을 더 마음 지어 또 마을 지어 사는 사람이다.

...

이기인은 사랑하기에는 조급히 한껏 갖는 것이 좋다고, 사랑을 돈으로 살 수 있다고 생각하는 사람이다.
이타인은 사랑하기에는 조금은 가난한 것이 좋다고, 사랑은 돈으로 살 수 없다고 생각하는 사람이다.

...

이기인은 남한테 돈 쓸 때는 퍽퍽 뻑뻑하나 땅 팔아 번 돈 펑펑 쓴다. 슬슬 뻥으로 남 번 돈 빨아, 퍼 담아 뻔뻔히 쓴다. 이따 인생이 번번이 "뻥" 터진다. 쓸쓸히 씁쓸히 쓴다. 벌로 술병으로 뻗하다.
이타인은 남한테 돈 쓸 때는 쓴다. 일생 팔이 펄펄 팔팔 땀 뻘뻘 쏟아 번 돈 쓴다. 하나하나 번번이 법으로 번 돈 쓴다. 이따 인생이 변한다. 돈이 퐁퐁 터진다.

...

이기인은 사람들 움직임을 망을 보며 기밀을 움직여 다 뜯은 돈 모음, 몫 모음을 딱딱하니 추구한다. 그러한들 한대에 춥고 쭈그린 측은한 사람들을 축구 하듯 쫓고 그런다.
이타인은 사람들의 맘을 보며 한 뜻 한 뜻 따뜻한 말로 촉구하여 맘을 움직여, 몸을 긴밀히 움직여, 개미 일하듯 움직여, 움직일 사람들 모음으로 돈 모음, 몫 모음을 따뜻하니 추구한다. 그러한데다 한대에 춥고 쭈그린 측은한 사람들한테 맘 주고, 돈 주고, 몫 주고, 죽 ~구한다.

...

이기인은 '돈은 있어서 있어야 한다'고 생각한다.*
이타인은 '돈은 애써서 있어야 한다'고 생각한다.
* 금수저. 돈이 돈을 번다는 사고의 의미로.

...

이기인은 돈 문제를 앞에 두고 "먹느냐 마느냐!' 식의 식생의, '죽느냐 사느냐!" 식의 사생의 고민과 물음을 던지며 자산에게 산다.
이타인은 돈 문제를 앞에 두고 "주느냐 쌓느냐! "줄이느냐 싹~놓느냐!"식의 상생의 고민과 물음을 자신에게 던지며 산다.

...

이기인은 일을 대번 핥고 나서 대박을 대빵 바란다. 이런 사람이 이기인의 태반이다.
이타인은 일을 대빵* 하고 나서 대박을 바란다. 이런 사람이 이타인의 태반이다.
* 크게 할 수 있는 데까지 한껏.

• • •

이기인은 빠르게 돈 벌어 가지가지 가치 있는 자산 많이 갖춰 자신만이 잘살자는 삶을 사는 사람이다.
이타인은 바르게 같이 돈 벌어 같이 자산 많아 같이 잘살자는 가치 있는 삶을 사는 사람이다.

• • •

이기인은 휘황찬란한 것에 맛 들려 허황된 생각으로, 생각하다 만 생각으로, '호환마마'*보다 무서운 생각으로 인생 호황을 누리려 한다.
이타인은 허황된 생각은 찰나 누르려 한다마는 희한한 찰나의 생각을 늘려 휘황찬란한 것을 만들어 인생 호황을 누린다.*

* 우리 민속에서 호랑이에 화를 입는 사고인 호환과 천연두 전염병인 마마.
* 창의적 사고와 아이디어 상품화 의미로, 특히 상품화 의미로.

• • •

이기인은 과거를 조잘조잘 주장하고*, 현저히 조작하고 현재에 미래를 미워 조잘조잘만한다. 조작하고 미래를 미뤄 조작한다.
이타인은 과거를 갖고 현재를 가꾸고, 현재를 갖고 미래를 조준해 초장에 미리 쫓아 조장한다.

* "라떼는 말이야!", '왕년에' 의미로.

• • •

이기인은 자기도 자기자산의 주인이지만, 자기 자신의 주인이, 자기 자신의 운명의 주인이 아니다. 사회의 주인도 아니다. 그러니 자기 자신은 사회인이 아니라고 생각하는 주의로 자기자산의 사회 환원이 낯선 사람이다.
이타인은 자기자산의 주인은 자기 자신이 아니라 사회라고 생각하는 주의로 자기 자신의 주인인, 자기 자신의 운명의 주인인 사람이다. 그러니 자기 자신의 주인이 지만 자기자산의 사회 환원에 나서는 사회인인 사람이다.

• • •

이기인은 싸워도 차별, 편듬을 위해 싸운다. 또 돈을 쌓아도 사람들을 차별해 대한다.

이타인은 싸워도 차별을 차버림, 차별 처벌, 평등을 위해 싸운다. 또 돈을 쌓아도 사람들을 평등하게 대한다.

...

이기인은 매사 고리의 돈으로 사람을 고의로 꼬이려 한다. 매사 매상을 고려한다. 꼬리꼬리 한 사람의 꼴을 가려 대한다. 그러다 자신이 꼬리인 사람 꼴이 된다.
이타인은 매사 사람의 고리를 고려한다. 돈의 꼴을 가려 자산을 더 한다. 그러다 사람이 꼬이는, 돈이 고이는 사람이 된다.

...

이기인은 그 사람의 돈을 봐서 사람을 사귄다.
이타인은 그 사람을 돌봐서 사귄다.

...

이기인은 주절주절 사기로 충'쩐'해 사나 사기 주저앉은 공동체 사람들에게는 이기에 1쩐도 준적 없게 사니 공동체 사람들이 쩐 없어, 정 없어 주저 없이 사나운 살기를 충전해 싸우니, 으니, 운이 이탈!
이타인은 충절을 충전해 주지 않은 공동체 사람들에게 사기충전시켜 일정도 진척 잊게, 법 있게 사니 공동체 사람들이 주저 없이 '싹 나오는 살기'로 사니 웃는다. 운이 는다!*

* "웃으면 복이와요!", '소문만복래' 의미로.

...

이기인은 금, 값 위주의 무분별한 '허영의 결제'로 자기 삶과 자산을 항상 하향시키고, 공동체의 자산과 가치를 금가게 급감시킨다.
이타인은 금, 값 위주의 무분별한 삶에 주의해 '효용의 경제'로 자기 삶과 자산을 항상 지키고, 공동체의 자산과 가치를 금값이게 상향시킨다.

...

이기인은 공동체의 경제적 위기에 공동체를 확 깨 전 복, 정복하는 형태의 행태와 해태를 이 기회에 냅다 취하나,

이타인은 공동체의 경제적 위기에 함께 '쩐', 정, 복 전하는 형태의 대형을 취하니 공동체의 한계를 함께 깨, 위기를 이겨낸다.

• • •

이기인은 독점적 이윤을, 도적적 이윤을 추구한다.
이타인은 도전적 이윤을, 도덕적 이윤을 추구한다.

• • •

이기인은 악담하는 야단을쳐 약탈적 이윤을 악당적으로 한아름 취하니 사람들이 암담한, 다 우는 삶을 산다.
이타인은 약탈적.악당적 이윤을 야단쳐, 아담한 적정 이윤을 취하니 사람들이환한 아름다운 삶을, 다 웃는 삶을 산다.

• • •

이기인은 당위성 없는 보복, 불복을 자주 한다. 심지어 "원수!" "인마!" 하며 저주한다. 그러다 복을 차, 없는다.
이타인은 당위성 없는 보복, 불복, 저주를 자제한다. 심지어 원수의 이마에 뽀뽀한다. 그러다 복을 차지, 없는다.

• • •

이기인은 공동체와 공동체 사람들과 공동체 자산을 공멸시키는 총 메는 역할을 한다.
이타인은 공동체와 공동체 사람들과 공동체 자산을 공명시키는 촉매 역할을 한다.

• • •

이기인은 책임을 곧바로 인정 안 하고, 일절 안 하고, 책임 공방을 벌인다. 들이받는다. 특히 돈에 관한 책임에서.
이타인은 책임을 곧바로 인정하고, 벌 있다면 받는다. 특히 돈에 관한 책임에서.

• • •

이기인은 조직의 부하에게 짐인 일을 시켜 '업무부하'를 준다. 부하는 부아가 치민다. 그러다 조직의 불화를 일으킨다. 조직의 재산상의 불화를 확 일으킨다. 사람들이 다 들 불 활활 !

이타인 조직의 부하의 짐인 일, '업무부하'를 줄인다. 짐이라는 부하를 치밀히 부활시켜 부하를, 일을, 조직을 일으킨다. 조직의 재산이 상위인 부를 확 일으킨다.

[자리이타인의 이천위본]

• • •

이기인은 자신의 이기의 허상에 타인을 비정하게 혹사시켜 비천하게 만들면서까지 세상의 호사를 도모하나 이따 실격되며, 까지며, 허사 된다.

이타인은 자신의 비전이 비천하게 막 되면서까지 실격되면서까지 후사를 도모하나* 이따 타인에, 세상에 화사한 빛 전하게 된다. 세상을 같이 가치를 만들며 가지가지 도모하게 된다. '신격'*!

* 이천위본(以賤爲本: 귀해지려면 천해질 수 있어야 하고, 높아지려면 낮은 곳을 바탕으로 해야 한다)는 노자의 말씀 의미로.
* '신의 수준' 의미로.

• • •

이기인은 오늘도 제 일은 안 하면서 당장 제일 높은 곳으로 오르려 한다. 그러다 오히려 나중에 돈 다 까먹고, 제일 담장 높은 곳인 감옥에 갇힌다.

이타인은 오늘도 제 일은 하면서 옳으면 당장 제일 낮은 곳으로도 가려 한다. 그러다 오히려 나중에 돈에 다가가 먹고, 제일 높은 곳에 오르며, 질 높은 것을 가진다.*

* 이천위본(以賤爲本) 의미로.

[이기인의 '선사후사'와 이타인의 '선공후사']

• • •

이기인은 '선사후사' 즉 사익의 사적인 일을 먼저 만지라 하고, 후에도 사익의 사사로운 일을 만져서 한다. 그러다 후에 좋은 사회 사람들과 먼~적인 사이 되고, 일을 멍청이만치 망쳐 일은 먼지 되고, 뭔 짓 하다 사회의 '공공의 적'만 치 되고, 후회한다.

이타인은 '선공후사' 즉 공익의 공적인 일을 먼저 만지라 하고, 사익의 사사로운 일을 후에 만져 마저 한다. 그러다 후에 먼~저 사회 사람들과 좋은 사이, 정 있는 사이가 먼저 되고, 일은 멀쩡히 먼저 성사되고, 공적마저 사회에 선사한다.

▣ 7번 황금열쇠를 쓰기 위해 알아두어야 할 황금팁

...
이기인은 선한 예수가 아닌 도적이 갖는 속으로 인생을 산다. 금전에서도 그렇다. 그래서 금전을 갖는 선은 도적이 가는 선에서 출발한다.
이타인은 선한 가능성의 예술로서 인생을 산다. 금전에서도 그렇다. 그래서 금전을 갖는 선을 동전에서부터 출발해 도전한다.

...
이기인은 없이 살아가는 암울한 사람은 '아무'라 대하는, 대화하지 않는 사람이다.
이타인은 아무리 없이 살아가는 사람도 '아무'로 대하지 않는 사람이다.

...
이기인은 탐의 이기심에 악에 저를 향한다. 절을 한다.
이타인은 땀의 이타심에 악에 저항한다.

...
이기인은 부자라도 마음이 가난한 사람이다. 자신의 마을을 가난한 마을로 만드는 사람이다.
이타인은 가난한 사람이라도 마음이 부자인 사람이다. 자신의 마을을 부자로 만드는, 나아가는 마을로 만드는 사람이다.

...
이기인은 상큼하게 잘한 사람을 찾아내기보다는 잘못한 사람, 몫 못한 사람을 찾아내 벌금의 벌을 준다. 한몫을 줄인다.
이타인은 잘못한 사람을 찾아내기보다는 상큼하게 잘 한 사람, 몫을 한 사람을 찾아내 상금, 상을 준다. 한몫을 준다. '벗'급이다!

...
이기인은 부도덕으로 얼룩진, 돈독으로 얼룩진 삶을 도둑같이 산다.
이타인은 도덕으로, 덕으로 같이 어우러진 도닥도닥 돈독한 삶을 산다.

...
이기인은 세상을 '힘만의 세상'으로, '돈만의 세상'으로 만든다.
이타인은 세상을 '희망의 세상'으로, '도움 많은 세상'으로 만든다.

...
이기인은 타인의 재물을 빼, 자기 재물을 빽빽이 채우며, 배로 채우며 살아가나, 배를 못 채우며 사는 타인을 배제하다 이따 배를 못 채우며 살아간다. 이는 더하기가 빼기가 되는 이기셈법의 현상이다!
이타인은 자기 재물을 빼, 제하며 배를 못 채우며 사는 타인의 배를 채우며 살아가나 이따 자기 재물이 배로 채워진다. 이는 빼기가 더하기가 되는 이타셈법의 현상이다!

...
이기인은 탐의 이기심에 한탕 하려는 공상으로 한탕 저질러 자신의 궁상을 벗어나려 하다 지지리 궁상 돼 생고생하다 한탄한다. 한탕으로 궁상을 벗어난다 해도 지지리 궁상인 이웃 군상*을 벗어나려 하는 저질인 찌질이다.
이타인은 땀의 이타심의 친 '진리' 구상으로, 공생으로, 한 단 한 단 고생으로, 자신의 궁상을 벗어나려 한다. 궁상을 벗어난다 해도 고생하는 지지리 궁상인 이웃 군상의 벗이 되는 고상한 큰 사람이다.

* 떼를 지어 모여 있는 많은 사람.

...

이기인은 천년만년 살 것도 아닌데 천년만년까지 살 것 사고, 쌓고 살고, 좋은 사람들이 아닌 망령*과 같이 살다 말년에 정신에 망령*이 들어서 끝내 죽네!
이타인은 정녕 좋은 사람들과 정이 영영 천년만년 같이 살 것 같이 살고, 청년인 것도 아닌데 죽~내내 청년 정신으로 살다 쌓고, 말년에 들어서 끝내 크네! 끝내 주네!
* 죽은 사람의 영혼. * 늙어서 정신이 흐릿해짐.

...

이기인은 경제적으로 힘든 타인한테 번번이 값싼 동정을 한다. 말만 이해를 해 주는 척한다마는 하다 마는, '쩐'도 정도 주는 척한다마는 하다 마는 사람이다. 그러니 그 타인이 안 본다는 사람이다.
이타인은 경제적으로 힘든 타인한테 말만이라도 감싸는 맘말을 해 주는, 도전해 힘들여 번 값싼 동전이라도 척척 주는, 값싼 동정보다는 이해해 주는 사람이다. 그러니 그 타인이 안을 본뜨는 사람이다.

...

이기인은 공동체의 경제적 위기에 이기에 경한 일탈이 족족인 사람이다.
이타인은 공동체의 경제적 위기에 위기 이기기에 강한 이타적인 사람이다.

...

이기인은 탐의 이기심에 타인을 속이고 산다. 그러니 타인은 이런 사람을 속히 잊고 산다. 담싼다.
이타인은 땀 쏟고, 속 있고, 이타심에 타인에 숙이고 산다. 그러나 타인은 이런 사람을 속히 속에 꼬옥 담아 산다.

...

이기인은 상속받은 가산은 복 있다 가치 있다 하면서 값싼 동전은 가치 없는 돈이라 생각한다.
이타인은 상속받은 가산보다 값싼 동전도 도전하면서 땀이 담긴 돈이면 가치 있는 돈이라 생각한다.

[이기인의 '경제저의'와 이타인의 '경제정의']

...

이기인은 '경제 저의'를 실천한다.
이타인은 '경제 정의'를 실천한다.

...

이기인은 "뭐니 뭐니 해도 머니가 최고!" 라며 '눈먼돈'을 노리는 돈에 눈 먼 이이며, '머니게임'*을 들먹이며 돈놀이에 거들먹이며 개입하는 이이다.
이타인은 뭔 일을 개업해 늘린 돈으로, 노력인 돈으로 돈에 늘 먼 이들을 먹이며 거들며 먼 이에 개입하는 돈이 최고의 돈이라는 이이다.

* Money game.

...

이기인은 "돈돈돈!" 돈이라면 환상한다. 큰돈을 벌려는 일이라면 거하히 화장을 해 사람을 안는다거나 활, 창을 꺼내거나 한다. 그러나 그 번 돈을 한 장이라도 꺼내 모르는 사람에게 기부할 줄도 모르는 사람이다.
이타인은 큰돈 벌려는 일이라면 한참 일하거나 한창 일을 확장해 일어나거나 한다. 그러나 그 번 돈을 한 장이라도 꺼내 모르는 사람에게 기쁘게 기부할 줄도 아는 사람이다.

...

이기인은 "승자는 독식하며 패자는 쓴 잔!", "패자는 빼자!"의 인식의 자세로 거래관계에 임한다.
이타인은 "패자도 동석, 동숙하면 승자 된다!", "패자도 또 씩씩히 선 자이면 승자!", "패자와도 동석, 동숙!"의 인식의 자세로 거래관계에 임한다.

...

이기인은 각 날을 어슬렁어슬렁 설렁설렁 살고, 각 날을 칼날의 삶으로 싸우고 살고, 한때 가난의 수렁에 빠진 사람들을 하대·학대한다. 그로 인해 자기 삶은 화돼 한탕 사고로 고난으로 술렁술렁하다 자신도 가난의 수렁에 빠진다.

이타인은 각 날을 발진의 삶을 확대해 살고, 가난의 수렁에 빠진 사람들한테 자기 삶을, 자신의 자산을 바친다. 그로 인해 한때 가난의 수렁에 빠진 사람들은 자산을 수령해 갖는 날을, 사람들한테 갚는 날을 살고 박진한다.

...

이기인은 매사 특히 삶의 경제에서 '혹시의 힘'*을 바라며 산다.
이타인은 매사 특히 삶의 경제에서 '혼신의 힘'을 발하며 산다.
* '요행수'의 의미로.

> [이기인의 '곧 스톱'과 이타인의 '고스톱']
>
> ...
>
> 이기인은 탐의 이기심에 머리에 돈방석이 들어선 도발하다 엮이고, 또 발이 도박 '섰다'판에, '고스톱'판에 가 무리해 '열고'하다 '독박' 다 쓴다. 돈 바닥 난다. 미래가 얼고, 곧 스텝* 얽히고, 곧 스톱*!
> 이타인은 머리가 땀의 '열공'하다 똑똑 박식해 또 발달해 고수들 판에 미리가 선다. 또 발이 탐을 멀리해 이타심에 선한 무리에 동반하다 멀리 가 선다. 또 반석에 선다. 또 밝은 미래 열고, 고고고! 쑥쑥! 톱*! 고수의 톱!
> * Stop. 멈춤. 정지.   * 열 쏟아 "고".   * Top. 최상위.   * 열(심히)공(부).

...

이기인은 탐의 이기심에 많은 돈을 들여 줄 섰다 줄이 썩었다. 죽 쑨다. 특히 돈줄에 섰다 똥줄이다. 그러니 한때 많은 자신의 자산도 돈도 줄줄 샌다. 또 돈 떼인다. 이따 돈 때문에 죽는 사람이 된다. 이는 '자리이기'의 이치이다.
이타인은 땀의 이타심에 자신의 자산을 줄여, 자신이 쓸 돈을 줄인 돈을 들여 특히 돈 때문에 죽는 사람들한테 돈 죽~ 쓴다마는 이따 돈줄에 선다. 또 '돈쭐'*에 돈 줄 사람들이, 돈 댄다는 사람들이 한 떼로 줄줄이 줄 선다. 이는 '자리이타'의 이치이다.
* 정의로운 일을 함으로써 타의 귀감이 된 가게 등에 짧은 사람들이 구매나 후원을 하는 것. 신조어.

...
이기인은 법 없어야 산다. 법 없어 돈 번다.
이타인은 법 없어도 산다. 법 업어 돈 번다.

...
이기인은 인생 성공법은 '한방'이라며 혀둘러 대며, 허드렛일이라며 더 일 안한다. 일분일초 일뿐이라며 허투로 쓰고, 또 일푼일 뿐이라며 화투에 쓴다. 그러다 헤픈 돈 쓴다. 무일푼 일뿐인 사람일 뿐이다.
이타인은 인생 성공법은 '한 데, 한 방향 일'*이라며 일분일초도 허투로 쓰지 않고 더 일한다. 허드렛일도 다 하며, 일푼도 허투로 쓰지 않는다. 그러나 인생의 '화두'는 '사랑'이라 쓰지 않을 뭐, 일푼도, 또 쓸 뭐, 쓰지 않을 뭐, 일푼도 쓸 뭐, 예쁜 돈도 쓴 인생을 사는 사람들한테 쓴다. 푼다.
* '초지일관' 의미로.

...
이기인은 욕심 때문에 근본까지 까먹는다.' 공동체 가치'란 대문을 막는다. 공동체 자산을 깎아 먹는다. 갉아 먹는다.
이타인은 근본 갖췄기 때문에 욕심까지 극복 한다.'공동체 가치'란 대문에 같이 가, 공동체 자산을 같이 맞는다. 만든다.

...
이기인은 불분명한 욕심이 명분 앞에 선다.
이타인은 분명한 명분이 욕심 앞에 선다.

...
이기인은 탐의 수단이 목적을 삼켜 버린다.
이타인은 목적이 땀의 수단을 섬겨 벌인다.

...
이기인은 누린내 나는 혀 잘 부리는 어느 협잡 꾼*으로 이기의 협잡을 부려 타인의 재산을 노린다.

이타인은 타인이 뿌리, 나는 짝인 이타의 합작, 군*으로 붙이는 노력으로 얻은 재산을 타인과 나눈다.
* 옳지 않은 방법으로 남을 속이는 짓을 하는 사람. * 단합체.

• • •
이기인은 한탕하는 일을 추구해 합당한 이유 잃은 이윤을 추구하고, 죽이고 들이받는 공동체를 이루니 단합을 해하고, 제 공동체의 이윤은 줄이고, 제 공동체 사람들한테 인륜을 저버리다 이따 처벌에다 천벌을 받는다. 한탄한다.
이타인은 할당받은 일을 첫 번에 일단 하고, 한 단 한단 한땀 한땀 죽~해 합당한 이유 있는 이윤을 추구하고, 제 이윤을 줄이고, 저 벌은, 받은 이윤을 제 공동체 사람들한테 할당해 주고, 단합을 해 한 데로 죽~"고!"*하다 사랑을 주고받는, 인류의 인륜을 추구하니 일류인 이타 공동체를 이룬다.
* Go! 전진.

• • •
이기인은 할 일을 미뤄 미래가 어제를 따라간다. 금전 상황도.
이타인은 할 일을 미리 해 미래가 어제와 달라간다. 금전 상황도.

• • •
이기인은 공동체의 교착 국면을 고착시킨다. 공동체의 기능을 고장 내 고작 골동체로 고착시킨다. 공동체의 자산을 고작 골짜기 내 자산, 해수 속 자산으로 고착시킨다.
이타인 공동체의 교착 국면을 해소해 곧장 가능 국면으로, 곧잘 내내 기능을 하는 공동체로 지킨다. 자신의 근면으로 공동체의 자산을 공든 자산으로 지킨다.

• • •
이기인은 공동체에 의심을 가지며, 공동체 돈은 '공돈'이란 의식을 가진다.
이타인은 공공체 의식을 가지며, 공동체 돈은 '공든 돈'이란 의식을 가진다.

• • •
이기인은 탐의 이기심에 타인의 돈을 뜯는 눈으로 노려, '눈먼돈'을 노려 돈을 벌어 사는 타입이다.

이타인은 땀의 이타심에 뜬 눈으로 노력해 돈을 벌어 사는 타입이다.

...

이기인은 탐의 이기심에 일하니 연실 일을 버리나 벌이 나 돈을 버린다. 이기심의 한계다.
이타인은 땀의 이타심에 한 계단 한 계단 열심히 환히 함께 일해 돈을 번다. 이타심이 한계를 깬다.

...

이기인은 가령 일과를 걷어차고 나날 누워, 타인을 가격해 거둔 과일을 앞에 두고 공동체 사람들을 걷어차고, 나 먹을 생각에 과열 양상을 보이는 사람이다.
이타인은 가령 가열찬 일과로 거둔 과일을 앞에 두고 보이는 과일을 양산할 생각을, 공동체 사람들과 나누어 먹을 생각을 하는 사람이다.

...

이기인은 매사에 사안을, 특히 재정 관련 사안을 졸속으로 처리하는 족속이라 그 공동체는 좋은 쪽으로 밝게 존속할 수 없다.
이타인은 매사에 사안을, 특히 재정 관련 사안을 공동체에 종속해 종족처럼 처리하니 그 공동체는 좋은 쪽으로 밝게 존속할 수밖에 없다.

...

이기인은 악마의 날개처럼 무게를 무겁게 하기 때문에 추락할 수 있다. 특히 비웃는 이기심으로 무게를 무겁게 하기에.
이타인은 천사의 날개처럼 무게를 가볍게 하기 때문에 죽~날 수 있다. 특히 비우는 이타심으로 무게를 가볍게 하기에.

...

이기인은 공동체의 경제적 고비에 자리를 곧 비워 더 자리 이탈 있고, 공동체 사람들에게 더 갑질이고, 자린고비이다 되레 위해 가하다, 막 씹다 되레 코피 터지고, 지고, 고배 마신다.

이타인은 공동체의 경제적 고비에 더 자리를 지키고 꼬비 더 쥐고, 되레 공동체 사람들을 위해 자리이타이다 되레 이기고, 곧 배 더 쥐고, 피어 막 신난다.

...

이기인은 헐은 태 사람은 혹 되니 돈 떼이니 호되게 대하다 혹 뗀다며 더 홀대한다. 사람을 허우대, 허울로 대한다. 혹은 떼돈 안 될 일 할 때는 일 안한다. 그러다 공동체의 혹 된다. 홀로 된다.
이타인은 헐은 태 사람도 환대한다. 사람을 혼으로 대한다. 혹은 도움 될 일 할 때 많이 한다. 그러다 되레 공동체의 혹들을 뗀다.

...

이기인은 사안마다 특히 경제적 사안마다 공동체 사람들은 밑바닥이라며 위에 군림하며 임한다.
이타인은 사안마다 특히 경제적 사안마다 공동체 사람들을 위해 일하며 밑바닥을 구르며 임한다.

...

이기인은 공동체에 대한 긍지 없이 산다. 그러니 공동체는 궁지에 몰린다. 멍든다.
이타인은 공동체에 대한 긍지를 업*시켜 산다. 그러니 궁지에 몰린 공동체도 굴지의 공동체로 만든다.
* Up. 상향.

...

이기인은 사람들한테 마치 돌망치 들고 돈뭉치, 뭉칫돈을 자신만 가지려 말하더라도 도무지 알 수 없는 말로 또 묻힐 말로 막 치고, 또 '묻지 마!' 한탕 뻘짓, 별별 짓, 뭔 짓 또 하다 일하더라도 망치고, 도망치고, 인생도 멈칫하고, 인생을 똥 묻히고 멈추고, 마친다.
이타인은 사람들한테 말하더라도 똘망똘망 말하고, 똥 묻혀 일하더라도 일을 가지런히 마치고 돈을 가지려 들고, 같이 열렬히 뭉치고 같이 가지려 들고, 돈뭉치를 가져도 가치 있는 도우는 일의 돈으로 인생 망친 사람들한테 한다발 가지라 한다.

・・・
이기인은 자신의 자산이 많으면 주위 사람과 적이 돼 사는 사람, 자산이 많아도 자신만, 자기 자식만, 자손만 돋보이게 돌보고 사는 이기주의로 사는 사람이다.
이타인은 자신의 자산이 많으면 주위 사람과 척*이 돼 사는 사람, 자산이 많아도 적어도 자신의 주위 사람을 돌아보고, 추위에 사는 사람을 돌보고 사는 이타주의로 사는 사람이다.
* (인)척. 가까운 측.

・・・
이기인은 맡은 바를 차질이 있게 해 공동체는 빚 는다.
이타인은 맡은 바를 찰지게 해 공동체를 찰지게 빚는다. 공동체에 빛 든다.

・・・
이기인은 공동체의 결의를 번번이 뻔뻔히 빈번히 어긴다.
이타인은 공동체의 결의를 번번이 빈번히 반반히 해 이긴다.

・・・
이기인은 꼭 잘난 체해 공동체 사람들을 분리하며, 위에서 꼭 잡아 똥째 통제하고, 부린다. 불리하면 곧잘 꼬장꼬장 꼬장*부린다. 곧잘 잘난체 벌인다. 곧잘 장난쳐버린다. 공동체 돈을 곧잘공짜, 공돈 챙기듯 한다. 그러니 그 공동체는 곧 잘잘한 공동체 돼 버리다 뿌리를 잃는다. 고장 난 공동체로 불이 인다. 사람들이 '버린 공동체'라 부른다.
이타인은 불리한 공동체 사람들을 위해서 곧잘 잘하며, 곧장 불일 듯한다. 공동체 돈을 '공든 돈' 챙기듯 한다. 그러니 그 공동체는 뿌리 곧고 잘 자라는 공동체, 곧 창창한 장한 공동체로 붐*인다. 꽃 든 공동체로 사람들을 공동체로 부른다. 공동체 사람들을 불린다. 공동체 돈을 불린다. 곧 '짱짱한 공동체'라 불린다.
* 심술. * Boom. 호황. 번성.

...
이기인의 사전에는 '관용'이란 단어는 없다. 그러나 '과욕', '과용'이란 단어는 관용어이다.
이타인의 사전에는 '관용'이란 단어는 관용어이다. 그러나 '과욕', '과용'이란 단어는 없다.

> [이기인과 이타인의 리더십의 차이]
>
> ...
> 이기인은 팔로워보다 먼저 공동체의 리더가 되려 한다. 리더십*이 곧 나를 위한 것으로 안다. 리더십은 돈, '쩐', 야망이나 다름없음으로 안다. 이는 '자리이기' 공동체 가치관이다.
> 이타인은 리더보다 되레 먼저 공동체의 팔로워가 되려 한다. 팔로워십*은 곧 나를 위한 것임을 안다. 리더십과 팔로워십은 동전의 양면이나 다름없음을 안다. 이는 '자리이타' 공동체 가치관이다.
> * Leadership. * Followership.

...
이기인은 그 사람의 경제력·자산으로 사람을 차별하는, 그른 사람이다. 그러다 공동체와 작별하는 그저 그런 사람이다. 그런 사람은 끈 끊을 사람이다.
이타인은 사람의 경쟁력으로 자신과 공동체의 경제력을 차별화 해 극적으로 크는 사람이다. 그러다 공동체와 동체화 해 그저 그런 공동체를 고도체화 하는 큰 그릇 사람이다.

...
이기인은 이기적 결정으로 공동체를 결정적인 결점이 있게, 격정적 적의로 격전이 있게, 걱정에 걱정이 있게, 저쪽으로 꺼져 있게 한다. 그러니 사람들이 그 공동체로 들어가자는 걸 결정적으로 거절한다.
이타인은 이타적 결정으로 공동체를 곁의 정으로 커져 있게 한다. 그러니 사람들이 그 공동체로 들어가자는 걸 결정적으로 결정하게 한다.

제3장

자리이타 황금고리
- 자리이타 깐부 연합전략으로 황금다발 쥐기

삽화 : 류승권(작가)세계 최초의 웹툰플랫폼 창시자

제3장

자리이타 황금고리 - 자리이타 깐부 연합전략으로 황금다발 쥐기

> **자리이타 관문 통과 문제**
>
> 1. 벗 다 버려 덜 벌래?
> 2. 벗 더불어 더 벌래?
>
> 1번을 선택한 도전자는 버리고,
> 2번을 선택한 자리이타 도전자에게는 황금 다발을 묶을 총 7개의 행운의 황금 고리가 주어진다.

▣ 1번 황금고리를 엮기 위해 알아두어야 할 황금팁

...

이기인은 타인의 목을 베려, 몫을 빼려한다.
이타인은 타인의 몫을 배려한다.

...

이기인은 돈을 아는 것이, 돈을 안는 것이 희망이라 여긴다. 그리고 혼자 찾고, 갖는 것이 요긴하다*고 여긴다.
이타인은 혼의 짝을 찾고, 갖는 것이 희망이라 여긴다. 그리고 돈은 혼의 짝과 찾고, 갖는 것이 요긴하다고 여긴다.

* 꼭 필요하고 중요하다.

...

이기인은 남을 일절 인정 안 하고, 남을 치니 남이 일절 "네!" 안 하고, 일을 일정 내에 안하고, 일 전 한푼에도 짖네! 일전에 한 품었다 한풀이 또 하고 사람 잡네! 그러니 남이 인접 안하고 인적이 적네,"놈이네!" 한다.
이타인은 남을 인정하고, 친히 하고, 인정 넘치니 남이 "네!" 하고, 일을 일정 내에 한다. 그러니 남이 인접하고, "내 님이네!" 하고, 내내 정 나네! 일전에 한 품어도 한풀이도 안하고 일절 접네! 일 전 한푼에도 이내 정 내네!

[자리이타 '깐부']

...

이기인은 타인을 깔보는 동료 같지 않은 이나, 간보는 동료 같지 않은 이나, 까부는 동료 같지 않은 이나, 간 부은 동료 같지 않은 이나, 간부 같지 않은 간부이다. 특히 동료가 아닌 갑부의 돈 욕심이 마음에 든 동료 같지 않은이다. 돈으로 갑질하는 자리이기인이다.
이타인은 타인과 깐부인 동료나 간부이다. 특히 돈 욕심이 아닌 동료심이 마음에 든 '마음갑부'이다. 돈으로 값진 일 하는 자리이타인이다.

...

이기인은 한 팀의 반역자로서 도발하곤 한다. 특히 돈 문제에 있어서.
이타인은 한 팀의 반려자로서 동반하곤 한다. 특히 돈 문제에 있어서.

...

이기인은 잇단 실수를 하나 그 잘못한 실수를 통해 쓸 수를 만들지 못한다. 특히 금전 실수에 있어서.
이타인은 실수가 있긴 하나 그 잘못한 실수를 통해 잇단 실수를 만들지 않고, 쓸 수를 만들고, 이긴다. 특히 금전 실수에 있어서.

...

이기인은 "돈 뺏기지 말자!"식으로 '돈에 반한 자' 같이, 마치 "더 밟자!" 식으로 타인에게 '해'를 주는, 타인을 죽이는 '도발자' 같이, 마치 "돈 뺏 자!", "더 받자!" 식으로 타인을 없게 해 타인 돈 늘 줄이는, 또 반짝 돈 추리는 '도박자' 같이 산다. 그러니 그 타인은 해를 받자마자 돈 뺏기자마자 더 발작, 막장까지 간다.
이타인은 타인에게 어깨해 늘 주는 '동반자' 같이 마치 식구로 산다. 그러니 그 타인은 도움받자마자 돈 받자마자 다 마쳐 말짱히 같이 맞춰 간다.

[이기인과 이타인의 이익의 차이]

...

이기인은 '자리이기'*이기에 이익이 일단 있다 이따 이탈 있다. 위기에 일탈 있다 자리에 있다 잘린다.

이타인은 '자리이타'*이기에 이익이 자라고 익기에 이따 따고, 위기에 자리에 잘 있다.

* 自利利己. 자기만 이익됨. * 自利利他. 나도 남도 이익됨.

[이기인과 이타인의 금전관의 차이]

...

이기인은 공동체에서 황금을 성부·성자·성신만큼 신성시하고 믿는다. 특히 수상한 황금은 실성할 만큼 숭상한다.

이타인은 공동체에서 '상부상조'·성심을 성부·성자·성신만큼 신성시하고 숭상한다. 특히 성실이 황금을 순산한다고 믿는다.

...

이기인은 공동체에서 '견리사익'으로 권리·사익을 추구하니 격리, 경리에서 곁의 사이를 잃는다.

이타인은 공동체에서 '견리사의'*를 추구하니 경리에서 곁의 사이로 있는다.

* 見利思義. 이익을 앞에 두고 의리를 생각함.

...

이기인은 타인은 타인일 뿐이고, 측근, 제 식구만 으레 챙긴다.

이타인은 타인은 다 '인'인, 다 '연'인 '분'이고, 측근, 제 식구만 아니고 '측은지심'*, 진심으로 위기인 타인도 안 잊고 으레 챙긴다.

* 惻隱之心. 타인을 불쌍히 여기는 착한 마음.

• • •
이기인은 타인을 죽~ 이해타산, 이해의 타살, 이해의 질식으로 질시의, 지시의 대상
으로 삼는다.
이타인은 타인을 죽~ 이해해 '타산지석'*의 대상 즉 다 '산 지식'의 대상, 다 '삶 지속'
의 대상으로 삼는다.
* 他山之石. 타인의 잘못된 언행에서도 배워 교훈으로 삼음. 반면교사. 스스로 옳다고 우기지 않고 많은
  사람에게서 배운다.

• • •
이기인은 공동체에서 대가를 안 치르며 공짜 공용하며, 땡강대며, 공동체를 때리며
찌르며 교전하며, 공동체의 고전 때 대강대강 하며, 공동체 주위를 공전하며 산다.
이타인은 공동체에서 대가를 치르며 공용하며, 공동체의 고전 때 공조·공여하며,
'공존공영'* 주의로 대면해 산다.
* 共存共榮. 함께 살고 함께 번영함.

• • •
이기인은 자신의 이익에, 이기에 타인을 밟으며, 교사해 타인의 인생을 마치 박멸, 고
사를 시키듯 한다.
이타인은 반면 타인이 있기에 자신이 있기에 '반면교사'*로 타인을 마치 자신 '인생
발명 교사'로 치키듯 한다.
* 反面敎師. 다른 사람이나 사물의 부정적인 측면에서도 가르침을 얻음. 타산지석.

• • •
이기인은 공동체가 고생할 고약한 일을 내 공동체에 고통을 한탕 안긴다. 특히 금전
적 고통을 치르게 한다.
이타인은 고생, 고역을 인내해 공동체를 아낀다. 공동체에 안긴다.
공동체와 동체로 '공생공영'*한다. 특히 긍정적 고동이 치게 한다.
* 共生共榮. 서로 도우며 살아 함께 번영함.

• • •
이기인은 인간관계·금전 관계에서 이해관계인에 대한 오해로 그저 적군처럼 다그쳐
싸우다 갈등이 싹 터 관계, 정 끊음을 싹 다 한다.

이타인은 인간관계·금전 관계에서 이해관계인에 대한 이해를 적금처럼 쌓다 긍정적 관계가 싹 터 적극적으로 관계를 쌓다 갈등이 싹 다그쳐 극적 접근을 한다.

• • •

이기인은 어렵고 힘든 상황에 공동체에서 힘 뗀다. 그러니 공동체를 더 어렵고 힘들게 해 고통체로 만든다. 특히 '재정 제로* 공동체'로 만든다.
이타인은 어렵고 힘든 상황에 공동체에 힘 된다. 그러니 공동체를 더 어울려 있고, 힘들이 있게 해 고동치게 만든다. 특히 '고통제로* 공동체'로 만든다.
* Zero. 0.

• • •

이기인은 화, 성질을 내 공동체의 화기를, 공동체 사람들의 성질을 돋운다. 특히 돈 문제로.
이타인은 "하하하"해, 화해해, 성실해 내내 공동체의 선진을, 공동체 사람들의 선전, 화기애애를 돋운다. 특히 돈 문제 제로*로!
* Zero. 0.

• • •

이기인은 공동체의 위기에 유·불리를 합계해 불리할 때는 공동체의 자신의 자산을 분리한다. 유리할 때는 자신의 자산을 불리는 데 공동체 위기를 이용한다.
이타인은 공동체의 위기에 유·불리를 분리 안 한다. 자기의 자산을 공동체 위기를 함께 이기는 데 이용한다.

• • •

이기인은 공동체에 역풍을 불게 한다. 공동체 사람들을 불쾌하게 한다. 공동체의 재물이 붕괴하게 한다.
이타인은 공동체에 열풍을 불게 한다. 공동체 사람들을 붙게 한다. 공동체에 재물이 붙게 한다.

• • •

이기인은 사회에 사는 사람이다 마는 사회적 합의를, 합의 이행을 "왜 해?"한다거나 하다마나, 사익적 합의, 사행적 이행은 족족하는 사회 외적 사람이다.

이타인은 사람의 합이 '사회'라 이해하는, 사회적 합의를 이해하는 사람이라 일단 "한다!" 거나 일해 싹 행한다거나 일단 만나 많은 이행을 하는 사회적 사람이다.

...

이기인은 공동체의 경제적 위기에 공동체 사람들과 잇단 마찰을 만든다. 맞짱을 막 뜬다. 공동체를 막 깐다. 꼴통 된다. 말 만든다. 공동체에 손해 가한다. 그러니 공동체가 곧 통째로 멍든다. 공동체 사람들은 막장 간다.
이타인은 공동체의 경제적 위기를 이기기 위해 공동체 사람들의 이탈을 일단 막자며, 일단 손에 손 맞잡아 간다. 그러니 공동체가 위기에 말짱하다. 공동체 사람들과 곧 동체로 한 몸 한 맘 된다.

...

이기인은 이기에 합계에 자기 이익을 끼워 넣는다.
이타인은 함께 해 짝의, 타인의 이익을 끼워 넣는다. 함께 해 이겨낸다.

...

이기인은 공동체에 내홍을, 불을 놓는다. 공동체가 곧 똥, 재가 된다. 공동체 돈도.
이타인은 공동체에 내 혼을 불어넣는다. 공동체와 곧 동체가 된다. 공동체 돈도 재깍재깍 돈다.

...

이기인은 공동체에서 잇단 심각한 일탈을 한다. 공동체에 잇따르는 심각한 일은 이따 한다. 그러니 공동체의 공동이익이 이탈한다.
이타인은 공동체를 일단 따른다. 공동체에 잇따르는 심각한 일을 일단 한다. 시시각각 한다. 그러니 공동체에 공동이익이 잇따른다.

...

이기인은 공동체를 비천한 요강으로 만들고, 비운의 공동체를 만들고, 공동체에 역광을 비춘다. 공동체의 꽉 든 광을 비운다. 공동체는 빛진다.
이타인은 공동체를 열광의 용광로로 만들고, 영광든 공동체를 만들고, 여과된 빛 좋은 비전을 비춘다. 공동체의 광은 배 찬다.

...

이기인은 잘난 척하는, 잘 나누는 척하는 사람이다.
이타인은 절 낮은 척하나 척척 잘 나누는 사람이다.

...

이기인은 어려운 때도 공동체 사람들을 타격, 티격태격 한탕 한다. 그러니 공동체 사람들은 악 는다. 안 한다 한다. 그러니 공동체의 재물이 안 는다.
이타인은 어려운 때도 공동체 사람들을 다 껴안는다. 그러니 공동체 사람들은 어려운데도 한다. 그러니 공동체의 재물이 는다.

...

이기인은 개인 아니면 타인 아니면 위기의 인간이다. 그러니 이따 이익을 잃긴 잃는 인간이다.
이타인은 기인 아니면 인기인 아니면 대인인 인간이다. 그러니 이따 이익이 있긴 있는 인간이다.

...

이기인은 공동체의 격한 위기임에도 강 건너 불구경한 다음에 돌아 돌아 달랑 온다. 그러니 공동체도 재물도 곧 통째로 불따라 온통 날아간다.
이타인은 강 건너 북 국경임에도 불구, 격한 위기를 겪는 공동체에 한달음에 달려온다. 그러니 날아간 공동체 재물도 땀따라 돌아온다. 불 끄고 겹겹 재물이 불고 강건, 넉넉, 온당한 공동체로 달라간다. 온 땅을 달려간다.

...

이기인은 자신을 일단 믿게 해 보인다. 그러나 타인은 해 된다. 그러니 그 타인은 그를 밉게 본다. 그와 안 본다. 거래 깬다.
이타인은 자신을 일단 밑 깨 보인다.*그러나 그 타인은 그를 믿게 된다. 밀게 된다. 그를 보다 본 딴다. 그와 거래 맺게 된다.

* 가식적이지 않고 솔직하게 대한다는 의미로.

...
이기인은 하는 척하는 사람이다. 축축한 말만으로 나누는 척하는 사람이다.
이타인은 척척 하는 사람이다. 촉촉한 말, 맘으로 척척 나누는 사람이다.

...
이기인은 타인을 적으로, 쩐으로 대한다. 그러니 그 타인도 적으로, 쩐으로 대한다. 그러다 공동체 사람들을 싹 다 적으로 빠르게 만든다. 공동체는 멋든, 맞든 멍든다.
이타인은 타인을 정으로 대한다. 쩐을 댄다. 그러니 그 타인도 정으로 대한다. 그러다 공동체 사람들은 정이 싹 터 뭐든 파릇파릇 바르게 해 다정한 정든 공동체, '쩐'든 공동체를 만든다.

...
이기인은 그때그때 또 변함이 있는 정직한 척으로 "얼마 얼마", "어마어마"하며 타인을 대하고 대화하고, 인간관계·거래관계를 맺는다. 그러니 타인은 적으로 관계는 정지한다. 금전은 멎는다.
이타인은 그때도 변함이 없는 정직함으로 정으로 타인을 대하고 대화하는 인간관계를 열며, 거래 관계를 맺는다. 그러니 관계가 열리며 전진한다. 금전이 열매 맺는다.

...
이기인은 걸음을 움찔움찔하며 생각을 움츠린다. 걸음을 껄렁껄렁대다 생각은 고름이 된다. 그리고 그 고름을 머금은 공동체는 자라다 움츠린다. 타인도 그를 '꼴통'이라며 그 생각을 걸레라며 자른다. 그러니 공동체도 타인도 그와 공동 일이 고통이라며 움찔댄다. 거래가 손해 된다며 손 뗀다.
이타인은 걸음을 움직이며 생각을 움직인다. 걸음은 생각의 거름이 된다. 그리고 그 거름을 머금은 공동체는 자란다. 타인도 그와 공동 일을 잘하다 자란다. 거래에 손댄다. 그러니 공동체도 타인도 잘 된다.

...
이기인은 걸음을 거르며 생각을 꺼리며 산다. 그러니 공동체는 멈춰 선다. 먼지 된다.
타인은 그와의 공동을 거래를 멈칫멈칫 꺼린다.

이타인은 걸음을 걸으며 거른 생각으로 산다. 그러니 공동체는 먼저 된다. 타인은 그와의 공동에 거래에 먼저 선다.

...

이기인은 동작은 안 하며 생각만 등장시킨다. 그래서 그 생각은 공동체에 '덕' 작용을 한다.
이타인은 동작을 하며 생각을 등장시킨다. 그래서 그 생각은 공동체에 '독' 작용을 한다.

...

이기인은 늘 한 개인인 사람으로 사니 늘 타인 일 따름이다. 그러니 함께 재물을 다룸이 있으랴!
이타인은 늘 함께인 깨어 있는 사람으로 사니 늘 타인의 따름이 있다. 그러 함께 재물을 다 룸이 있으니 재물의 따름이 있으리라!

...

이기인은 '식' 적인 감정으로 타인을 대한다.* 그리고 '적'인 감정으로 타인을 막 턴다. 그러니 인간관계도 거래 관계도 당연히 부들부들 막 떤다.
이타인은 '시'적인 감성으로 타인을 대한다. 그리고 정인 감정으로 타인에 맘 떤다. 그러니 인간관계도 거래관계도 당연히 부드러이 된다. 붙을, 붙들 관계 된다. 맘 떴다는 타인도 턴*한다.
* 남의 돈 뺏어 먹겠다는 거저먹겠다는 많이 먹겠다는 의도로 대한다는 의미로.
* Turn. 돌아옴.

...

이기인은 타인을 형식적으로 대한다. 공동체와 공동체 사람들을 늘 현실적으로 대한다. 그러다 헌신짝으로 만든다.
이타인은 타인을 헌신적으로 대한다. 공동체를 늘 혼의 신작으로 만든다. 공동체 사람들은 늘 신장된다.

...

이기인은 그저 끄적끄적 대강대강 언행을 하다 대과*를 만든다거나 땡강을 하다 타인에게 또 말 듣는다거나 그저 그런 결과를 만든다. 그러니 그 대가도 그저 그렇다. 결과적으로 공동체는 "댕강" "댕가당" 한다거나 멍든다.
이타인은 대가 없이도 긍정적·적극적인 언행을 하다 대가가 된다거나 그저 그런 타인에게도 근접해 말 듣다 큰 정 만들고, 타인과 근접해 만들다 대과 없이도 극적인 결과를 만든다. 그러니 그 대가도 극적이라 은행이 접근한 다거나 은행에 근접하는 대가를 만든다. 결과적으로 공동체를 더 강한 강대한 공동체로 만든다.
* 대과: 큰 허물이나 큰 잘못.

...

이기인은 타인의 잘못을 막 음해해 남에게 다 이른다. 그 타인은 명예도 돈도 자못* 다 잃는다.
이타인은 타인의 잘못을 마음에 남게 타이른다. 그 타인은 이따 명예도 돈도 자못* 다 이룬다.
* 생각보다 매우.

▣ 2번 황금 고리를 엮기 위해 알아 두어야 할 황금팁

• • •

이기인은 타인의 마음까지 마음대로 지휘하는 "따르라!" 하는 일방적인 말을 한다. 또 타인 돈을 다 뜯는 말을 한다. 그러니 그 타인은 그의 말 안 듣는다. 그러다 다툰다.
이타인은 타인의 마음 되어 타인 마음까지 치유하는 따뜻한 말을 일반적으로 한다. 또 타인 말을 다 듣는다. 그러니 그 타인은 그의 말 듣는다. 그러다 뜻한 대로 다 득한다.

• • •

이기인은 돈독이 오른 '독자 동작'을 한다. 또 돈 차지는 독차지한다. 그러나 '돕자! 마음'은 돈짝*만하다.
이타인은 돈독해 오늘 '돕자! 동작'을 한다.* 또 돈 차지도 작게 자치한다. 그러다 '돕자! 마음'은 또 작동, 돕자는 돈 장만한다.

* 동전 크기. * 협업. 공동의 의미로.

• • •

이기인은 사소한 갈등을 사서 하다 수상한 갈등을 사수하다 공동체는 손상! 특히 금전적 손상! 소동이 가득! 공동체 사람들은 속상!
이타인은 사소한 갈등을 속삭이는 소소한 소상한 소통을 하다 공동체는 가든*! 특히 금전적 갈등은 거뜬! 공동체 사람들은 같은 속!

* Garden. 정원.

• • •

이기인은 쭈뼛쭈뼛하는 사람, 주변머리 없는 사람, 공동체 주변에 멀리 있는 사람이다. 그러다 주변의 사람을 잃는 사람, 주변에 사람이 없는 사람, 주변의 사람이 잊는 사람이다. 그러니 주변에서 재물이 오랴!
이타인은 멀리 있는 주변의 사람을 공동체로 이끄는 사람이다. 그러다 주변에 사람이 있는 사람이다. 그러니 주변에서 재물이 오리라!

• • •

이기인은 자기 공동체의 묶음을 끌러, 깨 뭉글뭉글하게 해 공동체를 한탕 공동화*시킨다. 금고도 공동화 시킨다. 빡빡하게 골동화, 공동화시킨다. 사람들은 그 공동체를 문다.

이타인은 자기 공동체 사람들을 뭉클하게 해 곧 동화시킨다. 곧 동체화 한다. 사람들은 그 공동체에 묶는다. 뼈 묻는다. 그렇게 한 묶음의 공동화*는 공동체를 고도화시킨다. 금고도 묶는다.
* 속이 텅 빔. * 힘을 합해 함께 일을 하게 됨.

...
이기인은 타인과 난타로 투닥투닥 다투다 탈낸다. 그러니 공동체 사람들은 한참 째려 보다 보다 나은 공동체로 달아난다. 그러다 공동체의 체력은 달린다. 재력은 달랑 남는다.
이타인은 타인을 도닥도닥 달랜다. 그러니 공동체 사람들은 동체로 한창 달리다 도달한다. 그러다 공동체의 체력은 잠재력에 보다 나은 참 체력을, 저력을 낳는다. 재력은 재력을 낳는다.

...
이기인은 삶의 의미를 상실한 채 공동체의 존재로 살아가는 사회적 가치 잃은 존재이다.
이타인은 삶의 의미를 상시화한 채 공동체의 존재로 같이 살아가는 사회적 가치 있는 존재이다.

...
이기인은 신앙생활에 붙어 이끌려 내내 산다. 그러니 헌금이 신앙생활이다. 현금이 신앙이다.
이타인은 생활신앙으로부터 신앙생활을 이끌어 내 산다. 그러니 헌신이 신앙생활이다. 현금은 생활이다.

...
이기인은 이기로 견적을 결정해 회동한다. 그래서 이익이 덜 하다거나 가질 것 안 생기는 일이면 뚱해 맡지 않고, 안 하고, 이따 한다 하다 이탈한다. 마치 인색한 건달같이 여창부같이 행동한다. 가진 것, 가질 것, 까진 것, 까질 것까지 가지가지 걱정하다공동체까지 꺼져간다.
이타인은 동행해 행동하면 이기기에 결전을 결정해 회동한다. 그래서 이익이 덜 하더라도, 가질 것 안 생기는 일이더라도 가치 있는 일이면 일단 같이 맞춰 잡부역까지 하다 마침내 마친다. 마치 건아같이 여장부같이 행동한다. 인생 한껏 건다. "까짓것!" 걱정 안 하고 걱정의 '공동체 마치'*!

* March. 행진곡. (웨딩)마치.

...

이기인은 공동체 사람들이 미소 찢게 언행을 한다. 그러니 사람들이 "밉소! 밉소!" 한다. 그러다 "당신이 한다 마소!" "당신이 돈 막썼소!" "당신 은행 빚 많소!" "당신이 은행 빚 막으소!" 막 쏘는 소리 들린다.

이타인은 공동체 사람들이 미소 짓게 언행을 한다. 그러니 사람들은 "당신 믿소! 믿소!" 한다. 그러다 "당신이 맡소!" " 당신이 돈 맡소!" "당신 은행 빚 맡소!" 맘 솟는 소리 들린다.

[이기인과 이타인의 이성관의 차이]

...

이기인은 짝을 진단하다 뭣 좀 있는, 멋 좀 있는 짝을 '그대!'라며 입맞춤 사랑한다. 짝이 뭐 좀, 멋 좀 없어진다면 그때 질타하다 없어서는 안 된다며 "찐따!"라며 사라진다. 진작 없어질 사람이다.

이타인은 짝의 있는 그대로를 사랑한다. 짝에 '줌인'* 해 일일이 맞춤을 한다. 짝이 뭣 좀 없다면 그때그때 뭣 좀 있는 사랑을 하는 멋 좀 있는 없어서는 안 될 '찐' 짝인 사람이다.

* Zoom in.

...

이기인은 "돈이 좋은 '분'이다!"* "돈이 좋아질 뿐이다!", "돈이 낙일 뿐이다!", "나뿐인 돈이 좋다" 나불나불한다. 그러다 나쁜 돈을 좇는다. '남은 남일뿐이다'며 남 안 돕는다. 나 남는 일에 남을 뿐 남 나쁜 일에는 안 남는다. 그러니 좋은 사람들을 다 쫓는다.

이타인은 "사람이 좋다!" 한다. 나쁜 돈, 나뿐인 돈은, 나 뿐인 사람은 나쁘다고 한다. 그러나 남 나쁜 일에 남는다. 돕는다. 그러니 사람들이 "좋은 '분'이다!" 나불나불하다 나풀나풀 좇는다.

* 배금주의 의미로.

•••
이기인은 늘 돈 존중, 놀 돈·놀 터 존중, 땅 가치를 존중한다.
이타인은 늘 노동 존중, 노동 터 존중, 땀 가치를 존중한다.

•••
이기인은 타인을 짓밟아서라도 죽여야, 쪼아야 타인이 줄어야 자기가 이득이 생긴다고 믿는다.
이타인은 타인을 집 팔아서라도 주어야 타인이 좋아야 자기가 이익이 생긴다고 믿는다.

•••
이기인은 변할 수도, 고쳐질 수도 없는 일에 수도 없이 꽂혀 걱정을 한다. 플러스A에만 꽂혀 결정을 하려한다. 그러니 옆 사람들도 곧 지쳐 곧 처진다. 사람들 왈, "그런다고 풀리니?"
이타인은 변할 수도, 고쳐질 수도 없는 일은 수 더 없으니 플랜A를 플랜B로 변환한 편한 결정을 하려 한다. 그러니 옆 사람들도 편안하다. 사람들 왈, "그렇다! 곧 풀리네!"

•••
이기인은 자기가 쟁취할 수 없다는 이유로 불가능하다고 악써 우긴다. 특히 이윤·돈 문제에서는 동물같이 못 먹게 아구* 써 으깬다.
이타인은 자기가 쟁취할 수 없다는 것에서는 자기가 할 수 없는 것에 불과한 것이고, 동무와 같이 한다면 그것이 풀*가능하다고 여긴다. 이 이유로 이후로 어깨동무해 같이 묵묵히 앞서서 쟁취해 같이 갖는다.
* 아가리. * Full. 충분한.

•••
이기인은 타당·당당하지 않은 벌 것 아닌 것에 끌리는 마음을 접지 않고 판 벌리곤 하다 접는다만 '별거 아닌 사람'*에 끌리는 마음은 접는다. 그러니 공동체 사람들로부터 별거 당하게 된다. 별거벗고 별꼴 다 당하게 된다. 벌있고, 번 것 버리고, 변고 당하게 된다. 그 공동체는 곧 허접한 공동체 되다 곧 닫고, 곧 접는다. 곧 고단하게 된다.
이타인은 타당·당당하지 않은 벌 것 아닌 것에 끌리는 마음을 접는다만 '별거 아닌 사람'에 끌리는 마음은 접지 않고 팔 벌리곤 접한다. 그러니 공동체로부터 콜*있고,

별거 별거 공동체 사람들과 들러붙어 담당하게 되다 호접*, 벌 꽃 접하듯 점점 느는 벗 있고, 벗과 벌 것 벌고, 벌이 곧 된다. 그 공동체는 '변곡점'*을 꼭 접한다. 곧고 단단하게 된다.
* 무명인. 가진 것 없는 사람의 의미로. * Call. 부름. * 호랑나비.
* 대변혁의 전환점.

...
이기인은 마음과 잠재 역량을 발전시키고 다듬기, 자기계발을 게을리 한다. 그것도 자기 꽤 발휘해 꾀로 이르게, 꾀로 이루게 하려다 마음과 잠재 역량을 방전시키고 더듬더듬하게 된다. 그러니 마음과 역량의 열량 부족으로 타인을 꽤 울리게 된다.
이타인은 마음과 잠재 역량을 발전시키기, 다듬기, 자기계발을 게을리 안 한다. 그것도 꽤 바르게 꽤 이르게 하다 꽤 이루게 된 다음 다 담게 된다. 마음과 역량을 반전시키고, 꽤 올리게 된다. 타인의 마음과 잠재 역량을 깨우려 하는 마음과 역량을 게을리 안 한다. 그러니 타인의 부족을 꽤 올리게 된다.

...
이기인은 타인의 생각은 밉고, 어찌 살지의 타 산지식은 저기로 밀고, 타인에게 자기의 생각을 믿고 그에 따라 하라고, 그에 따라 살라고 자기 생각을 믿고 강요한다. 심지어 안 따라 한다면 각오하라 안달한다. '이해타산상 속일 생각', '요강 속의 생각'*인데도. 특히 이익 낀 문제에서.
이타인은 타인의 생각, 타 산지식을 믿고, 타인과 자기의 생각을 맺고 그에 따라 하려고, 그에 따라 살려고 각오한다. 특히 어찌 살지의 생각을 이해타산을 저기로 밀고 '역지사지', '타산지석' 하려 타인의 생각 속에 서서 자기 속 심지의 각오한다. 특히 이익 낀 문제에 있어서 애써서.
* 너저분하고 깨끗하지 않은, 바르지 않은 오물 같은 생각의 의미로.

...
이기인은 실력은 항상 하수나 인성은, 생각은 항상 하수구, 재물은 항상 '학수고대'* 같다!
이타인은 실력은 향상한 한 수위나 인성은 항상 숙이고, 생각은 항상 숙고고, 재물은 항상 수고 대가다!
* 감나무 밑에서 감 떨어지기만을 그저 기다린다는 의미로.

…
이기인은 지나치게 분노하거나 좌절하기에 스스로 할 수 있는 일을 찾아서 못 한다. 그래서 분노·좌절하지 않아야 차지할 수 있는 몫은 한탕 분노가 된다. 그러니 복 달아난다. 좌천한다.
이타인은 지나치게 분노하거나 좌절하기보다는 스스로 할 수 있는 일을 찾아서 한다. 그래서 못 탄다. 복 판다. 좌정*한다.
* 자리 잡고 일 봄.

…
이기인은 비루한* 소행으로 경한, 허한 사행을 하면서 살고, 사는 것이 어려운지라 더 빠른 길을 가려 하다 격한, 험한 시행을 하는 사람들과 어울려 가려 하다 사형 길을 가려 한다.
이타인은 경험한 소양으로 겸허한 수행으로 수양하면서 겸허한 사용으로 사양하면서 사랑으로 사람들과 어울려 살고, 사는 것이 비록 어려울지라도, 어려워 울지라도 길을 가려 바른길은 겹겹 험한 길일지라도 서행일지라도 가려 한다.
* 행동이나 성질이 너절하고 더러운.

…
이기인은 빈곤한 사람들 위에서 자기가 가진 것으로 비웃곤, 비꼬곤 한다.
이타인은 빈곤한 사람들 위해서 자기가 가진 것을 비우곤 한다.

…
이기인은 공동체의 위기에 오히려 공동체에 헛바람 잔뜩 불어넣고 피바람을 불러일으키고 불화 일으키고, 빚을 잔뜩 불어나게, 죄 물을 일이 불어 나게 한다. 그래서 공동체의 잠재력을 잠재우고 공동체의 날개를 부러뜨려 불 활활 나게 한다.
이타인은 공동체의 위기에 오히려 비바람, 헛바람, 피바람을 잠재우려 공동체에 신바람을 잔뜩 불어 넣고, 빛을 잔뜩 불러들여 공동체를 드러나게 일으키고, 재물, 일이 잔뜩 불어나게 한다. 그래서 공동체의 잠재력이 부활해, 공동체가 날게 한다.

[자리이타인의 글로컬 마인드]

•••

이기인은 세속 속의 '유리'*를, 나아가 '유리'* 속의 세계를 공동체의 최고 가치로 본다.
이타인은 세계 속의 '우리'를, 나아가 '우리 속의 세계'*를 공동체의 최고 가치로 본다.

* 유리(함).
* '오징어 게임'으로 아시아인 최초로 미국 골든 글러브 남우조연상을 수상한 오영수 배우의 수상 소감에서 유래한 말이다. 글로벌+로컬 융합의 글로컬 마인드(Glocal mind)의 말로 가령 "가장 한국적인 것이 세계적인 것이다!"와 유사한 개념이다.

•••

이기인은 남이 남다름을 난타로 까고, 깎고, 남을 눌러 깔고 말하고, 말했다 안 하고, 노력은 담쌓고 놀려 하고, '탐'으로 사고 쌓고 살고, 이기에 이 기회에 노려 나만 갖고, 갖고 난 다음 갖게 한 사람에게 되레 "갖고 난 망했다!" 하고, 안 할 일하다 일 일으키고, 그러면서도 남과 싸우고 담쌓고 살곤 하니 남이 이 갈고, '놈' 다름없다 한다.
이타인은 남이 나 같고, 난 남 같고, 남다른 각오와 각고의 노력으로 다음 기회를 노려 자기를 깎고, 갈고, 노력·' 땀'으로 하고 노력으로 갖고, 남과 갖고, 갖고 난 다음 갖게 한 사람에게 되레 '각골난망'* 갖고, 낙망한 사람, 없다 하는 사람을 사랑갖고 일으키고, 가꾼 낱말로 말하고, 말했다면 하곤 하니 익히고, 이기고, 다다른다. 그러면서도 낭만을 갖고 살곤 하니 남이 '님' 다름없다 한다. 따른다.

* 은혜를 입은 고마움이 뼈에 깊이 새겨져 잊히지 않음.

•••

이기인은 타인의 성공과 금전 쟁취를 저지하고, 타인의 성공과 금전을 절취하는 저질적인 '이기인간'이다.
이타인은 타인의 성공과 금전 쟁취를 지지하고, 타인과 정을취하는 전진적인 '이타인간'이다.

∴

이기인은 매사 이기에 굶주려서 한다. 타인에 위기 주려, 타인을 쪼으려 한다. 타인을 이기기에, 타인이 잃기에 주력한다.

이타인은 매사 이타에 타인에 꿈 주려, 타인에 주려 한다. 타인이 있기에, 타인과 이기기에 주력한다. 타인 읽기에, 타인 잇기에 주력한다.

∴

이기인은 타인에게 돈독에 "돈돈돈!"하며 악의적 작위적으로 접근해 악귀같이 말한다.

이타인은 타인에게 돈독하려 아기자기 정으로 접근해 아기, 짝 같이 악기같이 말한다.

∴

이기인은 의도적으로 타인의 실수, 말실수를 유도해 돈 벌기 한다. 이기적 술수의 도적이라 말 할 수 있다.

이타인은 정으로 타인의 살 수를 유도해 도전해 돈 벌게 한다. 설 수 있게 한다. 이타적 의도라 말할 수 있다.

∴

이기인은 자기를 위해서는 돈 더한다마는 타인을 위해서는 돈 든다면, 덤 더한다면 덜덜 떤다. 턴* 한다.

이타인은 자기를 위해서는 돈 덜 더한다마는 타인을 위해서는 덤덤히 덤 더한다. 돈 더한다.

* Turn.돈다.

∴

이기인은 마땅히 자기가 가질 돈이 아닌데도, 어려운 타인 돈인데도 도리도리해 안 돌려준다거나 못마땅해 도려내어 돌려준다.

이타인은 마땅히 자기가 가질 돈이 아닐 때는 마땅히 도리로 돌려준다. 마땅히 자기가 가질 돈일 때 몫을 마땅히 갖지만 도리어 어려운 타인에게 자기 몫을 도로 내어 준다거나 도려내어 준다거나 두루두루 돌리어 준다.

...

이기인은 타인의 몫을 빼려, 목을 베려 한다. 자기의 몫은 비릿한 비리로 한탕 빼내려, 먹으려 한다. 그러니 그 공동체는 이 이유로 비리비리 해진다. 해진다. 공동체 사람들을 해친다. 공동체 사람들은 헤어진다.
이타인은 자기의 몫을 한탕 빼내어 타인의 몫을 배려해 준다. 그러니 그 공동체와 공동체 사람들은 이 이유로 배 여유로워진다. 공동체는 배려로 동체의 핵 쥔다.

...

이기인은 재물 때문에 담합을 한다. 이따 죄 물을 재물을 다 합한다. 그러니 공동체 사람을 재물에 제물로 바친다. 그 공동체의 단합을 해한다.
이타인은 공동체 때문에 단합을 한다. 일단 사람을 다 합한다. 그러니 공동체를 받친다. 그 공동체는 곧 동체로 단합을 해 사람을 재물을 곧 통째로 다 합한다.

...

이기인은 자기와 공동체의 리스크*관리를 잘못해 리스크가 봇물 터진다. 특히 투자 리스크, 환 리스크.
이타인은 자기와 공동체의 리스크 관리를 자못 잘해 보물 터진다. 특히 투자 리스크, 환 리스크.
* Risk. 위험(요인). 위기. 우려.

...

이기인은 나뿐인 이기에 공동체의 더 나쁜 변화를 만든다. 그러니 공동체에는 '나쁜이'이다.
이타인은 너뿐인 이타에 공동체의 더 나은 변화를, 변화를 만든다. 공동체는 날 뿐이다. 그러니 공동체에는 '더 나은이'이다.

...

이기인은 짝의 제안에 건건 설전을, 제안을 제한을 한다. 그러나 자기의 이기 낀 제안을 한다. 그러니 그 공동체는 그 부담을 죄 안는다. 그 제안의 부당으로 죄를 안는다.
이타인은 부당을 제한* 건설적인 제안을 한다. 그러니 건실한 공동체를 건설한다. 그 공동체는 그 부담을 분담한다.
* (공)제한, 뺀, 없앤.

▣ 3번 황금 고리를 엮기 위해 알아두어야 할 황금팁

...

이기인은 많은 말로 '아무 말 대잔치'를 한다마는 대차지 않은 말이다. 말 한마디로도 천 냥 빚을 곱할 수 있는 말이다.
이타인은 '야문 말 대잔치'를 한다. 말 한마디로도 천 냥 빚을 갚을 수 있는 말, 돈 잔치를 할 수 있는 말이다.

...

이기인은 "돈 돈 돈!" 하며, 어둡고 험한 세상 돈을 더 밝힌다만 말만 많고 일은 안 하며 돈을 밝힌다.
이타인은 말 많이 안 하고 일을 많이 하며 어둡고 험한 세상에 돈을 터 밝힌다.

...

이기인은 감정이 격화한 격한 언행, 타인을 격하하는 언행, 품격 결한 언행, 격한 언행을 한다. 그러니 타인은 거리를 둔다. 거래를 꺼린다. 결국 서로가 돈을 잃게 된다.
이타인은 감정이 격화한 타인을 타이르는 언행, 감성·품격 겸한 언행을 한다. 그러니 타인은 거래를 잇게 한다. 결국 서로에게 돈을 있게 한다.

...

이기인은 준수할 윤리에 반해서 언행을 한다. 특히 상도덕·윤리에서.
이타인은 윤리 준수 언행을 '유리의 방'*에서 한다. 특히 상도덕·윤리에서.
* 유리가 깨질까 조심조심 투명하고 정직한 윤리 생활을 한다는 의미로.

...

이기인은 자신과 상관없어 타인을 질시, 저지한다. 그리고 아는 상관인 듯 타인에게 지시한다. 그러니 공동체 사람들도 그를 저지한다. 공동체는 처진다. 정지한다. 그러다 공동체 자산은 공동체 사람들과 상관 없어진다.
이타인은 자신과 상관없이 지지한다. 그리고 상관이 아닌 듯 타인에게 지시한다. 그러니 공동체 사람들도 그를 지지한다. 공동체는 전진 한다. 그러다 공동체 자산은 공동체와 공동체 사람들을 지지한다.

• • •
이기인은 "돈 돈 돈!" 하는 돈독에 하는 말로 '쩐'만 늘 밝히다 전망을 절망, 다 '해'로 바꾼다. 그러니 공동체에는 천박만 가득 든다. 천막만 가득 둔다. 적막만 든다.
이타인은 돈독히 하는 말로 절망을 천만다행으로, 밝은 달, 해 같은 전망으로 바꾼다. 전망에 만전을 다해 전망을 정말로 바꾼다. 그러니 공동체에는 밝은 달, 해가 가득 뜬다. 정만 가득 든다.

• • •
이기인은 '쩐'만이 희망의 세상으로 바꾼다며 말하고, 타인과 공동체의 희망을 허망, 불안정 전망 불안, 절망으로 바꾼다. 그러니 타인은 다른 공동체로 바꾼다. 공동체는 적막한 공동체로, 적만이 바글바글한 불안전·불완전 공동체로, 바퀴벌레 바글바글한 골동 공동체로, '쩐'이 많이 달리는, '쩐'이 달랑 제로*인 공동체로 바뀐다.
이타인은 전망. 희망만이 세상을 바꾼다며 말하고, 타인과 공동체의 허망, 불안정 전망, 불안, 절망을 희망으로 바꾼다. 그러니 타인은 절망을 바꿀 밝은 전망을 발굴한다. 전망이 정말로 바뀐다. 희망을 재료로 달인으로 바뀐다. 공동체는 정 많아 밝은 공동체로, 발군의 단단한 공동체로, 단단한 동체에 '바퀴 달린 달리는 공동체'* 로 바뀐다. 제로인 '쩐'이 많이 본래로 바뀐다.
* Zero, 0. * 잘 굴러간다는 의미로.

• • •
이기인은 '편한 주의자'다. 자기 이익이 있는지 가려, 자기가 편한 대로, 가더라도 하더라도 편 한 길을 가려 간다. 한편 공동체에는 자기 짝 이, 한 편이 덜 하다.
이타인은 '평화주의자'다. 자기 이익이 덜 하더라도, 자기가 안 편하더라도 짝이, 주위가 편한 대로 대로로 길을 간다. 한편 공동체에는 평화, 화평이 더 하다.

• • •
이기인은 진실을 이기려 한다. 그래서 진실을 질시하거나 진실을 전설로 한다. 특히 자금 문제는 진실에 구멍을 획~낸다. 그러니 공동체 사람들은 그와 발길들 끊고, 그는 공동체에 '해'된다. 공동체는 문제 들끓고 구멍 난다.
이타인은 진실로 이기려 한다. 그래서 진실을 직시하거나 진실 규명을 해낸다. 특히 자금 문제는 극명히 진실을 규명한다. 그 규명한 진실은 공동체의 '핵' 된다. 그러니 그 공동체 사람들은 진실, 진심 되다. 그 공동체는 발길 끌고, 밝은 '해'된다.

• • •
이기인은 잘난 척해, 돈 있는 척해, 척척 하는 척해 인기인이 되려 하나 인기척이 적적한 인간이다.
이타인은 잘나도 착해 또 일은 척척해 되레 인기 있는, 인기척 있는 인간이다.

• • •
이기인은 타인을 밟곤 한다. 타인을 표적으로 뾰족한 비방 발언을 한다. 그러니 타인은 발끈하는 표정을 지을 수밖에 없다. 그 공동체에 타인은 발 끊을 수밖에 없다. 그 공동체는 공동화할 수밖에 없다.
이타인은 타인을 발굴한다. 타인이 빛 발할 발언을 한다. 그러니 타인은 밝은 표정을 지을 수밖에 없다. 그러니 타인은 할 수밖에 없다. 그 공동체는 밝을 수밖에 없다. 곧 동화 할 수밖에 없다. 공동체 사람들은 밖에 없다. 그러니 그 공동체는 발군*일 수밖에, 바뀔 수밖에 없다.

* 여럿 가운데서 특별히 뛰어남.

• • •
이기인은 공동체 사회 질서와 금융·경제 질서를 휴지 조각으로 만든다.
이타인은 공동체 사회 질서와 금융·경제 질서를 유지, 조각으로 만든다.

• • •
이기인은 자기 이익에 관계가 없다면 공동체가 벌이는 불의와 공동체를 버리는 타인의 불의를 보고도 공동체 사람들을 침묵을 시키고 자기도 침묵해 버린다. 특히 금전 불의에 대해.
이타인은 자기 이익에 관계가 없다 해도 공동체를 버리는 불의에 침울해 해 공동체 사람들과 불의를 침몰시켜 의를 복구시키고, 공동체에서 불의의 해도 씻겨 버린다. 특히 금전 불의에 대해.

• • •
이기인은 자기 공동체를 막 들이받는다. 틀어 밟는다. 들어온 타인도 물론이다. 그런데 타 공동체는 그 공동체를 물로 본다.

이타인은 자기 공동체에 타인을 받아들여 받든다. 그런데 타 공동체는 말 들어온 그 공동체 타입*을 들어 받들며 돈 들여 본 딴다.*

* Type. * 벤치마킹한다는 의미로.

...

이기인은 나뿐인 나쁜 선례를 만들며 자기 공동체를 '공룡체'처럼 만들려 나쁜 돈 쓰다. 돈독 오른 성내며 살다 위기에 더 먼저 멸종 한다.
이타인은 너뿐인 선한 예를 만들며 자기공동 체를 옳은 선한 '이타 공동체'를 만들려 돈독히 살다 위기에도 멀쩡하다. 타 공동체는 옳은 공동체 선례로 오른 그 공동체처럼 더 먼저 만들려 설레며 돈 쓴다.

...

이기인은 설렁설렁 어슬렁어슬렁 살다 수량 위주로 살다 아슬아슬 한탕 돈 벌려다 수렁에 발 들인다. 타인을 수렁에 빠뜨린다. 이따 한탄 한다. 그 공동체는 술렁술렁한다.
이타인은 한 단 한 단 한땀한땀 땀 위주로 살 다 주의해 돈 벌다 수령한 돈을 공동체 위주로 이타 한다.

...

이기인은 공동체와 공동체 사람들을 통째로 통제화·독재화하려고 한다. 자금도!
이타인은 공동체와 공동체 사람들을 동체화·도체화* 하려고 한다. 자금도!

* (전)도채화, 소통의 의미로

...

이기인은 공동체 사회의 남녀·세대·계층 갈등을 부추겨 자기 이득을 갖는 악한 자이다.
이타인은 공동체 사회의 남녀·세대·계층 갈등의 약한 자를 자기 이득으로 부조해 부축해 자기 공동체를 일등으로 부추긴다.

...

이기인은 공동체 사회의 갈등을 가득 조장한다. 특히 경제적 갈등과 양극화를 조장한다.
이타인은 공동체 사회의 갈등을 조정한다. 특히 경제적 갈등과 양극화를 조정한다.

...
이기인은 한탕 욕망에 사로잡혀, 요망*히 속 작고, 손 접고 살다 이따 속 쩔고 서러워 한탄한다. 서로 욕 막 한다. 특히 금욕에 잡혀.
이타인은 한탕 욕망을 접고 요망*, 여망에 서로 손 잡고 하다 이따 손 쫙~펴, 맘 쫙~ 펴 서로 사로잡고 산다. 특히 금욕을 접고 사랑에 잡혀.
* 요사스럽고 망령됨. 언행이 방정맞고 경솔함.
* 어떤 희망이나 기대가 꼭 이루어지기를 바람.

...
이기인은 공동체를 뒤졌던 구 구조로 골동체화, 슬럼화 시킨다. 특히 자산 운용구조를.
이타인은 공동체를 디지털 구조로 고도체화, 슬림화 시킨다 특히 자산 운용구조를.

...
이기인은 행한 실패·실점으로 실패·실점을 장시화·정시화 할 잇단 실패·실점의 시점을 설정한다. 그러니 실패·실점을 더 만든다. 특히 자산운용 실패·실점에서.
이타인은 행한 실패의 실점으로 잇단 실적을 향한 심폐의 심신적 실전적 선전 시점을, 서전을 장식할 잇단 실적 시점을 설정한다. 그러니 실패·실점으로 실적·전적을 더 만든다. 특히 자산운용 실패·실점에서.

...
이기인은 자신이 실패하면 더 달달한 딴 걸음을 위한 결탁을 하다 이탈한다. 고름에 갈음하는 곁 따르다 이탈한 사람들로 공동체는 사람도 자산도 공동화*된다.
이타인은 자신이 실패하면 더 탄탄한 걸음을 위한 단단한 결 다른 결단을 한다. 곁 따르는 한 사람 한 사람들로 곧 동화된 공동체는 더 단단한 땅에 거름을 따르는 격이다. 이따 사람도 자산도 든든한 공동체가 된다.
* 속이 텅 빈 상태가 됨.

...
이기인은 공동체 속에서 '적대적 공생관계'로 있다. 특히 '쩐' 고생하는 공동체 사람들에게 '천대적 공생관계'로 꽁생원*같게 대해 줄이니 공동체 사람들은 관계를 끊게 된다. 즉 이기관계로 있다.

이타인은 공동체 속에서 '절대적 공생관계'로 있다. 특히 고생하는 공동체 사람들에게 '정대정 공생관계'로 정으로 대해 주니, 쩐 대주니, 접대해 주니 고생 끝게 된다. 즉 이타관계로 있다.
* 마음이 너그럽지 못하고 소견이 좁은 사람을 놀림조로 이르는 말.

...

이기인은 공동체 사람들을 고깝게 적으로 대하니 인심 잃고 갑갑하게 된다. 그러니 공동체에 만개해 있던 정이, 인심이 고갈되게 된다. 그리고 고가 고급 따라 되게 많이 쓰니 되게 많이 있던 쩐이 달랑 고갈되게 된다. 공동체 곳간도 고갈되게 된다. 일이 심난하다.
이타인은 공동체 사람들을 정으로 대하니 곧 가깝게 되게 된다. 그러다 정 따라 쩐이 오고 가니 공동체 곳간에 되게 많게 된다. '곳간에서 인심 난다'는 말이 있듯 인심 쓰니 공동체에 정 이, 인심이 만개 된다. 일이 신난다.

...

이기인은 공동체에 발칙한 빠른 반칙으로 그 공동체의 발전의 발을 찍는다. 그러니 찍힌다. 이는 공동체의 저력, 재력을 "빡"친다. "빡" 찢는다.
이타인은 공동체의 바른 방침을 지킨다. 그러니 그 공동체는 방점을 찍는다*. 그 공동체가 바를 반전을 치킨다. 이는 공동체의 저력, 재력을 받친다. 지킨다. 발전시킨다.
* 두드러진 흔적을 남길 만큼 새롭거나 뛰어나다.

...

이기인은 평소 타인에게 다가가 아기적* 프랜드*, '임' 임을 가면 덮어써 가며 평화롭게 악기적*으로 주장하다가도 그만 악귀·적으로 악의적 프레임*을 조작해 덮어씌워 공동체의 갈등을 조장한다. 특히 금전 문제에 있어서는 더 펄펄 더 퍽 악의적이다.
이타인은 평소 타인에게 가만가만 다가가 안긴 적 있는 프렌드이므로 갈등 조정이 더 퍽 쉬어 공동체를 평화롭게 한다. 특히 금전 문제에 있어서는 더 퍽 아기적이다.
* 순수하다는 의미로. * 음악소리, 연주처럼 듣기 좋게 말한다는 의미로.
* Friend. 친구. * Frame. 틀, 인식의 틀, 고정관념, 편견, 선입견.

...
이기인은 법이 불편하다 불법을 자행한다. 돼레 그 공동체는 온 동네 온통 불의, 범법 범벅인 불량한 공동체, 싸늘하고 불편한 공동체가 된다. 공동체 사람들은 온통 당하니 뿔이 나 돈 싸 들고 떠나, "불이야!" 뿔뿔이 부랴부랴 떠나 잠행한다.
이타인은 법을 잘 행한다. 그러니 그 공동체는 온당하니 불변한다. 되레 산뜻하고 편한 공동체가 된다. 사람들은 온 동네 온탕인, 온 동네 풀이 난 그 공동체 사람 되려 돈 싸 들고, 사 들고, 온 동네 떡 나르려 부랴부랴 온다.

...
이기인은 자신의 자산이해비*한데도 공동체의 회비를 회피해 안 낸다. 회비를 허비로 본다. 그러니 그 공동체는 공동화된 빈 공동체, 햇빛 지는 공동체가 된다.
이타인은 자신의 자산이 빈한데도 공동체의 회비를 해피*해 낸다.
회비를 공동체에 진 빚으로 본다. 그러니 그 공동체는 핵, 햇빛 든 고도화된 진 공동체, 빅* 공동체가 된다.
* Happy. 행복한. * Big. 큰. 대.

...
이기인은 공동체의 책무·채무에 대해 나 몰라 라 한다.
이타인은 공동체의 책무·채무에 대해 "난 뭘 하랴?" 한다.

...
이기인은 사회적 약자를 모서리로 한대*로 몰고, 한대*, 하대한다. 사회적 약자의 목소리 묵살이 다반사다. 심지어 사회적 약자에 몸서리친다.
이타인은 사회적 약자의 목소리를 한데 모으고 반사*가 다반사다. 심지어 몸소 이를 따박따박 싹 ~한다. 못, 속, 이익 싹~채운다.
* 추운 데. * 정성을 들이지 않고 아무렇게나 대접함. * 반응, 메아리 의미로.

...
이기인은 공동체 사람들의 불평·불편 등에 관한 목소리를 "골치다!" 타파하고, 공동체에 불평등을 다 파다하게 한다. 특히 금전 불평·불평등 목소리가 있으면 "다 팔고 떠나겠다!" 고 등등* 하다.

이타인은 공동체 사람들의 불평·불편 등의 목소리를 나서서 다 파악하고, 답하고, 공동체의 불평등을 타파하기에 나서서 따박따박 고친다. 특히 금전 불평·불평등 목소리가 있으면 "더 낫게 하겠다!"고 등등* 한다.

* 기세(등등) * 이것 저것.

...

이기인은 성난 마음, 특히 돈에 성난 마음으로 성난 생각을 낳고, 그 성난 생각으로 성난 행동을 낳는다. 그 성난 행동으로 나뉜다.
이타인은 선한 마음, 특히 돈에 선한 마음으로 선한 생각을 낳고, 그 선한 생각으로 선한 행동을 낳는다. 그 선한 행동으로 나눈다.

...

이기인은 타인과 고통에 나날 누워 그 고통을 죽~잇고, 행복을 나날 누워 배가 되게 하려 하다 고통에 항복한다.
이타인은 타인과 고통을 나누어 그 고통을 줄이고, 행복을 나누어 배가 되게 하려 한다.

...

이기인은 타인을 깔본다. 간 본다. 까분다. 특히 경제협력 관계에서.
이타인은 타인의 깐부다. 특히 경제협력 관계에서.

...

이기인은 금전적 관계에서 그저 적 관계를 형성한다.
이타인은 금전적 관계에서 긍정적 관계나 근접 관계를 형성한다.

...

이기인은 돈 안 들려 더부살이한다. 더불어 살아도 돈 뜯으려 산다.
이타인은 돈 들여 더불어 살아간다. 더부살이 한다 하더라도 더 불려 살리려 한다.

...

이기인은 공동체와 공동체 사람들과의 관계에서 다툼을 한다. 특히 금전 관계로.
이타인은 공동체와 공동체 사람들과의 관계를 애써 다듬음을 한다. 특히 금전 관계를.

...
이기인은 '긍정'보다 '금전'이 유일한 진실이라 여긴다. 이외의 진실이란 것은 우울하다고 여긴다. 그러니 어긴다. 이따 그는 우울하다.
이타인은 긍정, 진실이란 것은 금전보다 우월하다고 여긴다. 이따 그는 이긴다.

▣ 4번 황금 고리를 엮기 위해 알아두어야 할 황금팁

...
이기인은 공동체 사람들과 엇박자로 간다. 그러니 공동체는 경제적으로도 더 불리해진다.
이타인은 공동체 사람들과 더불어 박차를 가한다. 그러니 공동체는 경제적으로도 더불어 공동체 사람들에게 더블로 해준다.

...
이기인은 공동체 사람들을 지나치다 남을 실리에는 지남철이다. 그러니 남 치게 되고, 실례한다.
이타인은 이타 심리로 공동체 사람들과 공동체 사람들의 심리에 늘 지남철이다. 그러니 신의가 넘치게 되고, 신뢰한다.

...
이기인은 공동체를 등지고, 잇속에서 타인을 속여서 등치고, 잇속이 차차 차가면 타인을 통제해 통치를 바라보며 타인을 자주 까며 살아가나 고독 속에서 고통 접해서 살아간다.
이타인은 공동체를 둥지로 이 속에서 타인을 동지로 해서 타인의 동공을 바로 보며, 고통 접해서 살아가는 타인을 자주 찾아가며, 공통점을 차차 찾아가며 동체로 공동으로 살아간다.

...
이기인은 공동체의 악귀다. 공동체 재산을 많이 끌어다 자기 돈같이 가지가지 산다.
이타인은 공동체를 자기같이 아낀다. 특히 공동체 재산을 자기 돈만큼 아낀다. 그러니 그 공동체 가치는 같이 많이 큰다. 사람들을 많이 끈다. 공동체는 선다.

...

이기인은 저만 천만금 가지가지 가지기에 목숨 건다. 저만 큼에 목숨 건다.
이타인은 천만금 가치에 목숨 건다. 같이 가지 기에, 같이 큼에 목숨 건다.

...

이기인은 사람 압박하기, 땅으로 알박기에 능한 사람이라 사랑 안 받기 한다.
이타인은 사람 알아 반하기, 땀으로 알알이 받기에 능한 사람이라 사랑 알박기한다.

...

이기인은 낯선 타인의 일에 낯설어한다. 타인을 위해 찔끔찔끔한다. 그러나 낯선 자금에는 날 서서 지금 나선다.
이타인은 낯선 타인의 일에 나서서 지금 한다. 타인을 위해 저금한다. 그러나 낯선 자금에는 낯설어한다.

...

이기인은 공동체 사람들의 관계를 '쩐' 관계, '적' 관계로 만든다. 그러다 경고하는 견제적 관계로 멍든다.
이타인은 공동체 사람들의 관계를 '정' 관계로 만든다. 그러다 견고한 경제적 관계로 만든다.

[이기인과 이타인의 애정관의 차이]

...

이기인은 좋은 사람을 눈에 담아 느끼한 사랑의 '양기', '한 끼 요기 사랑'*의 모험의 '끼'를 몸으로 느낀다. 좋은 사람을 마음에 담아 '오기'를 느낀다. 좋은 사람과 홧김에 담화하다 '할퀴기' 하다 모함을 하다 '한기'를 느끼게 한다. 좋은 사람을 살랑살랑 '핥기'를 하다 '운기 그저 옮기'하다 좋은 사람의 금전을 탐하다 '한탕 하기' 느낌을 느낀다. 좋은 사람과 '하기'로 하다 안 하다 늦게 하다 늘 깨다 '우기기'를 늘 길게 하다 '웃기'게 느끼게 한다. 좋은 사람인 이웃이 '울기'를 하고 싶게 느끼게 한다. 좋은 사람과 늘 깨는 '이기'의 만남으로 담을 있게 하고, 잊고 싶게 느끼게 한다. 그러니 그 공동체는 '이기', 기만만이 있다 일탈·이탈이 많이 있다 '잃기'만 한다.

이타인은 좋은 사람을 눈에 담아 늘 귀한 사람으로 '사랑'을 마음으로 느낀다. 좋은 사람을 마음에 담아 '온기', '옳기'를 느낀다. 좋은 사람과 옹기옹기 화기애애 담화 '하기'로 '환기'를 하고 '향기'를 느낀다. 좋은 사람의 '기', 긍정을 닮아 '익히기', '옮기기'로 '하기 용기', '활기'를 느낀다. 좋은 사람과 땀 담아 하다 융기하다 극적인 오르기*를 느낀다. 좋은 사람으로 '사랑', '온기'를 용기에 담아 '옮기기'로 이웃이 '웃기'를 하고 싶게 느끼게 한다. 좋은 사람과 느낌 있는 만남으로 좋은 다음을 늘 '있게 하기'에, 좋은 이타의 만남을 늘 '잇기' 해 만남이 늘 있게 하고 싶게 느끼게 한다. 그러니 그 공동체는 '인기' 많이 있다 '있기'만, '이기기'만 한다.

* 인스턴트식 사랑의 의미로. * 공중으로 떠오르는 기운.

...

이기인은 공동체에서 흔들리는 리더십*을 갖는다.
이타인은 공동체에서 혼 들이는 리더십을 갖는다.

* Leadership. 지도력.

...

이기인은 타인을 '패기'해,' 베기'해, 벗기기'해, 타인 것을 '배끼기'해, 뒤로 '빼기'해 '뺏기'를 한다마는, 타인에 '뻐기기' 한다마는 타인을 위해 '빼기'를 하다 마는 '폐기'를 한다. 그러다 그 뒤로 사람들은 그 공동체를 뜬다. 그 공동체는 한탄 많은 공동체 돼 백기를 든다.
이타인은 한탄 많은 타인이 '펴기'를 뒤로 한다마는 '뵙기', '베끼기'를 한다.

...

이타인은 타인이 자신를 알게 하기에, 자기 일 안 하기에, 타인을 위해 안하 기, 타인을 안 안기에, 깍기에, 타인을 위해 가하기 해 앓게 하기에 힘쓴다. 그러니 그 공동체에 사람들이 안 가게 된다. 공동체는 자산이 까지게 된다.

이타인은 타인을 알기에, 안기에, 타인을 위해 자신이 하기에 힘쓴다. 그러니 그 공동체에 사람들이 안기게 된다. 공동체는 자산을 가지게 된다.

...
이기인은 한평생 울기로 불운을 부른다. 타인도 따라 울게 하다 불운이 따라온다. 그 공동체도 따라 불운하다.
이타인은 한평생 생생 웃기로 복을 부른다.* 타인도 따라 웃게 하다 복이 따라온다. 그 공동체도 따라 웃는다.
* "웃으면 복이 와요!", '소문만복래'의 의미로.

...
이기인은 공동체의 '내홍의 불씨'를 만든다. 공동체 자산에 불씨도 만든다.
이타인은 공동체의 분신으로 공동체의 내용을 만든다. 공동체 자산의 내용도 만든다.

...
이기인은 남을 돈을, 이익을 위해서 늘 이를 악문다만 남을 도울 일, 남의 이익을 위해서는 이를 안 악문다. 그 공동체는 이따 악으로 물든다.
이타인은 남을 도울 일을 위해 이를 악문다만 남을 돈을, 이익을 위해서는 이를 안 악문다. 그 공동체는 이따 야물다. 아문다.

...
이기인은 매사 그럼에도 허망을 잃지 않는다. 특히 공돈의 허망을. 그러니 그 공동체는 '허망 공동체'가 된다.
이타인은 매사 그럼에도 희망을 잃지 않는다. 특히 공통의 희망을.
그러니 그 공동체는 '희망 공동체'가 된다.

...
이기인은 매사 매상에, 면상에, 맨살에 온 신경을 쓰다 멱살까지 잡는다. 그러니 그 공동체 사람들은 황금만능주의, 외모지상주의를 하게 된다.
이타인은 매사 온 신경을 쓰다 몇 살까지 같이 잡*는다. 그러나 그 공동체 사람들은 황금만능을, 외모 지상을 주의를 하게 된다.
* Job. 일, 업, 직업.

...
이기인은 무리한 수익을 추구하다, 무리 몰래 사익을 추구하나 무례한 무뢰한*이 되거나 춥고, 쭈글쭈글하고, 죽고 한다. 그러니 그 무리는 그를 쫓고 멀리하라 무리에게 촉구한다.
이타인은 무리의 수익을 추구하다, 무리에 몰래 주고 하나 죽 ~구하고, 죽~고*한다. 그 무리는 그에게 '머리'하라 '주군'*하라 촉구한다.

* 성품이 막되어 예의와 염치가 없으며, 일정한 조직이나 소속이 없이 불량한 짓을 하며 떠돌아다니는 사람. * Go! 전진. * 대조직이나 나라를 다스리는 우두머리.

...
이기인은 보이지 않는 곳에서는 뭔 무기 들고 뭇, 먹이 일하고, 타인 일을 돌보지 않는다. 타인을 돕더라도 보이는 곳에서 돕는다.
이타인은 보이는 곳에서도 보이지 않는 곳에서도 묵묵히 일하고, 타인 일을 돌보지 덜 보지 않는다. 타인을 돕더라도 보이지 않는 곳에서 뭐 뭐 들고 돕는다.

...
이기인은 자신이나 공동체가 고전을 겪으면 "이 또한 지랄 같느니라!" "곧 '쩐' 고전을 겪으리니 꼭 쩐을 갖느니라!" 한다.
이타인은 자신이나 공동체가 고전을 겪으면 "이 또한 지나가리라!" 한다. "곧 고전을 꺽으리니 전의를 갖느니라!" 한다.

...
이기인은 자기만 갖자며, '각자도생', 각자 돈 생기게 해 각자 갖자며 자기만 하려 한다.
이타인은 짝이 많이 생기게 해 갖자며, 각자 더 생기게 해 갖자며 생글생글 생기있게 하러 가자 한다.

...
이기인은 공동체에서 일상을 이탈한 일탈한 막된 불량한 짓을 하며 이기로 더 불량히 산다. 그러니 도움 한 번 없어 돈 한 푼 없이 부랑하며 산다.
이타인은 공동체에서 맡은 분량의 직을 하며, 일상을 지키며 공동체를 지키며 치키며 일생 이타로 더불어 산다. 그러니 더불어 이기고 산다.

…

이기인은 돈 안 되는 타인의 짐을 잊고, 찢고, "이 게 뭐고?" 하며 산다. 그러나 이따 이윽고 돈 잃고, 지고, 맵고 한다.

이타인은 돈 안 되는 타인의 짐을 이고, 지고, 메고 하며 산다. 그러나 이따 이윽고 이기고, 돈 집고, 집 짓고, 이웃과 맺고 산다.

…

이기인은 사람은 '쩐'을 만들고 '쩐'은 사람을, 사람들을 만든다 하며 살다 서로 싹~다 '적'으로 만든다. 적막 드는 공동체를 만든다. 그러다 자기도 '공공의 적!' 말 듣는다.

이타인은 사람은 '정'을 만들고 '정'은 사람을, 사람들을 만든다 하며 살다 서로 살닿아 사랑하는 사람들로 정 쌓다 정 많이 든, 정 많이 드는 공동체를 만든다. 공고한 공동체를 만든다. 그러다 공동체에서 "짝!", "자기!" 말 듣는다.

…

이기인은 공동체에서 '공공의 적'으로 싸우며 산다. 그러니 그 공동체를 골골한, 곤궁한, 멍든 공동체로 만든다.

이타인은 공동체에서 '공적'을 쌓으며 산다. 그러니 공동체를 공고한, 고고한, 멋든 공동체로 만든다.

…

이기인은 "내가 없으면 너희는 없다!", "내가 돈이 없으면 너희도 돈이 없다!"는 식의 공동체 이탈 의식을 가지고 이기적으로 적으로 산다.

이타인은 "너희가 없으면 내가 없다!", "너희가 돈이 없으면 내게도 돈이 없다!"는 식의 공동체 의식을 가지고 이타적으로 정으로 산다.

…

이기인은 공동체에 위기가 오면 자신이 희생됐다고 생각하고 자신의 자산을 다 숨긴다.

이타인은 공동체에 위기가 오면 자신이 희생해야 이기고 회생된다고 생각하고 자신의 자산으로 더 섬긴다.

・・・
이기인은 현찰과 성찬이라면 선착*한다. 그는 '썩은 자' 되며, 목표점에 '서는 자'는 안 된다. 그 공동체도 썩은 공동체 된다.
이타인은 현장과 성찰이라면 선착한다. 그는 '현자' 되며, 그 공동체의 선장 되니 그 공동체는 목표점에 선착한다. 그 공동체는 "참 안됐다!"는 자,' 성장할 자의 선착장 된다.
* 제일 먼저 도착.

・・・
이기인은 공동체에서 '흥분자'*이다.
이타인은 공동체에서 '흥 부자'*, '흥부인 자'이다.
* 감정 조절을 못해 쉽게 화내거나 흥분하는 사람. * 흥 많은 사람.

・・・
이기인은 이기로 공동체의 리스크*와 디스크*를 되레 높인다.
이타인은 이타로 공동체의 리스크와 디스크를 때려눕힌다. 이긴다.
* Risk. 위험요인, 위기. * Disc. 뼈대가 이탈하고 어긋남. 삐걱거림.

・・・
이기인은 공동체의 위기에 이기심을 발산한다. 특히 금전 관련해서.
이타인은 공동체의 위기에 이타심을 발산한다. 특히 금전 관련해서.

・・・
이기인은 돈이 없는 사람에게 더 씻을 수 없는 낙인을 찍는다.
이타인은 돈이 없는 사람, 식이 없는 사람, 씻을 수 없는 낭인에게도 식을 수 없는 사랑의 낙인을 찍는다.

[이기인과 이타인의 방향의 차이]

...
이기인은 서로의 발목을 잡아 반목하고, 서로를 향해 반항, 항의한다. 그러니 그 공동체는 당위성 없는 이단*의 방향을 잡아 반복하다, 이기에 '한탕'*한다 하다 마을에 마음의 '한'이 한탕*, 한탄이 한탕이다. 이러니 이따 마을이 휑해 공동화한 박복한 공동체가 된다. 공동체 사람들은 서로 서러워 딴 땅 위 공동체나 한 땅 위 '한·미움 공동체' 사람으로 있게 된다.
이타인은 서로를 향해 방향을 잡아 항해한다. 그러니 그 공동체는 당위성 있는 합당한 이타의 방향을 잡아 할당 잡* 잡아 한단 한단 '함'이 한탕이다. 이러니 이따 흥해 마을에 고도화한 휘 황 잡화가 한탕인 발복한 공동체가 된다. 서로 마음이 방향 해 마을에 사랑 '향'이 한탕이다 서로 단단한 한 땅 위 '한 마음 공동체' 사람으로 있게 된다.
* 전통이나 권위에 위반하는 주장이나 이론. * 한탕(주의). * 한(바)탕. * Job. 일. 업.

...
이기인은 공동체에 설령 책무와 채무가 있다 한들 좌시한다. 그 이행을 안 한다. 한다 해도 이따 슬슬, 설렁설렁, 어슬렁어슬렁, 슬로우슬로우*한다. 그런 자세는 이따 그 공동체를 술렁술렁하는 썰렁한 흔들흔들 혼돈 공동체로 만든다.
이타인은 공동체의 책무와 채무를 자세히 안다. 그 이행을 일단 한다. 그런 자세는 이따 그 공동체를 술렁술렁 안 하는, 안 썰렁한, 안 흔들리는 혼 든 공동체로 만든다.
* Slow slow. 아주 천천히.

...
이기인은 공동체의 건재와 재건에 위해 가하는 잰걸음을 한다. 재는 걸음을 한다.
이타인은 공동체의 건재와 재건을 위해 가는 잰걸음을 한다.

...
이기인은 '돈 배로!'라는 이름의 배로 서로를 향해 항해해 '허망의 섬'에 이른다. 그런데 그 섬은 '망망대해'에 있다.

이타인은 '도움 배려.'라는 이름의 배로 서로를 향해 항해해 '희망의 섬'에 이른다. 그런데 그 섬은 '맘맘대해'에 있다.

• • •

이기인은 매사 언젠가 할 거면 지금 조금 하고, 누군가 할 거면 누군가 하라 하고, 누군가 잘한 거면 내가 한 거라 한다. 또한 누군가는 언제나 자금이 찔끔찔끔할 거라 하고, 내가 언젠가 자금 한탕 할 거라 한다.
이타인은 매사 언젠가 할 거면 지금하고, 누군가 할 거면 내가 하고, 누군가 잘 한 거면 잘한 거라 한다. 또한 언제나 한단 한단 한 거면, 누군가와 한땀 한땀 한 거면 언젠가의 자금 저금한 거라 한다.

• • •

이기인은 자신의 일도 공동체의 일을 매사 도외시 해, 다 싫어해 새 시대를 찢는다. 특히 공동체의 자산, 매상의 새 실태를 찢는다.
이타인은 자신의 일도 공동체의 일도 매사 시도해, 대시*해, 다시 해 새 시대를 짓는다. 특히 공동체의 자산, 매상의 새 실태를 짓는다.

• • •

이기인은 자신의 인생 비전은 없고, '쩐' 비전은 있다만은 비천, 비정하다. 이러한 이기인이 많은 공동체는 미래가 없고, 보전이 안 된다. 특히 큰 빚 져 있다.
이타인은 자신의 인생 비전이 있되 버전*이 업* 돼 번쩍번쩍한다. 이러한 이타인이 많은 공동체는 미래가 있고, 보전된다. 특히 그 빛이 전이 돼.
* Version. * Up. 업그레이드. 상향.

• • •

이기인은 서로를 불신함으로, 특히 금전 문제로, 부실한 함으로 공동체를 부식*시킨다. 그 공동체 사람들은 분신하는 이 있기도 하다. 이처럼 불신의 불씨를 안은 공동체는 불시에 부실한 공동체가 된다.
이타인은 서로의 불신, 특히 금전 문제의 불신을 실한 함으로 공동체에서 불식시킨다. 공동체와 하나인 분신이기도 하다. 이처럼 분신을 안은 공동체는 실한 공동체가 된다.
* 녹 슮.

▣ 5번 황금 고리를 엮기 위해 알아두어야 할 황금팁

...

이기인은 마을·공동체의 기본방침을 기분에 따라 마음의 기복에 따라 마음대로 한다. 특히 금전, 이권 관련 방침에 있어서.
이타인은 마을·공동체의 기본방침의 기본에 따라 마음 바침을 기본으로 기본방침의 받침을 한다. 특히 금전, 이권 관련 방침에 있어서.

...

이기인은 공동체에서의 먹이 독과점 폐해로 공동체 사람들한테 피해를 입힌다.
이타인은 공동체에서 도움과 정을 배 해 공동체 사람들한테 먹이고 입힌다.

...

이기인은 인정이 없어, 남을 쳐 공동체에 인적 없게 한다. 특히 금전 문제로 정이 없게 해 서러워 가 인적이 일절 없게 한다.
이타인은 인정이 넘쳐 공동체에 인적이 있게, '인척 인정인'*이 있게 한다. 특히 금전 문제로 적이 없게 해 서로가 서로를 없게 한다.

* 친척으로 간주할 만큼 가까운 사람의 의미로.

...

이기인은 공동체에서 민간의 이권 문제에 민감하다.
이타인은 공동체에서 민간의 인권 문제에 민감하다.

...

이기인은 공동체에서 '이기 호위' 쪽인 사람, 하위 쪽인 사람, 허위 족족인 사람이다. 특히 '쩐'있는 사람들의 호위무사이나 '쩐' 잃은 사람들은 무시하는 무서운 적인 사람이다.
이타인은 공동체에서 '이타 호위'의 정 있는 사람, 호의적인 사람이다. 특히 '쩐' 잃은 사람들을 무사하게 하는 호위무사이다.

...

이기인은 공동체의 고비에 자신의 발을 꼭 빼 고삐 풀린 망아지같이 굴다 고배를 들어진다. 코피 터진다. 남에게 긴다. 꿇는다. 그래서 공동체는 망가진다. 공동체 자산은 까진다.

이타인은 공동체의 고비에 망가진 풀린 고삐를 같이 끌어다 틀어쥔다. 그래서 공동체의 고비를 같이 넘긴다. 공동체 자산을 남긴다.

...

이기인은 자신과 함께하는 공동체 사람들에게 자산이 없다면, 자신 없는, 희망 적은 낙담론자이다.
이타인은 자신과 함께하는 공동체 사람들에게 자산이 없다고 해도 자신 있는, 희망적인 낙관론자이다.

...

이기인은 "넌 빠가*라 그러다 밥 굶을라!" 하며 너부터 바꾸라 한다. 나부터 바꾸려 하지 않는다. 바꾸라 하면 빵꾼이라! 바꿔도 너랑 나랑 우리 같이 이웃해 바꾸려 하지 않는다. 그러다 그 인생 빵꾸*라! 그 공동체는 이웃 나라같이 금맥 빠꾸*라!*
이타인은 "넌 발군!*"이라 하며 그러니 너같이 나부터 바꾸려 한다. 너부터 바꾸라 하지 않는다. 바꾸라 하면 밝으리라! 바꿔도 너랑 나랑 우리 같이 이웃해 바꾸려 한다. 그러다 인생 바꾸리라! 인생 밝으리라! 그 공동체는 우리나라같이 금맥 발굴이라!
* 어리석고 못되게 구는 사람을 얕잡거나 비난하여 속되게 이르는 말.(일본어 유래)
* 구멍 뻥 뚫림. 펑크. (일본식 변형) * Back. 후진. (일본식 변형)
* 경기후퇴 등의 의미로. *여러 가운데에서 특별히 뛰어남.

...

이기인은 매사 타인에게 형평성을 무시한 듯한 형편없는 처사를 한다.
이타인은 매사 타인에게 형평·성의로 처사를, 처소 없는 타인에게도 형편 펴 모시는 듯한 처사를 한다.

...

이기인은 상대편 죽이기에 골몰하는 사람이다. 특히 죽이기 일보 직전 골목에서 죽이기를 골몰한다.
이타인은 상대편 추키기에 골몰하는 사람이다. 특히 죽기 일보 직전 몰골인 사람을 추키기를 골몰한다.

• • •
이기인은 사람에게 사납게 까칠하지, 짝기만 하지, 싸가지가 없어 가져도 자기만 가지 가지 싹~가지지, 없는 사람 쌀값까지 개까지 싹~싸 가지고 가지, 가져가도 싹~안 갚지, '상갓집 개'*같이 하지, 살*같이 살갗 까지게 갑질까지 하지 그러니 사람 같지 않아서 같이 살 가치 없는 사람이다.
이타인은 사람에게 살갑게 싹싹하지, 짝이 짤이 많이 가지게 하지, 싹~ 같이 가지지, 가져가도 싹 ~갚지, 가진 게 없어도 한 집에 삶을 같이 하자 하지, 살살 같이 가자 하지, 없는 사람 안아서 자기 맨 살갗같이 하지 그러니 싹있는, 가진업* 있는 사람, 같이 익는 삶으로 같이살 가치 있는 사람이다.
* 여기저기 천대를 받으면서도 비굴하게 얻어먹으려 기어드는 꼴을 비유적으로 이르는 말.
* (화) 살. * Up up. 쑥쑥 성장.

• • •
이기인은 기득권을 쌓아 놓는다. 기득권을 사 온다.
이타인은 기득권을 싹~놓는다. 기득권과 싸운다.

• • •
이기인은 자기 공동체를 산만히 막되고, 싹 막힌 나뉜 공동체로 삭막이 사막같이 만들어 자기 삶, 짝의 삶 막 깬다. 자기 돈도, 공동체의 돈도 싹~막 깬다.
이타인은 자기 공동체를 살 맞대고 같이 살맛, 힘 나는 공동체로 만들어 자기 삶 맡긴다. 자기 돈도 맡긴다.

• • •
이기인은 서로 족족 쪼아 족족 우울해 서로 서러워 산다.
특히 금전거래·이권 관계에서.
이타인은 서로 조우해 저울에 조율해 조화해 서로 좋아해 산다.
특히 금전거래·이권 관계에서.

• • •
이기인은 사회지도자가 되면 이권을 중시해 시민, 국민 위에 지독한 독재자가 되며 이기사 회를, 이기 국가를 만든다.

이타인은 사회지도자가 되면 인권을 중시해 시민 중심 이타 사회를, 국가지도자가 되면 이기기 위해 국민 중심 국가를 만든다.

• • •

이기인은 자신의 비리를 타인에 씌운다. 특히 금전 비리를.
이타인은 자신의 배려로 타인을 세운다. 특히 금전 배려로.

• • •

이기인은 공동체에서 오만함의 극치를 보인다. 특히 돈독의 극치를 보인다. 자기가 돈 푼깨나 있으면 돈 때문에 서러워 원망하는 사람들 앞에서 정도가 꽤나 심하다. 그러나 돈 있어도 돈 한 푼 안 푼다. 자기 개나 있으면 돈 푼다. 그러다 이따 이 이기 공동체에서 똥독 옮을 만한 똥 푼다.
이타인은 공동체에서 원만함의 극치를 보인다. 특히 돈독독함의 극치를 보인다. 사람들 옆에서 자기 돈 오만원만 있어도 그 푼돈도 깨, 돈 푼다. 그러니 그 공동체에는 '정'도 꽤나 심화하다 서로 짝이 된다. 그러다 이 이타 공동체에 돈독히 있으며 돈 때문에 서러워하는 사람들의 원망을 원만히 푼다.

[이기인과 이타인의 경쟁의 차이]

• • •

이기인은 경쟁자와 성이 나 서로 부러뜨리려 '골절 경쟁'을 한다. 그리고 경쟁 후에도 서로 견제를 한다.
이타인은 경쟁자와 서로 성의 내 '공정경쟁'을 한다. 그리고 경쟁 후에도 서로 불러들여 붙들어 곧잘 선의의 경쟁을, 경제를 한다.

• • •

이기인은 공동체에서 전횡*을 저지른다. 특히 '쩐횡'*을.
이타인은 공동체에서 전횡을 저지한다. 특히 '쩐행'*을.
* 권세를 혼자 쥐고 마음대로 휘두름. 독재. * 금전 전횡의 의미로.

...
이기인은 공동체에서 독재를 통째로 저지른다. 특히 돈독 오른 '돈 독재'를.
이타인은 공동체에서 독재를 저지한다. 특히 돈독한 옳은 통제를 한다.

> [이기인과 이타인의 욕구의 차이]
>
> ...
> 이기인은 '사리사욕'을 잘 채운다.
> 이타인은 '사리사욕'을 잠재운다.

> [이기인과 이타인의 세계관의 차이]
>
> ...
> 이기인은 한 푼을 구하는 것은 온 세상을 구하는 것이라 생각한다.
> 이타인은 한 분을 구하는 것은 온 세상을 구하는 것이라고 생각한다.

...
이기인은 서로 힘들 때 동료의 힘 뺀다. 특히 금전적으로 힘들 때.
이타인은 서로 힘들 때 동료의 힘 된다. 특히 금전적으로 힘들 때.

...
이기인은 돈 없으면 아픈, 고달픈 인생을 산다고 생각하는 사람이면서도 아픈, 고달픈 인생을 사는 사람들한테 돈 한 푼 안 푼다. 그러니 사람들이 마음이 아프니 악플 꼭 달고픈 사람이라 한다.
이타인은 돈 없어도 예쁜 꽃, 달 보는 인생을 산다고 생각하는 사람이면서도 아픈, 고달픈 인생을 사는 사람들한테 돈 푼다. 그러니 사람들이 꼭 닮고픈 사람, 마음에 꼭 담고픈 사람이라 한다.

...

이기인은 안됐다는 고통을 받는 형제자매, 동포를 도와줘 봐야 돌보아 봐야 더 손 내밀어 또 도와줘야 하니 침묵해야 한다고 생각한다.
이타인은 형제자매, 동포가 고통을 받는 것을 침묵해서는 안 된다. 환히 손 내밀어 도와줘야, 더 돌보아야 한다고 생각한다.

...

이기인은 먹을 것도 없이 싸늘한 데서 덜덜 떨며 사는 사람들을 싸늘한 시선으로 본다. 그러면서 자기는 사는 한 먹을 것 데워서 따뜻한 데서 사는 사람이다.
이타인은 먹을 것도 없이 싸늘한 데서 덜덜 떨며 사는 사람들의 식성을 본뜬 먹을 것을 싸늘함 없이 따뜻이 데워서 떼어서 덜며 사는 사람이다. 그러면서 사는 한 떨며 사는 사람들을 따뜻한 시선으로 본다.

...

이기인은 욕심에 자신의 공동체에서 이탈해 도망치려 한다거나 공동체 자산에서 돈 만지려 일탈한다거나, 자신 돈만 추려 쟁이려 한다거나, 돈 많이 한탕 챙기려 하는 이기의 욕심쟁이일 뿐이다. 그러니 그 돈 만든다고 도발한다거나 큰 돈 만든다고 도박한다. 그러다 한탕 독박 써, 똥바가지 써 한탄 한다. 그 공동체는 추루하다*.
이타인은 욕심이 있다면 자신의 공동체에서 1분 1분 애써, 한단 한단 애써, 한땀한땀 애써 공동체에 많은 자산을 쟁이려 하는 이타의 욕심, 정이 많을 뿐이다. 그러니 그 공동체는 많은 출력이 있다.

* 더럽고 지저분하다.

...

이기인은 타인, 특히 돈 없는 타입*의 사람을 친절히 대하려 노력한다. 공동체 타입의 사람이 아니다.
이타인은 타인, 특히 돈 있는 타입*의 사람을 노려 친절히 대하려 한다. 공동체 타입의 사람이다.

* Type.

...
이기인은 공동체 구성원이나 공동체 구석, 안 어디에서든 그 공동체를 원성*을 한다. 금전적 원성도 대단하다.
이타인은 공동체 구성원으로 공동체 구석, 안 어디에서든 그 공동체를 성원을 한다. 금전적 성원도 대단하다.
* 원망하는 소리.

...
이기인은 자기 이익이 있기에 이기에 이 기회에 일단 공동체에 간다. 낀다. 그러나 이따 이익을 잃기에 그 공동체의 이익이 바닥을 긴다.
이타인은 자기 이익이 일단 공동체에 간다기에, 자기가 간다면 공동체가 이긴다기에 낀다. 그리고 그 공동체의 바닥을 긴다. 그러나 이따 이익이 바다이다. 이익이 길다.

...
이기인은 타인에게 껄렁껄렁 결례를 걸레같이 자주 해 인간관계를 결렬되게, 되게 결여 되게 한다. 특히 거래관계·금전적인 관계를 걸레같이 되게 한다. 그러면서 자기한테 결례를 한 타인에게는 거래를 닿거나 되게 심하게 격렬히 까칠이 걸레같이 한다.
이타인은 타인에게 걸러 결례를 자제해 인간관계를 긍정적으로 되게 한다. 특히 거래관계·금전적인 관계를 격려되게 한다. 그러면서도 자기한테 결례를 한 타인을 타이른다거나 심하게는 한 겨레 관계라며 경례까지 한다.

...
이기인은 공동체에서 돈 때문에 다 죽어가는 사람들이 다가오면 "나 죽었네!" 한다.
이타인은 공동체에서 돈 때문에 다 죽어가는 사람들에 다가가 "난 주겠네!" 한다.

[이기인과 이타인의 공동체자산에 대한 인식의 차이]

...
이기인은 자신의 공동체와 공동체 자산에 진통이, 진동이 이어지게 한다.
이타인은 자신의 공동체와 공동체 자산에 전통이, 진도가 이어지게 한다.

...
이기인은 공동체에서도 돈 때문에 서로 살기가 끓어 타격하다, 서로 시기하다. 그런데 다 시기상조인 때 김칫국부터 마시다 돈 벌 시기를 실기하게 돼 돈 때문에 서러워 서로 싸우게 되다, 서로 싫게 되다, 서로 끈 끊어 살게 되다 돈 앞당겨* 끌어 근근이 살게 된다.
이타인은 공동체에 붙어 서로 끌어당겨 하다. 김칫국도 같이 마신다며 '식기상조' * 있는 때도 있다. 그런데 신기하게도 돈 벌 시기를 앞당겨 돈이 대문 앞에 담겨 쌓이게 된다. 번 돈으로 서로 끈끈히 살게 된다.
* 가불, 대출, 돈 빌림의 의미로.
* 식기를 서로 돌려 씀.

...
이기인은 가축같이 까칠이 화와 못됨으로 자신의 막말, 열*·열, 열·화를 합함으로 자신 스스로와 자신의 공동체와 그 자산을 열로 지지듯 망치로 막치듯 흉기로 찍듯 찢듯 망친다. 여럿 얼른 망친다. 그리고 그 자산을 열어 자신만 만진다. 이따 그 공동체를 흉가같이 망친다.
이타인은 가족같이 같이 화목됨으로 자신만만 열열히 화합함으로 자신 스스로와 자신의 공동체와 그 자산을 같이 있게 가치 있게 여럿이 같이 어루만지듯 짓는다. 그리고 그 자산을 열어 여럿 맘 어루만진다. 이따 그 공동체는 가족공동체같이 맘 짙다.
* 10, 많은.

...
이기인은 자신의 공동체 자산을 '공돈'같이 가지고, 까지게 하고, 되도록 자신만 가지려고 하고, 그 자산으로 자신만 가지가지 가지고 잘 살려고 하고, 화려하려고 한다. 그러면서도 공동체 사람들의 일은 안 하려고 한다. 그러니 그 공동체 사람들은 자신이 가진 것, 자신의 자산을 가지고 자신의 공동체를 떠나 더 나은 다른 공동체로 각지로 떠나는 사람들이 많다. 그 공동체에 사람들이 오다 만다. 결국 이 이기적 삶의 태도는 '대도'*의 삶이나 다름없다. 이 삶은 따름이 없다. 다음이 없다. 닿음이 없다. 그러나 닿음이 있다. 그래서 자신의 공동체의 닿음을 만들고 만다. 그 공동체의 자산을 만들다 만다. 그 공동체는 온통 멍들고 만다. 그랬다 망한다.
이타인은 자신의 공동체의 자산은 공동으로 같이 가지고, 되도록 자신이 가진 것, 자신의 자산을 가지고 공동체 사람들이 살림을 되도록 가지가지 가지게 해 잘 살리려, 화려히 하려 한다. 그러면서도 공동체 사람들의 일을 자신의 일같이 알아 안아 하려고 한다. 사람들이 말 듣고 그 공동체가 맘에 들고 그 공동체에 같이 붙어살려고 각지로부터 가진 것을 가지가지 많이 들고 온다. 결국 이 이타적 삶의 태도는 되도록 '대도'* 로 같이 가 같이 가지자는 '같이의 가치', '공동의 가치'를 살리는 가치 있는 삶이나 다름없다. 이삶은 "옳다!" 많다. 따름이 있다. 다름의 다듬음이 있다. 다른 다음에 닿음이 있다. 그러나 닿음이 없다. 그래서 자신의 공동체를 살리고, 같이 잘사는 더 나은 공동체를 만들고, 많은 온당한 공동체 자산을 만당 만들고 만다. 그래도 그 공동체는 맑다.

* 큰 도둑. * 크고 곧은 길.

...

이기인은 삶의 시련을 겪자 힘든 가련한 사람들한테도 삶을 사람을 교묘히 골몰해 사기를 벌인다거나 거물급 사람이라며 사기를 벌인다거나 한 떼로 공모해 사기극을 벌인다거나 가령 고물을, 고무를 고급물이라며 비싸게 사게 한다거나 사기 꺼리는 골목 건물을 비싸게 사게 하는 사기꾼급인 사람이다. 그로 인해 이따 벌 있다.

이타인은 삶의 시련을 겪자 힘든 가련한 사람들의 사기를 고무해 힘 된다거나 꼬물꼬물거리는 실력의 사람들 사기를 고무해 실력을 쌓게 해 실현해 살게 한다거나 가령 고급물, 고급 건물, 고급곡물을 배 싸게 사게 하는 사귈 급인 사람이다. 그로 인해 고무된 사람들은 이따 삶의 격차의 극과 극을 벌린다.

▣ 6번 황금고리를 엮기 위해 알아두어야 할 황금팁

...

이기인은 전신·정신이 산만한 게 자신만 많이 산만하게 크겠다, 자신 자산만 산만하게 크게 해 할 걸 한껏 하겠다, 자신만 많이 한 건 한탕 하겠다한다. 단합을 한다 해도 담합을 해 자신의 공동체의 자산을 산만하게 해 공동체를 삭막하게 '사막화'하게 한다.

이타인은 전신·정신을 다 합해 단합해 공동체와 자신을 산만하게 크게 해 자신만만하게 할 걸 한껏 한다. 그리고 자신의 자산을 공동체에 다 합해 자신의 공동체의 자산을 산만하게 크게 해 공동체를 한껏 살만하게 한다.

∙ ∙ ∙
이기인은 억만금의 자산의 욕망을 다진다. 얼마 얼마, 한 개 한 개 따진다. 그러면서도 자신의 것은 공동체 사람들에게 껌도 안 떼어 준다. 그러다 자신은 다친다. 자신의 공동체를 엉망이게 만든다.
이타인은 자신의 억만금급 여망·열망을 다진다. 자신의 여망·열망을 연마할 만큼, 열 만큼의 연마할 만큼의 자산을 다진다. 그러면서 자신의 것을 공동체 사람들에게 얼마만큼 떼어 준다. 껌도 떼어준다. 그러다 자신을, 자신의 공동체를 어마어마하게 만든다.

∙ ∙ ∙
이기인은 타인에 대한 미움을 키움으로써 기운 잃고, 밀림 있고, 자산은 기운다. 이 '미움거이'인 이기인에게 자신은 거인이고, 타인은 일개 '개'인 개인이다. 게다가 이기인은 타인이 '싫은 자'이고, 타인을 '씹는 자'이다.
이타인은 타인에 대한 믿음을 키움으로써 타인을 밀음으로써 자신도 타인도 기운 있게, 익게, 익히게, 자산 있게 키운다. 이 '믿음거이'인 이타인에게 타인은 자신이고 자산이다. 게다가 이타인은 타인의 '신자'이고, 타인을 '십는 자'이다.

∙ ∙ ∙
이기인은 타인을 막 쳐 들이 받자 뻗자 "뻥"차 까는 타입*의 사람이다. 그러니 공동체 타입*의 사람이 아니다.
이타인은 둘이 맘 벅차 박자 맞춰 박차를 가하는 타입*의 사람이다. 그러니 공동체 타입의 사람이다.
* Type.

∙ ∙ ∙
이기인은 자기의 이기, 구복, 공돈, 척·체*를 위해 한심한 힘을 쓴다.
이타인은 짝의 위기 극복, 공동체 위기 극복을 위해 합심한 힘을 쓴다.
* 있는 체, 잘난 체의 의미로.

∙ ∙ ∙
이기인은 '사람이 할 수 있는 가장 위대한 힘, 그것은 돈이다'라는 돈* 생각을 하는 사람이다.

이타인은 '사람이 할 수 있는 가장 위대한 힘, 그것은 사랑이다'라는 가장 위대한 생각을 하는 사람이다.
* (정신) 돈.

・・・
이기인은 공동체 사람들에게 사랑을, 금전을 유익을 묻지 않고는 죽어도 거저 안 주고, 주고도 혹시 몫 작아지지나 않나 걱정한다.
이타인은 공동체 사람들에게 사랑을, 금전을 이유를 묻지 않고 그저 거저 주고도 혹시 모자라지나 않나 걱정한다.

・・・
이기인은 나날이 날라리이며 한 게 없이 사나 한없는 돈독이 올라 돈을 합계 해 쌓다 싹~다 사다 살다 돈, 살림, 사람 싹~다 날리며 난리이며 사람이 아닌 돈과 함께 사는 사람 '아닌 사람'이다. 이따 살림 도움 한 개 없이, 함께 할 한 사람도 없이, 살림 한 개 없이 한 쌓다 '악 느는 사람', '앓는 사람'으로 산다.
이타인은 "할게! 할게!" 해, '동행'과 한 개 한 개 '함' 합계 해, '힘' 합계 해, '도움' 합계 해, 한계 없애 싹~다 하는 사람으로 난리인 사람한테 돈, 도움, 살 힘 나르며 사람 살림으로 사는 사람으로 돈이 아닌 사람과 돈독히 함께 서로 '아는 사람', 서로 '안는 사람'으로 사는 사람이다. 이따 한없이 사랑하는 사람과 살림 한 개 없이도 오래오래 '안는 사람'으로 산다.

・・・
이기인은 야합해 하나 결국은 힘이, 재정이 감해진다. 진다.
이타인은 약함을 합해 하나 결국은 힘이 재정이 강해진다. 이긴다.

・・・
이기인은 타인에게 저주이거나 보복을 자주한다. 특히 금전 관련해서.
이타인은 타인에게 져 주거나 보복을 자제한다. 특히 금전 관련해서.

・・・
이기인은 경제적 풍파에 굴복해, 한계에 부딪혀 더 위기를 낸다 낸다.
이타인은 경제적 풍파를 함께 부딪쳐 극복해 낸다 다 이겨낸다.

...
이기인은 삶과 힘겨운 씨름을 하다 설움에 시름에 젖어 겨우겨우 사는 사람들에게 더 시름시름 하게 한다. 그러니 사람들이 씹는 싫은 사람, '실은 안이 의외로 사람이 아닌 사람'*이 된다.
이타인은 삶과 힘겨운 씨름을 하다 설움에 시름에 젖어 겨우겨우 사는 사람들에게 더 힘 실음, 위로로 "할게! 할게!"하게 한다. 그러니 화기애애 함께 하다 사람들이 의리로 '안는 사람'이 된다.
* 사람 같지 않은 사람, 짐승만도 못한 사람, 비인간적인 사람의 의미로.

[이기인과 이타인의 배려의 차이]

...
이기인은 돈 때문에 죽음의 강을 건너는 사람에게 건네는 건, 툭 건네는 톡*뿐인 사람이다.
이타인은 돈 때문에 죽음의 강을 건너는 사람에게 건네는 건, 툭 건네는 돈이다.
* Talk. 말.

...
이기인은 축적된 부를 과시하고, 과신하다 삶이 괴사하고, 사는 맛이 꽤 상해 괴상하고 이상하고, 사람들은 의상하고 서러워 불을 뿜다 고소마저 한다.
이타인은 괴상한, 꽤 상한 부 축적을 고사하고, 죽 적정한 과실을 고수하다 삶이 고상하고, 사람들과 서로 쌍쌍해 사는 맛이 고소하고 맛지다. 사는 멋이 상상 이상으로 멋지다.

...
이기인은 공동체가 위태할 때 이기심에 "이때다!" 입담만 거나히 말만 한다거나 막말로 탓만 한다거나 일탈해 한탕 한다거나 이탈 한다거나 하는 체만 척만으로 위장한다. 한 마디로 위장이 큰 위대한 사람이다.
이타인은 공동체가 위태할 때 이타심에 "이때다!"며 입 닫은 체 척척 한다거나 맘말만 한다. 한 마디로 위대한 큰 사람이다.

• • •
이기인은 돈이 좀 있다면, 그것도 사지 멀쩡함에도 삽질 한 번 안 한 돈이니 많은 사치품을 사 사치하고, 살찌지만 삽질하며 사는 사람들을 품으려 않는다. 쌀쌀하다. 품는다 해도 안는다 해도 폼으로 살살 한다. 이는 사실 멋 적은, 멋쩍은, 멍청한 삶이다.
이타인은 돈이 조금 있다면, 그것도 삽질이라도 한 번 돈이니 살지 말지 뭘 정하는 자치를 하고, 사지만 사치품을 사지 않는다. 삽질하며 사는 사람들을 품으로 품는다. 품는다 해도 싸 안는다. 싹싹하다. 사실 이는 멀쩡, 말짱한, 짠한, 장한 삶이다.

• • •
이기인은 공동체의 고비에, 특히 너무 긴 금융 고비에 다들 너무 기는 행동, 한심한 행동이라 할만한 것을 하다 고배를 쥐어 죽 ~ 목 넘긴다. 즉 고비를 죽어도 못 넘긴다.
이타인은 다들 죽어도 못 넘긴다는 공동체의 고비에, 특히 너무 긴 금융 고비에 합심한 행동이라 할만한 것으로 고삐를 쥐어 고비를 넘긴다.

• • •
이기인은 공동체의 한때 위기에 공동체와 공동체 사람들한테 그닥 안 베푸니 그 공동체는 까딱하다 딱하다. 클 턱없다.
이타인은 공동체의 한때 위기에 공동체와 공동체 사람들한테 큰 덕 베푸니 그 까닭에 그 공동체는 끄떡없다.

• • •
이기인은 많이 있다는 사람이라도 무일푼인 사람들에게 푸는 것, 건이라곤 말일 뿐, '물'일뿐이다. "에개~"
이타인은 일뿐인 사람이라도 무일푼인 사람들에게 1분 1분 건 건 일하곤 한 일로 번 일 푼이라도 1번으로 푸는 맘이 많이 이쁜 사람이다.

• • •
이기인은 공동체와 공동체 사람들에게 고통을 나른다. 특히 경제적 고통을.
이타인은 공동체와 공동체 사람들의 고통을 나눈다. 특히 경제적 고통을.

• • •
이기인은 공동체와 공동체 사람들을 사기로 울린다.
이타인은 공동체와 공동체 사람들의 사기를 올린다.

• • •
이기인은 공동체 사람들을 대할 때 하대, 한대, 학대하는 태도로 임한다. 특히 없는 사람들을 대할 때는 더 그렇다.
이타인은 공동체 사람들을 대할 때 되도록 "하하하"하는 태도로 대화에 임한다. 특히 없는 사람들을 대할 때는 더 그렇다.

• • •
이기인은 공동체가 고초를 겪고 있을 때 "네가 한다!" "네가 간다!" 한다. 시킨다. "내꺼 내가 갖는다!"한다. 특히 경제적 고초를 겪고 있을 때는 결코 안 준다. "꼴 좋다!"한다. 그러니 공동체 사람들의 마음 열기와 엮기를 꺾고, 열기를 냉각시킨다. 결국 공동체의 자산도 사람도 골조도 공동화*시킨다.
이타인은 공동체가 고초를 겪고 있을 때 "내가 한다!" "내가 간다!" 한다. 특히 경제적 고초를 겪고 있을 때는 "내가 준다!"한다. 그러니 공동체 사람들이 곧 촉촉한 마음 열기와 엮기와 공조를 한다. 한탕 열기를 고조시킨다. 내내 내 공동체로 여기게 한다. 결국 공동체의 자산도 사람도 공동체 골조도 고도화 시킨다.
* 텅 빈 상태로.

• • •
이기인은 돈이 없어 맘·몸이 상한 사람이 돈 문제로 상의를 해 올 때, 물어 올 때 자기는 돈이 없다며 성의 없이 대하거나 까칠이 대하거나 자기가 돈이 없다며 오히려 상어떼 같이 물어뜯는다. 그러니 서로의 상한 사생의 "쌰쌍!" 사이가 된다.
이타인은 돈이 없어 맘·몸이 상한 사람이 상의를 해올 때, 물어 올 때 온탕같이 대하거나 성의 있게 대화해 물어뜯는다거나 마음 다해 상의한다거나 오히려 자기는 돈이 없다면 물어물어 찾기까지 해 돈 물어 온다. 그러니 서로의 마음이 쌓이는 상생의 '쌍쌍' 사이가 된다.

・・・
이기인은 자신의 벌이와 자산을 더하려 더 '셈 좋은 기득권'을 지키려 치키려 한다.
이타인은 자신의 기득권을 버리더라도 벌이가 덜 하더라도 공동체 사람들의 자산과 '생존기틀권'*을 지키려 치키려 한다.
* 헌법에 보장된 생존기본권.

・・・
이기인은 지나간 집 나간 돈에 미련을 가지다, 돈을 미리 가지려 하다, 돈을 가지려 가지가지 갖은 짓 하다, 밀린 돈을 안 갚으려 하다, 돈으로 앙갚음하려 하다, 일을 머리없이 미련하게 하다, 밀려 하다 미래에 돈 마련은 없다. 돈 마련을 한들 돈이 까진다 돈 없는 이를 멀리해 돈 마련해 주는 일 없는, 밀린 돈 까주는 일 없는 이기인이다.
이타인은 지나간 집나간 돈에 미련 없이 일을 일머리로 미리미리 하다, 안 갚은 밀린 돈을 미리 갚으려 일하다 미래에 미련 없는 돈 마련이 있다. 집 나간 이, 지나가는 이, 먼 이한테 미련 없이 돈 마련해 주는 미려한 이타인이다.

・・・
이기인은 사회적·경제적 약자를 밥통에서 찬 밥을 먹는 '찬밥 신세'로 만든다.
이타인은 사회적·경제적 약자를 철밥통에서 찰밥을 먹는 '철밥통 신세'로 만든다.*
* 가령 비정규직의 정규직화.

・・・
이기인은 대화할 때 상대방보다 눈을 높이 맞춘다. 돈을 대할 때도 마찬가지다.
이타인은 대화할 때 상대방을 볼 때 눈높이를 맞춘다. 돈을 대할 때도 마찬가지다.

・・・
이기인은 자신의 꿈을 감감, 깜깜하게 해 내내 산다. 특히 자산가의 꿈을.
이타인은 자신의 꿈을 꼿꼿하게 해 꼼꼼하게 해 꼭 곧 해 내 선다. 특히 자산가의 꿈을.

・・・
이기인은 자신의 이기에 타인을 꾈 한 만 가지 정도의 돈 따고, 돈 벌 꾀를 꼼꼼하게 꾸민다. 이는 타인의 꿈을 깨, 자산을 깨, 타인은 꽤 자신 잃고 살게 된다. 망가진다. 이따 자살까지 하게 된다.

이타인은 자신 잃고 사는 타인이 할 만한 가치의 정도*의 궤를 꾸민다. 이를 타고 도는 타인은 꿈을 꾸고 꽤 자신 있게 살게 된다. 만 가지 이기게 된다. 이따 이타의 자산가까지 된다.
* 바른 길.

...
이기인은 사회적·경제적 약자를 얕잡아 하대하며 함부로 대하며 흠 불리려 한다. 되레 그들을 물어뜯듯이 악 나 대한다.
이타인은 사회적·경제적 약자에 얌전하며, 함부로 안 대하며 흠 불리려 안 한다. 흠을 묻어 대한다. 되레 그들을 뜨뜻이 안아 대한다.

...
이기인은 타인을 기만해, 아끼기만 해 돈을 모은다만 아낀 돈을 모은 돈을 돈 문제로 잠 못 드는 사람들을 위해 안 쓰는 사람이다.
이타인은 아낀 돈을 모은 돈을 자신의 앞길을 물론 돈 문제로 잠 못 드는 모르는 사람들의 앞길을 위해 아낌없이 쓰는 사람이다.

...
이기인은 현재 황제 되기를, 횡재 되기를 되게 좋아 하나 현재 형제 되기를 좋아하지 않는다.
이타인은 현재 황제 되기를, 횡재 되기를 좋아하지 않으나 현재 형제 되기를 되게 좋아한다.

...
이기인은 돈 참 좋아한다마는 동참해 돈 만드는 것은 안 좋아한다. 참 안 좋은 돈 만드는 동참은 좋아한다.
이타인은 참 안 좋은 돈 잡는 것은 참는다마는 참한 돈 잡는 것은, 동참해 참한 돈 만드는 것은 참 좋아한다.

...
이기인은 끼리끼리 낄낄거리며 길거리에서 함께 한다. 그리고 함께 낚는다.
이타인은 끼리끼리 길이길이 일거리에서 애써 함께 한다. 그리고 함께 나눈다.

...
이기인은 '혀 업'*해 돈 번다.
이타인은 협업해 돈 번다.
* '입으로만 하는 업', '혀를 높여'의 의미로.

...
이기인은 경제 상황이 열악할수록 영합, 담합해 영악이 돈 벌려 한다.
이타인은 경제 상황이 열악할수록 연합, 단합해 여하히*해 돈 벌려 한다.
* 상태, 상황, 성질, 의견 등이 어찌 되어 있게.

...
이기인은 일을 단독, 1명이 다루는 타입이다. 그러니 일은 탈난다. 그러니 돈도 다 잃는다.
이타인은 일을 다 다른 타인을 다독이며 다루는 타입이다. 그러니 다 따른다. 그러니 돈도 따른다.

[이기인과 이타인의 공동체 위기 대처방식의 차이]

...
이기인은 공동체 존망 위기에 막말하고, 조마조마 막막하고, 저만의 이기에 될 수 있으면 좋은 곳으로 튀고, 조그마한 노력도 안 한다. 조막* 자금도 안 낸다. 그러니 그 공동체는 이 위기에 잃게 되고, 가능함 잃고 절망한 막막한 곳으로, '초막'*만 한 조막만 한 망한 곳으로, 적막한 곳으로, 오늘도 이기에 갖느라 오는 주먹 가는 주먹으로 늘 까, 박는 곳으로 된다.
이타인은 공동체 존망 위기에 좋은 말 많이 하고, 될 수 있으면 뛰고, 위기 이기기 노력도 더 한다. 조막*자금이라도 낸다. 그러니 그 공동체는 일단 이 위기 이기게 되고, 이따 '이타'의 오는 말 가는 말 좋은, 오는 맘 가는 맘 좋은 정 많은 올망졸망 정말 좋은 곳으로, 가능함으로 촉망받는 전망 좋은 곳으로, 오늘도 능함으로 능가함으로 주목을 받는 곳으로 된다.
* 풀이나 짚으로 지붕을 이어 조그마하게 지은 막집.
* '조막손'처럼 주먹보다 조그만 크기의 덩이, 조각을 비유적으로 이르는 말.

...
이기인은 탐의 이기심에 공동체의 내홍을 격화시킨다.
이타인은 땀의 이타심에 내 혼을 공동체에 결합시킨다.

▣ **7번 황금고리를 엮기 위해 알아두어야 할 황금팁**

...
이기인은 쓰지 않을 것을 싸지면 사재기, 비싸 지면 사치한다. 다시 말해 사 쌓지만 쓰지 않는다.
이타인은 싸지면 사지, 비싸지면 사지 않는다. 다시 말해 싸지만 쓰지 않을 것은 사지 않고, 쌓지 않는다. 사치하지 않는다.

...
이기인은 이기에 하니 이익이 일단 있다, 이따 잇따라 이탈있다.
이타인은 이타에 하니 이익이 일단 이탈 있다, 이따 잇따라 있다.

...
이기인은 탐의 이기심으로 세상 사람들을 속여 더 불려 사는 사람이다.
이다인은 땀의 이타심으로 세상 사람들 속에 더불어 사는 사람이다.

...
이기인은 더불어 산다는 것은 더 불리하게 사는 것이라 생각하는 사람이라 사람이랑 더 분리해 산다.
이타인은 더불어 산다는 것은 더 불려 사는 것이라 생각하는 사람이라 사람이랑 더 붙으려 해 산다.

...
이기인은 거래관계에서 타인의 믿음을 버리고 재물 모음을 함으로써 타인의 미움을 사서 재물 모음을 한 돈을 버린다.
이타인은 거래관계에서 타인을 믿음으로써 타인에 마음을 써서 함으로써, 타인의 마음을 사서 타인 마음을 모음으로써 함으로써 재물 모음을 하고, 돈을 번다.

...

이기인은 사회분열을 조장해 이득을 맞고자 한다.
이타인은 사회분열을 초장에 막고자 사회부역의 일들을 맡고 잘 한다.

...

이기인은 공동체의 경제적 위기일수록 이기의 싸움을 더 붙어 불신의 불씨가 튀어 더 분란이 일어나 서로 까칠이 치다 위기가 치달아 위기에 진다. 자산에도 불씨가 튀어 다 불붙어 사라진다.
이타인은 공동체의 경제적 위기일수록 더 불타 일어나 서로 더 붙어 더불어 사는 이타의 삶의 싹을 틔워 서로 분신같이 친하다 사랑을 짓다 위기를 이긴다. 자산도 더 붙어 더블*로 더불어 난다.
* Double. 배.

...

이기인은 "돈은 마력이 있다."*고 생각하니 돈에 매이려 한다. 돈에 미련을 갖고 자신의 자산, 돈을, 금을 미련하게 쓴다. '배금주의'라고나 할까.
이타인은 "돈은 매력이 있다."고 생각하나 돈을 주의해 마련한다. 돈을 미려하게 가꾸고 자신의 자산, 돈을 빼, 금을 빼 주위에 미력하나마 미려 하게 쓴다. '배급주의'라고나 할까.
* '배금주의' 의미로.

...

이기인은 경제적으로 힘든 이웃이 이웃에 살면 이들이 떠나기를 바란다. 그래서 이웃에 힘 뗀다.
이타인은 경제적으로 힘든 이웃의 삶이 더 낫기를 바란다. 그래서 이웃에 힘 된다.

...

이기인은 경제적·사회적 약자들한테서도 고리 막 뜯어가며 살다 자신의 자산은 경제적으로도 고립되어서, 자신은 사회적으로도 고립되어서 산다.
이타인은 경제적·사회적 약자들의 말 들어가며 자신의 자산을 떼어서도 고리되어서 살다 경제적으로도 사회적으로도 쌓는다.

...
이기인은 타인을 까려 하니 가려 하니 가르려 하니 이따 가련해진다.
이타인은 타인과 가려 하니 같으려 하니 이따 강력해진다.

...
이기인은 칼 든 자신의 공동체의 갈등을 조장한다. 가뜩이나* 그 갈등으로 종전 공동체의 자산도 말랐는데!
이타인은 자신의 공동체의 갈등을 조정한다. 그 조정으로 공동체의 자산도 가득이네!
* 그렇지 않아도 매우.

...
이기인은 편 가르기, 사람들 갈라치기, 사람 갈아 치기, 가로채기 하니 공동체도 공동체 자산도 "쩍" 갈라진다. 부러진다. 둘로 갈라져 까려 까칠이 찢고, 치고, 찢고한다. '쩐'으로 사람을 가려 적으로 갈라진다.
이타인은 편 같기, 사람들과 같아지기, 사람 가르치기 하니 갈라진 공동체도 공동체 자산도 쩍쩍 들러붙어진다. 쩐이 붙어 같이 갈라 가지기 한다. 정으로 사랑으로 사람들이 척척 짝들로 들러붙어진다.

[자리이타 경제]

...
이기인은 '자리이기 경제', 즉 사회에 적인 경제를 한다. 그러니 사회인들은 이런 사람과 적의의 이기기 경쟁, 이기의 견제를 하는 사이가 되고, 서로 사이 "쪽" 깨져 서러운 사람, 서로 '쩐'잃게 하는 사람이 된다.
이타인은 '자리이타 경제', 즉 사회적인 경제를 한다. 그러니 사회인들은 이런 사람과 정의로운 경제, 정있는 결제를 하는 사이가 되고, 서로 사이좋게 정 이룬 사람, 서로 이기게 하는 사람이 된다.

∙∙∙
이기인은 천박한 자본주의, 갑질 자본주의 즉 '자리이기' 자본주의에 죽~물들다, 천만금 일이라면 자본을 처박고, 천박한 일이라면 척만 하다 일 끊기다 자본을 잃다, 추위에 천막에 자 보는 사람이 된다. 주위 사람들에게 자본으로 갑질하다 잡음이 일다 일 사람들을 잃다 주위가 적막한 사람이 된다.
이타인은 정 발하는 자본주의, 가치 자본주의, 값진 자본주의 즉 '자리이타' 자본주의로 절박한 주위 사람들의 절망을 전망으로 죽~물들이다, 일꾼으로 척박한 삶에서 천박한 일이라도 척척 많이 하다.* 일군 값진 자본을 잡은 '일꾼'*인 사람이 된다. 주위에 정말을 말하는 사람들이, 정만큼은 천만금인 정 많은 사람들이 같이 정박한다.

* 직업의 귀천을 따지지 않고 낮은 자세로 성실히 땀 흘린다는 의미로.
* 逸群. 재능 따위가 여럿 가운데 뛰어남.

∙∙∙
이기인은 공동체가 고통에 처하면 말뿐인 구술을 달고, 닳은 식상한 구식 구실을 찾다 구설에 통째로 꼬인다.
이타인은 공동체가 고통에 처하면 말뿐인 구술을 닫고, 상을 따르고, 담고, 다루는 '실사구시'*를 구석구석 찾다 동체로 구성원 구슬을 꿴다.

* 사실에 토대를 두어 진리를 탐구하고 방법을 구하는 일.

∙∙∙
이기인은 돈 합의 힘으로 살다 삶이 다 썩는다.
이타인은 통합의 힘으로 살다 삶이 다 선다.

[이기인과 이타인의 '의리' 개념의 차이]

...

이기인은 '의리'라고 말하고는 이리떼 이리처럼 '이리'*로 한다. 그러니 의리와 청탁을 안일하게 혼동, 혼돈한다. 즉, 가깝다고 의리를 빙자해 자기 상황이 갑갑하다고 부정한 청탁하고, 이를 들어주는 것이 의리라 호도한다. 또 자기는 짝의 갑갑한 상황을 쳐다만 보고는 자기가 갑갑하면 의리를 빙자해 곧잘 일 잘하는 짝을 방자히 공짜로 일하게 해 부려 먹는다. 즉 의리보다는 도리어 비리에 가깝다.

이타인은 '의리'라고 말하고, 늘 처음 '의리'를 말할 때처럼 '의리'를 이루려 한다. 그러나 의리와 청탁을 혼동, 혼돈 안한다. 즉 의리가 가깝다고 부정한 청탁을 들어주는 것이 아니라는 것을 안다. 의리가 아닌 부정한 청탁에는 혹독하다. 또 의리를 빙자해 공짜로 부려 먹으니 자기가 곧장 공작하고, 갑갑한 상황의 짝을 쳐다만 보느니 곧장 가깝게 가 보정할 일, 도울 일을 바짝 해 반짝반짝하게 잘하고, 또 빈자, 병자인 짝을 의리로 공짜로 불러 먹인다. 의리보다는 배려에, 공자의 도리에 가깝다.

* 利理. 이기이치. 이해타산.

...

이기인은 돈 빌리려 돈 벌려 돈 불리려 의리를 빌려 불의로 친구한테 자꾸 심술 부려, 떼 부려 공동체 사람들이 돈 버려 자금 버려 참담한 울적함으로 찔끔찔끔 참다 참다 다 우는 일이 일어나게 해, "주의할 주위사람"이 된다. 이런 관계는 '한때 의리', '한때 한 떼'일 뿐 참다운 '우리'가 아니다.

이타인은 참다운 도움 벌여 의리를 자신도 친구도 서로 자긍심을 불러 참다운 우정으로 이어나가게 해, 공동체 사람들이 참다운 공동체를 이뤄나가게 해, 공동체 사람들이 처음 다 웃는 일이 일어나게 해, 주위사람들이 부러워하게 된다. 이런 관계는 처음도 한때도 지금도 참다운 '의리의 우리'이다.

• • •
이기인은 자기 편한 사고, 편향적 사고로 살고, 타인을 업신, 폄하·폄훼하니, 타인에 화내니 '쩐'쌓고 살림살이 쌓고 살아도 정 없이 적으로 살고 늘 사고로 공동체 안은 편안할 적이 없다.
이타인은 타인이 편한 사고를 늘 하니 '쩐'없이 살림살이 없이 살아도 '타인과 정, 의리 쌓고 살고, 쩐없다 살림살이 없다는 타인도 업신, 폄하·폄훼 안하니 공동체 안은 늘 환하니 편안하네!

• • •
이기인은 공동체 내부의 내분을 키우니 공동체 살림살이는 기우네! 공동체 사람들은 꽤 우네! 공동체 깰 사람들이 꽤 오네!
이타인은 공동체 내부를 키우니 공동체 살림살이를 키우네! 공동체 사람들은 꽤 웃네! 공동체에 낄 사람들이, 공동체 살릴 사람들이 꽤 오네!

• • •
이기인은 돈으로 동료를 만들려 한다.
이타인은 도움으로 동료를 만들려 한다.

• • •
이기인은 자기가 만질 돈, 남는 돈 때문에 동료를 남으로 만든다거나, 동료 돈 떼먹어 남남으로 남는다거나 남의 생 도려 여럿 망친다거나, 얼룩, 독, 때 묻은 돈 만지다 도로 생을 망친 놈으로, 생을 마친 놈으로 남는다. 즉, 돈 때문에 "남!"이라 "놈!"이라 말 듣는다.
이타인은 자기가 얼룩, 때 묻어 만진 돈, 남은 돈을 열어 돈 때문에 생을 망친 남을 돈 떼어 먹여 독려해 여럿의 생을 열어 도로 생의 도로를 만든다거나, 돈 때문에 맘이 멍든 동료에 자기 돈 대번에 도려 동료에 돌려 동료 맘을 친히 어루만지니 동료의 맘이 열려 동료 맘에 생생히 님으로 남는다. 즉, 돈 때문에 "님!"이라 말 듣는다.

• • •
이기인은 탐의 이기심에 허영, 허세를 하며 까칠이 산다.
이타인은 땀의 이타심에 '호형호제'를 하며 같이 산다.

...
이기인은 상호 충 조준해 금전을 쥐려 하는 화기 같은 사람, 저질 일을 저질러 금전을 쥐려 하는 쥐 같은 사람, 한대에서 굶주려 사는 사람의 금전도 쥐려 하는 촌충같은 사람이다.
이타인은 상호 존중해 금전을 쥐려 하느니 주려 하고, 긍정하기 하기, 화기애애하기로 금전을 애써서 쥐려 하는 활기 가득한 사람, 한대에서 굶주려 사는 사람한테 금전을 주려 하는 사랑 가득 든 사람이다.

...
이기인은 탐의 이기심에 허튼짓도, 하여튼 둥지 둥지 둥지는 짓도, 헛돈질도 하여, 허둥지둥하여 튼튼한 둥지를 찢는 짓도 한다.
이타인은 땀의 이타심에 하여튼 하던직 듬직히 하여, 하여튼 동지 하여, 동지를 지도하여 튼튼한 둥지를 짓는다.

...
이기인은 동지를 돈질로 늘리려 한다. 동료를 돈으로 늘리려 한다.
이타인은 동지를 동질을 늘려 늘리려 한다. 동 동료를 통로를 늘려 늘리려 한다.

...
이기인은 자신의 이권에 유리하다면 타인의 인권을, 윤리를 유린한다. 우리란 의리란 없다.
이타인은 우리에 유리하다면 자신의 이권이란 없다. 타인의 인권은 있다. 의리란 윤리이다.

...
이기인은 의리 없어 돈 때문에 싸우니, 돈 때문에 의리 없이 사니, 우리를 으리으리하게 올릴 일 없이, 돈 떼먹어 우리를 울릴 일 있이 사네!
이타인은 의리를 쌓으니, 의리로 사니, 우리를 으리으리하게 올릴 일 있이, 돈 떼먹어 우리를 울릴 리 없이 사네!

...

이기인은 서로 기밀이 협력한다. 즉 미심쩍은* '밀실 협력'이다. 특히 금전 문제의 협력에서.
이타인은 서로 긴밀히 협력한다. 즉 믿을 신'(信)'적인 '믹싱* 협력'이다. 특히 금전 문제의 협력에서.

* 분명하지 못하여 마음이 놓이지 않은 데가 있는.
* Mixing. 서로 섞음. 혼합. 융합.

...

이기인은 탐의 이기심에 날 선 대립, 날 선 때림, 낭설로 대립하다 "우두둑"하다 공동체의 낯설은 사람으로, 낯술하는 사람으로 산다.
이타인은 땀의 이타심에 낯선 사람도 사랑으로 데리고 나서서 하다 우뚝 선 사람으로, 나날 선한 오똑한 사람으로 산다.

...

이기인은 타인을 무기로 '한 방 먹이기'를, 돈을 '한 방에 먹기'를 좋아한다.
이타인은 타인을 '한 번은 먹이기'를, '타인을 한 번에 묶기'를, 타인과 '한 방에 묶기'를, 타인의 돈을 '한번은 막기'를, 돈을 '한 발 한 발로 먹기'를 좋아한다.

...

이기인은 엽전 한 닢이든 동전 한 푼이든 가진 금전의 여전함이 분해 역정을 냅다 내다 타인과 역적이 열전을 내내 벌이듯 한다. 그러다 인생이 여전하니 금전이 여전하니 여전히 역정을 낸다.
이타인은 엽전 한 닢이든 동전 한 푼이든 가진 금전이 여전하면 긍정의 열정을 내 금전벌이를 타인과 연정*을 내내 벌이듯 여정을 벌이듯 한다. 그러다 '인생 역전', '금전 역전'으로 난다.

* 이성을 그리워하고 사모하는 마음.

...

이기인은 엽전이든 동전이든 땡전 한 푼 없는 사람을 무시한다. 심지어 대적해 무찌른다. 또 동정하더라도 동정한다는 말만 한다.

이타인은 엽전이든 동전이든 땡전 한 푼 없는 사람을 무시 안 한다. 심지어 대접해 모
신다. 또 동정한다. 동정하더라도 동전 한 푼이든 전하는, 동전 한 푼이 든 통장이라도
전하는 동정을 한다. 만약 모신다 하더라도 한 분 한 분 '분'으로 모신다.

• • •

이기인은 타인에게 돈 드는 불공정한 불평등 기회를 부여하고, 인간관계에 똥 드는 계
기로 만든다.
이타인은 타인에게 동등한 공정한 평등 기회를 부여하고, 인간관계가 동트는 계기로
만든다.

• • •

이기인은 누군가에 짐 되는 사람이다. 특히 금전적 짐.
이타인은 누군가의 짐 더는 사람, 짐 지는 사람이다. 특히 금전적 짐.

• • •

이기인은 탐의 이기심으로 공동체를 경제·사회적으로 양극화, 소득 불평등을 가속화
시킨다.
이타인은 땀의 이타심으로 공동체를 경제·사회적으로 양극화, 소득 불평등을 감소
시킨다.

• • •

이기인은 탐의 이기심으로 공동체에 비운이 비 오듯 하게 한다.
이타인은 탐의 이기심을 비운 땀의 이타심으로 공동체를 오뚝하게 해 배*운이 오게
한다.
* (몇) 배.

[이기인과 이타인의 노동관의 차이]

...

이기인은 다들 피하는 곤란한 일, 꼬리꼬리한 꼴랑한* 꼬리 일은 걸러 일을 골라 한다거나, 돈 꼭 나올 일만 노려 골라 일한다거나, 분해, 골나 일을 한다거나, 꽐라*로 일한다거나 다들 골려 먹는 일, 교란하는 일을 한다거나 굴러먹던 글러 먹은 자세로 일하다 꼴랑* 그것 뿐이거나 패한다거나 꼬랑지 꼴 꼴등 꼴 나 그 꼬라지로 꿀려 꼬랑지 내리고 산다거나 저 세상으로 끌려간다. 그러니 그 공동체도 '저 세상' 꼴 나 막은 내리고, '적 세상' 꼴 나가다 멎는다. 돈도 갖다 먹는 것도 다들 멎는다. 결국 골라 먹다 골은 것 골라 먹는 골라 먹는 재미가 없는 '꾸리꾸리 꿀꿀한 세상!', '고난의 세상!'에 내리고만 것이다. 아~꼴통이다!

이타인은 다들 피하는 곤란한 일도 쿨*하게 "콜!"*해 일한다거나, 자세히 세세히 잘 세, 상세히 척척 일한다거나, 피나는 노력한다거나, 굴러, 산타 일하는 자세로 일하다 다들 피한 것을, 그 패할 것을, 꼴랑 그것뿐인 것을, 꼬랑지 꼴 꼴등인 것을, 그 꼬라지인 것을 꼭 나날 낫게, 꼭 나날 나아가게, 꽃 나날 나게 한다. 그러니 그 공동체도 돈도 굴러 간다. 내리 "고!"한다. 멋난다. 맛 난 것도 다들 갖다 먹는다. 맛난 세상, 멋난 세상 만나 다들 만난다. 결국 굴러 굴러 꿀맛나는 재미있는 '쿨한 세상!', '콜라 세상!'에 간 것이다. "골인!". 그러나 돈 끌러 꼬랑지 꼴 꼴등인 곳에, 없는 곳에 또 굴러간다. 아~.산타*다!

* 하찮은. *만취해 제 정신이 아닌 상태나 그런 사람.
* 겨우. 고작(경남 사투리가 표준어화) * Cool하게, 시원시원하게.
* Call! *Go! *Goal in! 목표달성. *산타(클로스).

제4장

자리이타 황금계단
- 자리이타 정복전략으로 황급탑 정복하고 황금나누기

삽화 : 류승권(작가)세계 최초의 웹툰플랫폼 창시자

제4장

자리이타 황금계단-자리이타 정복전략으로 황급탑 정복하고 황금나누기

> **자리이타 관문 통과 문제**
>
> 1. 자리이기인으로 돈벌레일래?
> 2. 자리이타인으로도 돈 벌래?
>
> 1번을 선택한 도전자는 벌레이니 털어 버리고,
> 2번을 선택한 자리이타 도전자에게 사람만 통과해 오를 수 있는 자리이타 황금탑 정상으로 가는 총 27개의 행운의 황금계단이 주어진다.

▣ 1단계 황금계단에 오르기 위해 알아두어야 할 황금팁

• • •
이기인은 돈이 사는 세상에서 탐의 이기심으로 사는 사람이다.
이타인은 사람이 사는 세상에서 땀의 이타심으로 사는 사람이다.

• • •
이기인은 자기에게 돈 될 만한 일을 매일 노려가며 산다.
이타인은 짝에게 도움 될 만한 일을 매일 노력하며 산다.

• • •
이기인은 어제보다 이자를 더 낚기 위해 더 우려내기 위해 오늘도 머리에서 또 우리를 울릴 돈 센다. 다 우려하는 내기를 한다.
이타인은 우리의 어제보다 이제가 언젠가가 더 낫기 위해 오늘도 멀리의 우리를 위해 무리해서도 우리를 올릴 도네이션*, 다 우려내기를 한다.

* Donation. 기부. 나눔.

• • •
이기인은 빈번히 결단을 할 뻔하는, 비범한 척하는 사람이다. 특히 통 큰 기부에서는.

이타인은 비범한 결단을 한번 한 한은 번번이 빈번히 척척 하는 사람이다. 특히 통 큰 기부에서는.

• • •

이기인은 "내일이 또 있으니"하며 일을 미룬다. 또 돈이 있어도 오늘도 빌붙어, 온몸에 살을 붙여 살살 아간다. 남의 살을, 삶을 죽~축내며, 해되며 살아가다 벌아붙어 별 붙여 또 간다.*
이타인은 내일이 또 있어도 일을 미리 한다. 또 돈이 있어도 오늘도 발 붙어, 온몸으로 부딪쳐 살아간다. 나의 삶을, 남의 삶을 척척 해내며, 살아가다 부러운 별이돼 간다.*

* 전과로 감옥 드나든다는 의미로. * 존경받는 사람이 되어 간다는 의미로.

• • •

이기인은 위의 지정된 승좌를 노려, 타인을 찢어대, 깨, 눌러 승자가 된 게 자신이 더 나은 사람으로 된 것이라고 생각한다. 부자도 마찬가지라 생각한다.
이타인은 타인을 자신이 더 나은 사람으로 진전 되게 하는 것이, 승자가 되기 위해 노력하는 것이 진정한 승자가 되는 것이라고 생각한다. 부자도 마찬가지라 생각한다.

• • •

이기인은 사람을 장삿속으로 대한다. 속이려 한다.
이타인은 사람을 정설 대화로, 정성의 속으로 대한다.

• • •

이기인은 개인의 난관을 구복*으로 극복하려 한다. 공동체의 난관에 굴복하려 한다.
이타인은 개인의 난관을 낙관*으로 극복하려 한다. 공동체의 난관을 복구하려 한다.

* 구복: 신 등에게 복을 달라고 빔.
* 낙관: 인생이나 사물을 밝고 희망적으로 봄. 앞으로의 일 따위가 잘 되어갈 것이라고 여김.

• • •

이기인은 자신이 잘못하고 나서는, 자금을 잘못 쓰고 나서는 발성하는 데 시간을 집중 할애한다.*

이타인은 자신이 잘못하고 나서는, 자금을 잘못 쓰고 나서는 반성하는 데 시간을 집중 할애한다.

* 변명 일색이라는 의미로.

···

이기인은 돈에도 보다 명예로운 돈이 있다는 것을 모르고 산다. 돈에 관한한 명예가 '멍에'*라 생각한다.
이타인은 돈에도 명예로움을 모으고 산다. 돈에 관한한 돈이 있다는 것 보다 명예로운 돈이 있다는 것을 생각한다.

* 멍에: 쉽게 벗어날 수 없는 구속이나 억압.

···

이기인은 성공에 이르는 다리를 성의가 건성건성* 건설한다. 그러니 성공에 이르랴! 그 조직이 달리랴!
이타인은 성공에 이르는 다리를 성의껏 건설한다. 그러니 꼭 성공에 이른다. 그 조직이 달린다.

* 건성건성: 정성을 들이지 않고 대강대강 하는 모양.

···

이기인은 여유가 있으면 몽창* 잘난 사람인 척하며, 못 자란 사람, 모자란 사람, 돈 모자란 사람을 야유한다. 이 사람들을 더 못 자라게, 더 모자라게, 더 여유 없게 한다.
이타인은 여유가 있으면 못 자란 사람, 모자란 사람을 몽창 잘 난 사람, 척척하며 몽창 잘하는 사람으로 양육 한다. 돈 모자란 사람을 덜 모자라게, 여유 있게 한다. 이 사람은 몽창 잘난 촉촉한 사랑의 사람이다.

* 몽땅의 사투리나 표준어처럼 자주 씀.

···

이기인은 한때 부족한 사람과 부조화하니 까칠이 산다. 그래서인지 부족한 사람한테 '인지상정'을 잃어 부조를 잘 안 한다.
이타인은 한때 부족한 사람과도 조화하니 부족한 사람한테 '인지상정'으로 부조를 잘한다. 그래서인지 부족한 사람과 일찍 쌓은 정으로 한 부족같이 같이 산다. 같이 부족함을 족함으로 이뤄 산다.

…
이기인은 돈으로 우리를 서러운 '억울'이 있게 한다.
이타인은 돈으로 우리를 서로 웃는 어울림이 있게 한다.

…
이기인은 매사에 건성건성 적은 생각을 한다. 그러니 자금을 쌓으랴! 사람들과 좋은 사이랴! 적으로 싸우리라!
이타인은 매사에 건설적인, 근성적인 생각을 한다. 그러니 자금을 쌓으리라! 사람들과 좋은 사이리라! 정을 쌓으리라!

…
이기인은 돈으로 우리를 우려하게 만들고, 우리를 울린다.
이타인은 돈으로 우리를 으리으리하게 만들고, 우리를 올린다.

…
이기인은 다루는 돈에 반들반들 저의가 있으니, 고리가 따르니 반드시 꼬운 이가 다투는 이가, 탈 나는 이가, 돌려달라는 이가 있다. 따르는 독이 있다.
이타인은 다루는 돈에 반듯반듯 정의가 있으니, 저리로 다루니 반드시 따르는 고운 이가 있다. 되레 따르는 이익과 돈이 있다.

…
이기인은 돈 벌기 위해 자기 자신을 사람들에게 엄청 올린다. 그런데 사람들을 엄청 울린다.
이타인은 돈 벌기 위해 자기 자신을 사람들에게 엄정히 알린다. 그런데 사람들을 엄청 올린다.

…
이기인은 체력, 지력보다 재력으로 사람을 재려 하며, 자신보다 재력이 많은 공동체 사람들을 째려본다. 재력으로 누군가를 꽤 울리려 한다. 재력으로 무엇인가를 제어해 잠재우려, 깨려 한다.

이타인은 재력보다 저력으로 사람을 재려 하며, 자신보다 체력, 지력, 저력이 많은 사람들로 공동체를 짜려 하며, 재력으로 누군가를 '우리'이려 하며, 우리를 제 위로 우러러본다. 공동체 사람들의 잠자는 잠재력이 무엇인가 늘 재어 깨우려 한다

· · ·

이기인은 자신자신이 현재 가진 것에서 남은 것을 뺀 수의 합계로 자신의 미래를 미리 본다.즉 금전사 계산법이다.
이타인은 자신이 현재 배에 같이 있는 인간 수에 긍정적으로 함께 미래로 가줄 수 있는 인간수를 합계하여 자신의 미래를 미리 본다. 즉 인간사 계산법이다.

· · ·

이기인은 도움이 필요한 부족한 사람이다 싶으면 사이를 둔다. 거리를 둔다. 심지어 씹으며 뜯는다. 그러나 자신의 자산에 필요하다 싶으면 심지어 부족한 사람들도 엮어 고리*를 뗀다.
이타인은 도움이 부족한 사람이다 싶으면 사이를 튼다. 심지어 거래를 튼다. 심지어 부족한 사람의 도움도 필요하다며 자상히 심으며 들인다. 그러다부족한 사람들의 심지에 연결고리를 댄다.

* 높은 이자

· · ·

이rl인은 돈 문제로 우리를 가슴 아프게 울린다.
이타인은 돈 문제로 가슴 아픈 우리의 가슴을 울린다. 앞 보게 우리를 올린다.

· · ·

이기인은 '쩐'으로 우리를 '아우'로 하대한다.* '쩐'으로 학대한다.* 우리의 말 통로를 막는다. 그러니 우리를 가축우리의 똥으로 만드는 격이다.
이타인은 정으로 우리를 아우러 우리의 아우라*를 확대한다. 우리와 동료로 말튼다.* 그러니 우리를 가족으로 만드는 격이다.

* 아랫사람 취급한다는 의미로.
* Aura. 예술작품 등에서 느껴지는 고상하고도 독특한 분위기 또는 독특한 기품과 품격.
* 수평관계로 소통한다는 의미로.

・・・
이기인은 돈으로 우리를 눌리게 한다.
이타인은 도움으로 우리를 누리게 한다.

・・・
이기인은 돈으로 기분대로 삶을 사나 한때로 기쁠 뿐 삶이 멍드는 것이다.
이타인은 기부를 기본으로 기쁜 삶을 사니 돈으로 깊은 삶, 삶의 환한대로를 만드는 것이다.

・・・
이기인은 우리와 돈으로 논다. 우리의 돈을 노린다. 그러다 서로 나뉜다.
이타인은 우리와 동료로 노닌다. 그러다 서로 나눈다.

・・・
이기인은 '으리으리함'을 추구하며, 만나서 유리한 사람과 만나서 합계하며 산다.
이타인은 '우리의 의리에 함'을 추구하며, 도울 사람들을 만나서 함께하며 산다.

・・・
이기인은 일과 사랑보다 돈을 성공의 목적지로 여긴다.
이타인은 돈보다 일과 사랑을 성공의 목적지로 여긴다.

・・・
이기인은 어렵게 사는 사람들의 소득을 빼내 불로소득으로 배 불려, 소도둑같이 배 불러 자신만 살려 한다.
이타인은 자신의 소득을 빼내, 어려운 사람들을 불러, 소득을 배분해 살리려 한다. 같이 살려 한다.

・・・
이기인은 기분을 내는 삶을 즐긴다.
이타인은 기부를 내는 삶을 즐긴다.

...

이기인은 거부*도 기부를 거부한다.
이타인은 가보*도 기부를 한다.
* 거부: 엄청 돈이 많은 부자. * 가보: 집안 대대로 내려온 소중한 보물.

...

이기인은 사람들을 기피하니 기부를 기피하네! 그러니 사람들도 그 사람을 기피하네! 그 사람의 길을 피하네!
이타인은 사람들과 깊이 아니 기부를 기뻐하네! 그러니 사람들도 그 사람을 기뻐 안네! 그 사람의 길을 필히 가보네!

...

이기인은 돈에 치중하는 자세로, 지저분한 자세로 돈의 합계를 위해 질주하는 삶을 살려 하는 타입이다.
이타인은 돈에 진중한 절제하는 자제로, 진정 '본인' 자세로 돈으로, 도움으로 타인을 위해 함께 진전하는 삶을 살려 하는 타입이다.

...

이기인은 자신의 자산에 불리할 때나 늘 우리를 불러 "우리! 우리!", "의리! 의리!" 한다. 그러나 유리할 때는 의리를, 우리를 늘 분리한다. 그러니 늘 '의리 없는 사람'으로 불린다. 한마디로 '우리'란 존재를 돈으로, 똥으로 안다.
이타인은 자신의 자산의 유불리에 의리를 늘 뿌리로한다. 그러니 '나'를 '우리!'라 늘 불러 의리를 늘 불린다. 그러니 늘 '의리 있는 사람'으로 불린다. 한마디로 '우리'란 존재를 돈 위로, 동료로 안다.

...

이기인은 상한 돈에, 이상한 돈에 '입질'이 전적인 삶을, '돈질'이 전적인 '쩐'의 삶을 일상적으로 살다 세상에 똥칠하니 '돈에 돈 이상한 사람'이라 말 듣는 사람이라 의 상한 사람들이 인상 쓰는 '적'인 사람이다.
이타인은 상한 돈에, 이상한 돈에 '천적'인 삶을, 입지전적인 삶을, 정의의 삶을, 도울 줄 아는 '정'의 삶을, 이성적인 삶을 일상적으로 살다 세상을 이상적으로 만드는 사람이라 인상 쓰는 사람들이 적은 사람이다.

...

이기인은 둥지인 조직의 성공에 기대어 개인적인 성공을 추구한다. 동지, 둥지를 등지는 성공을 추구한다. 돈질로 돈을 줍고, 돈 칠로 '한탕'의 성공을 추구하다 한탄한다.
이타인은 둥지인 조직의 성공에 기 다해 개인적인 성공과 조직의 성공을 동시에 동지애를 더해 추구한다. 동지, 둥지의 성공에 도움 주고 하다 개인도 성공을 한다. 도운 지인의 도움으로도 성공을 한다.

...

이기인은 자신의 자산에 불리할 때나 의리를 찾는다. 그러다 자신이 유리해지면, 으리으리해지면 의리를 다 찬다.
이타인은 자신의 자산에 불리할 때나 유리할 때나 의리를 찾는다. 그러다 자신이 으리으리해져도 의리를 더 찾는다.

...

이기인의 주변에서는 "그 사람 돈질하다니 못됐다! 틀렸다!"는 식의 종종 쏘는 소리가 또 들린다. 총소리도 들린다.
이타인의 주변에서는 "그 사람 동지과 하더니 뭐 됐다!", " 그 사람이 도운 지인이 뭐 됐다!" 는 식의 종종 좋은 소리가 또 들린다. "쪽쪽"소리도 들린다.

...

이기인한테는 의리가 '유리' 같다. 의리가 간당간당 가다 다들 깨진다. 특히 이익을 앞에 두고는 '견리사익'*의 사이가 된다. 이리 사이 같다.
이타인한테는 의리가 의리같다. 다들 깨진다는 의리가 강하다. 특히 이익을 앞에 두고는 '견리사의'*의 사이가 된다.

* 돈과 이익을 앞에 두고 사익을 생각한다.
* 돈과 이익을 앞에 두고 의리를 생각한다.

▣ 2단계 황금계단에 오르기 위해 알아두어야 할 황금팁

• • •

이기인은 실패에서는 아무것도 배울 것이, 빼 올 것이 없다고 여긴다. 그러니 실패해 더 배로 운다. 그러다 '아무'다. 이는 '경제의 실패학'이다.

이타인은 실패에서 늘 배울 것도 있다고, 야문 것 더 빼 올 것이 있다고 여긴다. 그러니 실패해도 이는 악문다. 그러다 아문다. 야물다. 이는 '실패의 경제학'이다.

• • •

이기인은 실패를 통해 성공이 바닥에 넘어졌다고, 남에 졌다고, 자신의 발달이 섰다고 여긴다. 돈통에 남은 것 없으니 너무 썼다고 여긴다. 그러니 함께 하던 남은 장수들도 열기 더 없으니 남에 엮인다. '실패로 실패한 경제학'이다.

이타인은 실패를 통해 자신이 넘어선다고 여긴다. 실패가 바닥 쳤다고 여긴다. 실패는 성공의 바탕이라고 여긴다. 그러니 함께 하던 남은 장수들도 열기에 더 돈독히 엮인다. '실패의 경제학'이다.

• • •

이기인은 실패로 두둑한 돈 털리고 잃어서 간당간당하니 실패는 자신에게 인생의 '잠식'이라며 '피해의식'을 갖고 비애에 돌고 도는 데 비해,

이타인은 실패는 돌고 도는 돈과 돌고 도는 인생에 '잠시'라며 '해피* 의식'을 갖고 감당하니 툴툴 또 털고 일어서서 자신있게 간다. 또는 실패의 원인을 자신에게 돌리고 또 오는 실패에 대비해 간다.

* Happy 의식: 낙관적, 낙천적, 긍정적인 세 의식을 통틀은 의미로.

• • •

이기인은 실패로 다음 성공에 유해한 자신의 골육, 피를 냈다고 여긴다.
이타인은 실패로 자신이 다음 성공을 위한 교육비를 냈다고 여긴다.

• • •

이기인은 성공을 향한 인생길에서 장애물에 걸리면 '엎어진 김에 쉬어간다'*한다. 그러니 반성을 덜 하고, 너무 쉬어 전신이, 정신이, 열기가 다 식어 가다 끝내 실패의 바닥에 선다. 엎어진 바닥을 실패의 바탕으로 이용한 셈이다. 한마디로 실패를 쉬이 간단히 용인한 게 실패의 요인이다. 한마디로 경제적으로 실패한 '휴테크'이다.

이타인은 성공을 향한 인생길에서 장애물에 걸리면 '엎어진 김에 쉬이간다' 한다. 그러나 반성을 더 하고, 하나라도 정신에 전신에 더 실어, 업어 진한 열기가 짱짱해 다시 쉬이 간단히 용이하게 넘어가다 끝내 반석 바닥에 선다. 엎어진 바닥을 성공의 바탕으로 경제적으로 이용한 셈이다. 한마디로 실패를 이용한 성공한 '휴테크'이다.
* 속담.

...
이기인은 도전에 한계를 둔다. 그러니 도전하다 그만둔다.
그러나 돈, '쩐'에 대한 도전은 한계를 안 둔다. 또 도전을 그만 안 둔다.
이타인은 한계에 도전을 한다. 그러니 도전하다 그만 된다.
그러나 돈, '쩐'에 대한 도전은 한계를 둔다.

...
이기인의 대표적인 습관은 '하기를 끊기', '이따 하기', '일탈·이탈하기', '돈 있다 하기'다. 그런데 돈 기근인 이들에게는 습관적으로 '돈 없다 끊기를 하기', '할퀴기'를 한다. 타인 이익에 위해 가해 자기의 이익을 따는 잇단 이기 습관이 있다.
이타인의 대표적인 습관은 '끈기로 하기', '일단 하기', '입단하기'이다. 그런데다 돈 기근인 이들에게는 습관적으로 '일단 도움 잇기', '잇단 도움 잇기'를 한다. 타인을 위해 가히 자기의 이익을 이탈하는 잇단 이타 습관이 있다.

...
이기인은 돈에서 생각이 돈는다는 돈이 주된 생각'에 서 '돈 생각'*을 한다.
이타인은 생각에서 돈이 돋는다는 생각이 주된 생각에서 '된 생각'*을 한다.
* 돈 생각: 제정신이 아닌 생각. 이치에 맞지 않는 생각.
* 된 생각: 제대로 된 생각. 이치에 맞는 생각.

...
이기인은 일상생활에, 사람들에 '까칠함'으로, 인상 쓴 갑질로 대한다. 특히 돈 인색이 일상이, 돈 갑질이 돈 사람같이 대단하니 인생의 가치를 대단히 해친다.
이타인은 일상생활에, 인생에 사람들과 '같이함'으로 인생에 선·가치를 더한다. 특히 도움일색이 일상이니, 도운 사람들과 같이함으로 값진 인생이 생생, 활활이니, 가치 있는 상생 생활로 인생의 가치가 대단해진다.

...
이기인은 주변 사람들에게 적은 성의도 갹출도 기부도 마음에서 잊고 살다 주변 사람들의 마음을 잃고, 이윽고 이웃을 잃고 산다.
이타인은 주변 사람들에게 '적응성'이 더 있고, 주변 사람들을 마음에 이고, 적은 성의도 갹출로 기부로 살다 이윽고 이웃으로 잇고 산다.

...
이기인은 자기 자금을 위해, 자기 큼을 위해 지금 구린 자금, 그른 자금, 금지자금을 굴린다. 큰 자금을 꾼다. 그러나 자금을, 가치를 잃게 까지 다 굴리다 밑바닥까지 간다.
이타인은 자기 꿈을 위해 짝의 꿈을 위해 지금 밑바닥을 구른다. 그러다 같이 꿈까지 간다. 큰 자금이 잇달아 같이 가치있게 굴린다.

...
이기인은 선행을 힘겨운 수행 과정 정도로 생각한다. 선행과는 먼 적을 한다. 그리고 선행을 한다 해도 남보다 천천히 서행한다. 게다가 다른 사람들이 선행을 하는 때도 서행 시킨다.
이타인은 힘겨운 사람들한테 선행을 일상 과정 정도로 생각하고 수행한다. 그리고 남보다 먼저 척척 선행해 선행을 한다. 게다가 선행을 다른 사람들한테도 성행시킨다.

...
이기인은 꿈을 꾸면서도 지금의 꿈이 내일의 현실이 되랴! '반신반의' 믿고, 현실을 한탄한다. 그러니 자금의 꿈도 지금에 머문다.
이타인은 지금 꿈을 꾸면 내일의 현실이 되리라! '반드시 발휘'되리라! 믿고, 꿈을 꾸미면서 더 믿고, 꿈을 밀고, 지금 내 일에 헌신한다. 그러니 자금의 꿈도 오늘 현실의 자금으로 머문다.

...
이기인은 변화를 끝까지 못 받아들인다. 변화에 못 박아 댄다. 그런데 타인의 변화에 박아 극까지 끝까지 빨아 대다 벌, 화도 빨아 댄다.
이타인은 변화를 받아들이다 변화의 몫인 변화를 받아 낸다. 그런데 같이 받아 낸다.

...

이기인은 타인에게서 뭐든 빼옴을 습관화 한다. 특히 한 때도 멈추지 않는 "돈!돈!돈!"하는 습관, 타인의 돈 빼 오는 습관, 타인에 맘 주지 않는 습관이 화 된다. 이는 결국 자식도 배우니 한 때로 멈추지 않는 습관이 된다.
이타인은 타인에게서 뭐든 배움을 습관화 한다. 특히 타인에 돈 도우는 습관을 한 때도 멈추지 않는다. 이는 결국 자신한테도 돈 돋는, 돈 더 오는, 돈 배 오는 습관, 자신도 자식도 "하하하"를 한 때도 멈추지 않는 배 웃는 습관이 된다.

...

이기인은 변화에 관해 이야기를 많이 한다. 그러나 하다 만 변화 이야기나 많은 자금의 뻔한 변화 이야기이다.
이타인은 변화에 관여해 변화를 많이 야기한다. 그러다 많은 지금의 변화를, 변화한 자금의 변화를 많이 이야기 한다.

...

이기인은 자신을 얽매고 있는 과거의 매듭을 품고, 오늘 또다시 얽매이기 시작한다. 특히 돈 문제에 얽매인 수작을 시작한다.
이타인은 자신을 얽매고 있는 과거의 매듭을 풀고, 오늘 또다시 열매 익게 시작한다. 특히 얽매인 돈 문제를 풀고 수작의 열매 맺음을 시작한다.

...

이기인은 과거에 단단히 지배당한다. 특히 집에 지폐 돈이, 자금이 없었던 과거에. 그러나 작금의 지금 놀려 한다.
이타인은 과거를 당당히 지배한다. 특히 과거에 집에 지폐 돈이, 자금이 있었든 없었든 작금의 지금 당당하다. 그러나 없다면 각고의 노력을 한다.

...

이기인은 일생 돈맛, 돈 멋을 알아 돈을 가깝게 대하다 돈독 오른, 돈에 눈 먼 사람이다. 그 돈독에 까만 돈을, 눈 먼 돈을 생각 많이 한다거나 각각 합할 이윤 생각만 하는 사람이다. 게다가 돈에 목 타 웃지 못하는, 돈이 감감, 깜깜해 앓아 눕는, 오늘 끼니 채우지 못한, 쭈글쭈글 때까지 낀 이웃을 갑갑하게 생각한다거나 '갑'을 한다. 죽을 때까지도 돈독 오른 채, 돈때까지 낀 채 눈 감는다. 이는 '자리이기' 인생법칙·금전법칙이다.

이타인은 일상 돈을 대할 때 돈맛, 돈 멋에 눈 감는, 돈을 가만 가만 감안해 옳은 돈일 때 대하는 사람이다. 까만 돈, 눈 먼 돈에는 그만 다가가고, 옳은 돈은 가깝게 하는 사람이다. 게다가 돕는 맛, 돕는 멋을 알아 이웃 합할 생각을 많이 한다거나 갚을 돈은 늘 갚는다. 그러다 죽을 때까지 돈에 목 타 웃지 못하는 이웃에, 돈이 감감, 깜깜해 앓아 눕는 이웃에, 오늘끼니 채우지 못한 이웃에, 쭈글쭈글 때까지 낀 이웃에 가깝게 다가가 때를 닦거나 돕는다. 그러나 돈이 늘 는다. 이는 '자리이타' 인생법칙·금전법칙이다.

. . .

이기인은 점점 마음의 꿈을 그을리는 사람이다. 그리고 금에 끌리는, 금이 그리운 사람이라 사람들과 금을 긋는 사람이다.

이타인은 마음에 점점 꿈을 그리는 사람이다. 그리고 금을 사랑으로 사람들에게 끄르는 사람이라 사람들의 마음이 끌리는 사람, 사람을 끄는 사람이다.

. . .

이기인은 점점 꿈이 닳아가는 사람이라 마침내 그 꿈이 달아나는 사람이다. 그리고 점점 금을 따라가는 사람이나 마침내 그 금이 달아나는 사람이다. 금을 좀 달라 다가온 사람이 있다면 누구나 늘 까칠이 따가운 사람이다.

이타인은 점점 꿈을 닮아가는 사람이라 마침내 그 꿈에 땀으로 다가가 닿아 그 꿈을 따, 담아 갖는 사람이라 마침내 꿈을 마치는 사람이다. 그러나 금을 좀 달라 다가온 사람이 있다면 누구나 늘 마치 내 사람같이 담아 가게 놔두는, 나누는 사람이다.

. . .

이기인은 꿈과 따로 가는 사람이다. 그리고 금을 따라 가는, 금을 따라 가는 사람이나 금을 따 다 갖는, 나 너 따로 갖는 사람이다.

이타인은 꿈을 따라가는 사람이다. 그리고 금을 따 나눠 갖는 사람이다.

•••
이기인은 꿈을 현상으로 그치는, 형상화를 하다 마는 사람이다. 그리고 금을 항상 형상으로 아는 사람이나, 금 꿈을 현상으로 그치는, 형상화를 하다 마는 사람이다. 그리고 함께 하는 사람들과 담 많은 형상으로 금을 현상으로 굳히는 사람이다.
이타인은 꿈을 형상으로 굳히는 사람이다. 그러나 금은 현상으로 아는 사람이라 항상 사람들과 금을 나누는 현상을 굳힌다. 다만 사람들과 함께 하니 다음이 땀 많은 현상으로 굳히는, 금을 사랑의 형상으로 굳히는 사람이다.

•••
이기인은 한밤 꿀맛 꿈만 꾸는, 꿈 맛만 보는 사람이나 꾼 꿈을 한낱 요행만 바라면서 꾸물꾸물한다. 특히 돈 꿈은 더 불려, 떠벌린다. 혼자만 더블로 더 벌려 하나 요행만 바란다.
이타인은 한번 꾼 꿈을 굽는 사람, 꿈을 더불어 나누는 사람이다. 특히 혼자만 더블로 더 벌려는 큰 돈 꿈, 요행만은 버린다.

•••
이기인은 가령 "내가 좋아하는 돈이 여기에 마침 있네!"처럼 호박이 넝쿨째 굴러들어 오는 식의 사고방식을 갖고 오늘도 놔두기 식으로 산다.
이타인은 가령 "내가 일을 마치니 마침내 내가 좋은 일할 돈이 여기에 있네!"처럼 호박의 넝쿨을 쳐, 끌러, 뜯어 오늘도 나누기식의 땀의 사고방식을 갖고 산다.

•••
이기인은 '살랑살랑 사랑'* 허기에, 사랑 한 끼 하기 위해 사랑하는 사람이다. 그리고 사람보다 돈을 사랑하는 사람이다.
이타인은 사랑하기에, 사랑하기 위해 사랑하는 사람이다.* 그리고 돈보다 사람을 사랑하는 사람이다.
* 육체적·에로스적인 사랑이란 의미로.　* 정신적·아가페적인 사랑의 의미로.

•••
이기인은 평소, 평생 책을 '헌신짝'과 같이 가치를 으께 취급한다. 그러나 돈은 헌신·혼신의 짝과 같이 취급하니 책을 사는 데 돈이 나가는 것을 아낀다. 한마디로 공동체 집단지성 향상에 독이되는, 지식경제사회에 독이 되는 사람이다.

이타인은 평소 책을 작가의 '혼신의 작'과 같이 취급한다. 평생 책짝을 '헌신의 짝'과 같이 취급한다. 그러니 책을 사는 데 돈이 나가는 것을 안아낀다. 그리고 책을 같이 읽게 한다. 한마디로 공동체 집단지성 향상에 약이되는, 지식경제사회에 도움이 되는 사람이다.

• • •

이기인은 평소, 평생 배움보다 빼옴, 허위, 호신을 배하며 산다. 특히 보다 빼 오는 돈벌이 배움으로 호의호식하려 하니 평소, 평생 허식으로 산다. 그러니 타인이 담을 쌓는다.
이타인은 평소, 평생 배움에 혼신을 다하여, 헌신을 다하여 산다. 하나하나 배움으로 보다 나은 현실로 혁신하여 산다. 배움으로 허실*을 본다. 배움으로 보다 나은 답을 하여 산다. 배움으로 보답하여 산다. 특히 번 돈의 보다 나은 보답을 배움으로 평소, 평생 산타로 산다. 그러니 타인이 본딴다.

* 허함과 실함. 참과 거짓. 허증과 실증.

• • •

이기인은 '중독의 길'을 걷는다. 지인에게도 '중독의 길'을 알려 주는 '죄인의 길'을 걷는다. 특히 '돈 중독, 튀기기 특기'의 길을 걷는다만 딱하다.
이타인은 '중독의 길'을 걷는다. 지인에게도 '중도의 길'을 알려 주는 '진인*의 길'을 걷는다. 다만 딱 하나 중독의 길은 걷는다. '도움 중독 특기'의 길을.

* 깊은 깨달음을 얻은 사람.

• • •

이기인은 환경적인 무언가가 무언의 내면에 존재하는 무언가보다 우세하다는 점을 믿고 내면을 소홀히 두는는 사람이다. 그리고 무언가를 특히 가난을 환경 탓으로 다 돌리고, '가난' 그것으로 인해 누군가에 매우 매운 적임 사람, 매우 형식적·허식적인 삶을 사는 사람이다.
이타인은 무언의 내면에 존재하는 무언가가 환경적인 무언가보다 우세하다는 점을 믿고 무언의 내면의 소리를 듣는 사람이다. 그리고 무언가를 특기로 일해 가난한 환경을 다스려 되돌리고, '가난' 그것을 인내해 사는 누군가에 '이내' 손을 내일며 사는 매우 헌신적인 삶을 사는 사람이다.

...

이기인은 '돈!돈!돈! 버릇 소리', '사탕발림 가득 든 소리', '구워삶는 소리'하며 돈 사람 같은 삶을, 사탄*같은 삶을 사람들과 금 그어가며 산다.
이타인은 바른 소리 하며, 사랑, 바름 가득 든 소리 하며, 구호의 삶을 사는 바른 사람으로 도우는 사람들과 도운 사람들과 꿈꾸어 가며 산다.

* 유대교·그리스도교에서 말하는 천사장이 타락한 악마.

...

이기인은 공동체 내에서 사람 간 소통의 끈, 도움의 끈을 잇지 않는다. 그러니 공동체 내에 소동이 끊이지 않는다.
이타인은 공동체 내에서 사람 간 소통의 끈, 도움의 끈을 끊지 않는다. 그러니 공동체 내에 사람이, 사랑이, 돈이 끊이지 않는다.

...

이기인이 많은 공동체는 사람 간 소통이 소통, 바닥 수준으로 소통할 사람을 되레 소탕한다. 그러니 공동체가 소등한 수준이다. '공동체 사랑' 잇단 이탈이 있다. 한편 '금전사랑'은 바다 수준이다.
이타인이 많은 공동체는 사람 간 소통이 '사통팔달' 수준으로 소통하여 되레 발달한다. 그러니 공동체가 밝다. '공동체 사랑'이 일단 있다. 한편 '사랑 금전'*은 바다 수준이다.

* 기부금, 후원금 등의 의미로.

...

이기인은 나를 모시듯 나 가까이 등불을 들다 자기 코끝이 먼저 빨개진다. 덴다. 코앞의 그을음 먼지를 먼저 마신다. 그리고 돈을 모시듯 등불을 들다 태운다.
이타인은 남을 모시듯 남 가까이 등불을 들다 자기 코앞이 먼저 밝아진다. 걸음을 먼저 뗀다. 든 발이 곧 끝에 먼저 발을 댄다. 마친다. 된다. 그리고 도움은 무엇이든 먼저 발을 떼다 도움의 들불로 밝아진다.

...
이기인은 나를 위해 등불을 드니, 돈을 뜯으니, 등치니 그와 등진 마음들이 들불처럼 번진다.
이타인은 남을 위해 등불을 드니, 돈을 더니 그와 동지인 마음들이 들불처럼 번진다.

...
이기인은 유리를 위해 이리로 저리로 떠돈다.
이타인은 우리를 위해 의리로 절의*로 더 돕는다.
* 절개와 의리, 나아가 이를 지킨 사람. 부부간에는 정절로, 벗 간에는 신의로, 나라에는 충으로 이어지는 덕목.

...
이기인은 돈 앞에서 사람들과 의절해 늘 인간관계는 찢긴다.
이타인은 돈 앞에서 의젓해 사람들과의 절의*를 지키다 늘 인간관계를 지킨다.
* 절개와 의리.

■ 3단계 황금계단에 오르기 위해 알아 두어야 할 황금팁

...
이기인은 돈을 가지면 사람들과 정 깨, 적개*를 가지며, 적게 나눈다. "나는 나, 너는 너!"라는 식으로.
이타인은 돈을 가지면 사람들과 정 있게 절개*로 쪼개 적게라도 나눈다. "나는 너의 식구!"라는 식으로.
* 적에 대한 분노와 증오.
* 신념, 신의 등을 굽히지 않고 꿋꿋하게 지키는 태도, 지조와 정조를 깨끗하게 지키는 여자의 품성

...
이기인은 절정에 있는 금전을 사랑하고, 급전으로도 궁전을 사려 하고, 금전의 힘으로 살려 한다.
이타인은 절절히 사람을 사랑하고, 정직이 있는 금전으로 살려 하고, 절정에 있는 긍정의 힘으로 살려 한다.

...
이기인은 돈 벌기 위해 자기 자신을 속이며, 남을 속이며 산다. 또 남애기해 남을 상해해 살다 자기 자신이 오히려 속이 상해 사는 사람이다.
이타인은 돈 벌기 위해 자기 자신을 남에게 숙이며, 남과 얘기해 상의해 산다. 또 남에게 속은 사람과도 자기 자신을 속인 사람과도, 속이 상해 사는 사람과도 오히려 속히 쌍쌍해 사는 사람이다.

...
이기인은 남 챙기는 데 있어서 만남을 마다하다가도 남 돈 챙기는데 있어서는 만당*을 마다 안 한다.
이타인은 늘 만나 남 챙기는 데 있어서 늘 만당*하다가도, 남 돈 챙기는 때에 있어서는 마땅히 만당*을 마다한다.
* 가득.

...
이기인은 자비를 베풀라 하면 공동체의 잡비로 자비를 벌인다. 부당하다 할만한 하다 잡힐 자비, 벌 있는 일탈의 자비이다.
이타인은 자비를 베풀려 하면 자부담 자비*로 공동체에 자비를 벌인다. 이타의자부 할만 하다.
* 자기 돈.

...
이기인은 자신이 무난히 금전적 성공을 하는 길은 다른 사람들의 업적도 덮는데 있다고 믿는다.
이타인은 자신이 무난히 금전적 성공을 하는 길은 다른 사람들의 업적도 돕는데, 미는데 있다고 믿는다.

...
이기인은 자신이 단 한 번에 금전적으로 성공한 단 한 '분'이기를, 최상위의 사회지도자로 있기를 바라며 금전적으로 일탈하는 '이기'의 사악한 지독한 자라 할만하다.
이타인은 일 다 한 자신이 다른, 한 분 한 분이 성공하는 최상의 사회에 있기를 바라며 '이기'를 버리니 이타의 최상의 사회지도자라 할만하다.

...

이기인은 일들은 안 하고, 특기인 튀기기, 투기를 벌여 큰돈을 벌려, 사이사이 손 벌려 빌려 벌려다 살림살이 줄고, 사람 사이 벌어진다.
이타인은 일들은 안아 하고, 사람 사이 트기, 사람 사이사이 두기가 특기라 벌린 그 돈을 사람 살리고! 손 벌려 주고, 벌어진 일들의 짐 진다.

...

이기인은 "쩐!쩐!"하며, 한탕 하는 삶을, '아전인수'*인 삶을, 와전 일쑤인 삶을 살다 오히려 일수인 고리전, 고전을 감내하며 한탄하는 삶을 산다.
이타인은 전전하며 야전 일쑤인 삶을, 고전, 악전 일쑤인 삶을 감내하며 살다 오히려 '고진감래'* 한다.
* 我田引水: 자기 논에만 물을 끊어 넣는다는 뜻으로 자기 이익을 먼저 생각하고 행동한다는 말.
* 苦盡甘來: 쓴 것이 다하면 단 것이 온다. 즉 고생 끝에 낙이 온다는 말.

...

이기인은 돈 셀 낙원, 돈 쓸 낙원, 전신이 쉴 낙원을 찾아다니는 정신적으로 사회적으로 형이하학적인 인간이다.
이타인은 '실낙원'*, 또는 정신이 쉴 낙원을 찾아다니는 정신적으로 사회적으로 형이상학적인 인간이다.
* 실낙원: 영국의 시인 밀턴이 지은 대서사시.

...

이기인은 작금의 지금 자금의 절정의 화려함으로 삶의 정점을 찍으려다 점점 찌그러진다. 자기가 속한 조직도 좋지 않다.
이타인은 작금의 지금을 적절히 활용함으로, 하려함으로 삶에 '화룡점정'*이 찍어진다. 자기가 속한 조직에 '화룡점정'의 조치를 한다.
* 畫龍點睛: 용의 그림을 그린 다음 마지막으로 용의 눈동자를 찍는다는 뜻으로, 가장 요긴한 부분을 마치어 일의 마무리를 끝냄을 이르는 말.

...

이기인은 '쩐' 있는 사람을 최고의 파트너로 받들어 대한다. '쩐'없는 사람은 받들어 대한다. 대항하려 한다. 여긴다.

이타인은 '정' 있는 사람을 최고의 파트너로 받들어 대한다. '쩐'없는 사람도 팔 들어 대환영한다. 대화하려 한다.

...

이기인은 값진 물건과 건물에, 거물인 사람에 투자를 한다.
이타인은 사람의 가치에 값진 투자를 한다.

...

이기인은 조직이 막다른 금전적 위기에 서면, 자신이 원하는 금전적 목표성취를 위해 그저 금전적 마음을 가지고 조직의 자산을 천취해 가지고, 더 많은 금전을 물리고, 자신이 원하는 환경을 조직 몰래 만나러 슬슬 다니다 그전에 가진 금전도 물리고, 까진다.
이타인은 조직이 막다른 금전적 위기에 서면 조직이 원하는 금전적 목표성취를 위해 긍정적 마음을 가지고 원하는 환경을 스스로 만들려 전적으로 각지 곳곳 다니다 원하는 금전은 물론 더 많은 금전이 몰리는, 막 따르는 환경을 극적으로 성취해 가진다.

...

이기인은 돈을 앞에 두고는 가까운 사람까지도 '헌신짝'같이 대한다.
이타인은 돈을 앞에 두고는 가까운 사람을 '헌신의 짝'같이 대한다.

...

이기인은 자신의 단점을 언행에 박곤 하니, 조직의 단점을 밝히곤 하니 조직에서 받는 '쩐'도 점점 더 박하곤 하다.
이타인은 자신의, 조직의 단점을 '딴 점'*으로, 다정한 점으로, 정점의 장점으로 바꾸곤 하는 언행을 하니 조직에서 '쩐'도 점점 더 받곤 한다.
* 다른 점. 차별점.

...

이기인은 대충 주위를 그저 쓱 둘러보다 금전적 기회를 늘 찬다. 그리고 주위사람들도 대충 그저 쓱 둘러보다 긍정적 희망을 늘 찬다. 사람이 희망인데...
이타인은 대중, 주위를 주의해 속속 두루두루 보다 극적인 금전적 기회를 늘 찾는다. 그리고 주위사람들한테 사람이 희망인 때, 금전이 희망인 때 속히 들러 들여다본다.

•••

이기인은 돈 문제를 논함에 있어 주위 사람들을 하대해 주위사람들이 화기, 한기를 느끼게 한다.
이타인은 돈 문제를 논함에 있어 주위 사람들의 '주위를 환기'*하되, 주위 사람들이 '화기애애'하게 느끼게 한다.

* 어떤 한 곳이나 일에 관심을 집중하여 기울이게 함.

•••

이기인은 물욕에 물린 무리한, 무례한 마무리로 무리에서 물의를 빚는다.
이타인은 물욕을 물린 마무리로 무리에서 빛난다.

•••

이기인은 평소 돈을 따지며 탕진하며 딴짓하며 타령으로 지내니 조직적으로 결정적 역량을 발휘해야 할 순간에 탈진하여 돈이든 힘이든 다 부친다. 조직에도 도움이 안 되는 인간이 된다.
이타인은 평소 돈을 다지며 다짐하여 단련으로 지새니 조직적으로 결정적 역량을 발휘해야 할 순간에 돈이든 힘이든 다부지다. 조직적으로도 도움이 되는 인간이 된다.

•••

이기인은 평소에 "넌 일해! 난 논다! 논다!"하다 평생 돈 한 푼 없는 백수로 논다.
이타인은 평소에 "난 일해 한다. 난 한다! 하다 평생의 돈 한풀은, 업 늘 있는 백조로 난다.

•••

이기인은 일을 안 한다. 하다 안 한다. 그러니 부채가 부쩍 는다. 그러니 부자가 되랴! 그 가정이 조직이 부자가 되랴!
이타인은 일을 일일이 한다. 한다면 한다. 그러니 부채가 부재한다. 그러니 부자가 되리라! 그 가정이 조직이 부자가 되리라!

•••

이기인은 일이 될 때 같이 안한다. 일이 된 때 같이 안 앉는다. 돈이 될 듯할 때 같이 앉는다.

이타인은 일이 될 때까지 같이 앓는다. 같이 한다. 일이 된 때 같이 안는다. 뜻을, 때를 같이 해 돈이 된 때 같이 앉는다.

• • •
이기인은 일을 손댔다 손 뗐다, 묵혀 하다 말다 한다. 그러니 개인이든 조직이든 돈을 손에 대랴!
이타인은 일을 손댔다면 손 때 다 묻혀 하고 만다. 그러니 개인이든 조직이든 돈을 손에 대리라!

• • •
이기인은 소박한 풀빛 밥상에 불만족하다 건강이 박살 나게 되고, 집안 재산이 '풍비박산'*나게 된다.
이타인은 소박한 풀빛 밥상에 만족하다 건강이 불빛 발산, 날게 되고, 집안 재산이 남게 된다.
* 바람이 널리 날리고 우박이 산지사방으로 떨어지듯 가정이나 집단이 패망하여 사방으로 날리어 사라지는 모습.

• • •
이기인은 습관과 돈의 노예다.
이타인은 습관과 돈의 '누에'*다.
* 습관과 돈을 몸소 스스로 창출해낸다는 의미로.

• • •
이기인은 평소 배짱이마냥 멋 들려 마냥 놀려 하며 노래나 맛 들여 산다. 그러니 돈도 다 쓴다.
이타인은 평소 배짱으로 마냥 뒷 되려 상세히 노력하며 세상이 놀랄 '나'를 만들어 노래할 날, 세상이 놀랠 날을 만들려 산다. 그러니 돈도 더 쌓는다.

• • •
이기인은 매일 부모 집의 돈인 지폐를 업없이 자기만 폐짓장같이 막 쓰며 살다 인생말에는 인생막장, 인생폐장으로, 장기마나한 '쩐'도 없이 패장의 인생으로 폐짓장같이 산다.

이타인은 매일 불모지에 배짱 도전해 집에 돈이 는다면 작기만 한 '쩐'도, 페짓장까지도 같이 쓰며 살다 인생 말에는 인생이 말짱해 매일 집에 많은 지폐를 벽장 천장까지 백 장, 천 장 만 장 쌓는다.

...
이기인은 돈이 있으면 사람들과 나날 논다.
이타인은 돈이 있으면 사람들과 나눈다.

...
이기인은 사람들에게 상해, 해 준다. 특히 돈 문제로.
이타인은 사람들에게 상의해 준다. 선처해 준다. 특히 돈 문제를.

...
이기인은 살아오면서 받은 짝의 은혜를 일생 모른다. 그리고 자기가 잘나서 큰 줄 안다. 그래서 살아가면서 재산을, 몫을 모은다 해도 안 갚는다.
이타인은 살아오면서 받은 짝의 은혜를 인생 은행에 모은다. 그리고 짝이 잘해서 자기가 큰 줄 안다. 그래서 살아가면서 재산을, 몫을 못 모은다 해도 갚는다.

...
이기인은 정상의 단계에 오르려 빽, 뒷돈 대 늘 비정상적인 방법으로 바라고, 배 빠르게 오르려 하다 오히려 백*, 뒤 돼 한탄, 개탄한다.
이타인은 정상의 단계에 오르려 빽, 뒷돈 대는 비정상적인 방법을 버리고, 한 계단 한 계단 정상적으로 바르게 오르려 하다 오히려 배 빠르게 오른다.
* Back.후진.

[이기인과 이타인의 공동체관의 차이]

...
이기인은 "나는 살고, 너는 죽고!", "나는 쌓고, 너는 줄고!"
이타인은 "나도 살고, 너도 살고!", "나도 주고 너도 주고!".

...
이기인은 앞날의, 앞일의 그른, 그으른 그림을 그린다. 특히 돈 그림은.
이타인은 앞날의, 앞일의 그림을 클린, 그린으로 그린다. 특히 돈 그림은.

...
이기인은 일생 칭찬에 인색하다. 돈 운용도 사람들에게 인색하게 한다. 즉 칭찬도 돈 운용도 사람들에게 칭찬받게 하지 않는다.
이타인은 일상 칭찬이 이 사람 저 사람, 이색 저색 색색, 생생하다. 돈 운용도 인색하지 않아 사람들을 싱싱하게 한다. 즉 칭찬도 돈 운용도 사람들에게 칭찬받게 한다.

...
이기인은 일생 돈에 집착해, 동네 집집에 인색한, 화난, 흥분한 놀부처럼 산다. 그러니 동네 사람들은 찝찝해 인상에 안색에 화난다.
이타인은 일생 동네 집집에 착한, 안색이 환한 흥부처럼 농부처럼 산다. 그러니 동네 사람들은 인상이, 안색이 환하다.

...
이기인은 경제 위기 시 경제 리더로서의 자질이 처지는 저질급이다.
이타인은 경제 위기 시 경제 리더로서의 자질이 '처칠'*급이다.
* 2차대전을 승리로 이끈 존경받는 영국 총리. '좋은 위기를 낭비하지 마라'는 걸제명은을 남겼다.

...
이기인은 자신의 자산운용에 지적이 있으면 항상 반색해, 뚱해 하고, 자신의 반성을 안 한다. 자신의 자산도 그러니 공동체 자산도 박살난다.
이타인은 자산운용에 지적이 있으면 항상 반성을 하고, 또 하곤 한다. 그러니 반성을 통해 자신도 공동체도 반석 위에 번성한다.

▣ 4단계 황금계단에 오르기 위해 알아두어야 할 황금팁

...
이기인은 종종 빚내며, 마냥 빈대 붙어사는 별 볼 일 없는 인생이 많다. 또 별 일, 볼 일 없는 인생이 많다.
이타인은 별 마냥 마냥 총총 빛나며 사니 또 별 마냥 총총히, 촘촘히 붙어사니 별 볼 일 있는 인생이 맞다. 또 별 볼 일 있는 인생이니 별 일, 볼 일이 있는 인생이 맞다.

...
이기인은 인간관계에서 적 전선을, 금전관계에서 적 '쩐선'을 구축한다.
이타인은 인간관계에서 정 점선을, 금전관계에서 도움 정성을 구축한다.

...
이기인은 인간관계를 이익과 인과관계로 본다.
이타인은 인간관계를 인간과 연관관계로 본다.

...
이기인은 인간관계에서 특히 금전관계에서 언젠가는 본색 데뷔한다.*
이타인은 인간관계에서 특히 금전관계에서 언제나 늘 '보색대비'*한다.
 * 언젠가는 본색을 드러낸다는 의미로.
 * 보색관계에 있는 색깔이 나란히 이웃에 놓을 때, 서로의 영향으로 더 뚜렷하게 보이는 현상.

...
이기인은 인생 행보가 특히 금전적 행보가 순리와 다르니 승리가 따르랴! 행복하랴! 그저 금전 쓸 일이 따르리라!
이타인은 인생 행보가 특히 금전적 행보가 순리를 따르니 승리가 따르리라! 행복하리라! 그저 금전이 슬슬 따르리라! 극적인 금전을 다루리라!

...
이기인은 전투, 투전, 투정할 곳을 찾아다닌다.
이타인은 정 둘 곳을, 도전할 곳을 찾아다닌다.

...

이기인은 돈을 앞에 두고 더 악귀마냥, 마녀마냥 악의를, 술수를 품을 때가 많다.
이타인은 돈을 앞에 두고도 아기마냥 순수를 품을 때가 많다.

...

이기인은 오기, 우기기, 어기기가 삶의 방식이다. 특히 돈 문제에 있어서.
이타인은 온기, 옳기가 삶의 방식이다. 특히 돈 문제에 있어서.

...

이기인은 일 버리고, 빠른 이익 바라고 버릇 나쁜 나쁜인 사람들과 나쁜 돈벌이에 근접해 일내 벌리고 산다.
이타인은 버릇 나쁜 나쁜인 사람들과 나쁜 나쁜인 돈벌이 버릇을 근절히 버리고, 바른 일 해 벌고 산다.

...

이기인은 '안 하기'가 '얼어서 하기'*가 일의 방식이다. 반면 돈의 방식은 '악하기', '얼어서 하기', '억 하기'의 돈방석식 방식이다.
이타인은 '안아 하기', '알아서 하기', '옳아서 하기' '타인도 이기게 하기'*가 일의 방식'이기도 반석 식의 돈의 방식이기도 하다.
* 당차지 못하고 두려워하며 하기란 의미로.   * 윈-윈 의미로.

...

이기인은 맡은 일을 홧김에, "왜 해?"하며 안한다. 또 "맡은 일이 아닌 기부도 "왜 해?"하며 안한다.
이타인은 맡은 일을 '화기애애' 하게 "할께!"하며 함께 한다. 또 맡은 일이 아닌 기부도 기뻐하며 한다.

...

이기인은 처음부터 대가를 노려 얻으려 한다. 그러나 대강대강 하다 "땡강"*!
이타인은 처음부터 노력의 대가를 얻으려 한다. 그러다 노련을 얻는다.
* 땡가당. 부러지거나 떨어지는 소리.

...
이기인은 한다 한다 하며 안 한다. 한다 하더라도 찔끔찔끔 덜 한다. 특히 남을 돕는 자금은 더 찔끔찔끔한다.
이타인은 한다 하면 한다. 한다 하더라도 지금 더 한다. 특히 남을 돕는다 하면 자금을 더 지급한다.

...
이기인은 호신을 더 해 일한다. 돈을 위해 일한다.
이타인은 혼신을 다해, 헌신을 더 해 일한다. 돈 위에 임한다.

...
이기인은 가진 돈으로 나만 낭만을 즐긴다.
이타인은 가진 돈으로 같이 만나 값진 낭만을 같이 즐긴다.

...
이기인은 '골절경쟁'*, '골절경제'!
이타인은 공정경쟁, 공정경제!
* 골육상쟁 의미로.

...
이기인은 생전*'사생'*식의 견제 상존*, 경쟁 상존의 생존 경쟁!
이타인은 생전 '상생'식의 생존 상존, 건재!
* 살아있는 동안. * 죽느냐 사느냐. * 여전히 그대로 있음.

...
이기인은 그릇된 금융 행실로 지지층이 얼른 망쳐져 지진층마냥 깨어져 뒤집어지니 지지층마저 그릇 깨어져 나는 소리로 그에게 경고한다.
이타인은 그릇될 금융 행실로 지지층을 어루만져 깨우쳐 되짚어주니 지지층은 글을 깨우쳐 나오는 소리로 그에게 진지, '충'*하고, 지지가 마냥 견고하다.
* 충성, 충심, 충직.

…
이기인은 자신이 노력해야 할 때 배 놀려 한다. 매사에 노력을 빼놓으려 한다. 또 남의 돈을 노려 빼놓으려 한다.
이타인은 남이 놀려 할 때도 배 노력한다. 자신의 돈을 배 늘리려 한다. 자신이 노력해야 할 때도 배 노력한다. 매사에 노력을 배 넣으려 한다. 또 자신의 돈으로 남의 돈을 배 늘리려 넣으려 한다.

…
이기인은 비전이 없이 비정히 빈정거리며, 거리에서 노리려, 놀러 다니즉 경제적으로 기울어 산다.
이타인은 비전의 버전을 업시켜, 거리에 애쓰려 다니다, 배전의 노력을 기울여 살다 업 지켜 경제적으로 선다.

…
이기인은 일상의 자기 본래 모습 이상으로 보이려 하며, 척하는 이상한 인간이다. 특히 돈이 있어 보이려 한다.
이타인은 일상의 자기 본래 모습으로 보이려 하며, 척척 하는 일상이 이상인 인간이다. 특히 벌려 애써 보려 한다.

…
이기인은 이상한 행실, 상한 행실, 적인 행실을 한다. 특히 돈에 관해서는.
이타인은 이상적인 행실을 한다. 특히 돈에 관해서는.

…
이기인은 사람들을 한 체에 못 모으고, 못 듣고 살아가니 한 치 앞을 모르고 살아간다.
이타인은 사람들을 한 체에 모으고, 모두 듣고 살아가니 한 치 앞을 트고 살아간다.

…
이기인은 감동을, 동감을 동강 내어 사람을 감정적으로 대한다. 특히 돈 갚으라 할 때더.
이타인은 감동, 동감을 내내 내어 사람을 감성적으로 대한다. 특히 돈 갚으라 할 때도.

・・・
이기인은 '불우이웃'은 '불운의 이웃'이라 여기고, 불운을 부르니, 불러 이 이유 저 이유를 들려주어서라도 이웃 됨을 막는다. 담을 만든다. 그러다 다음에 우는 운을 맞는다.
이타인은 '불우이웃'은 불운했던 것뿐이라 여기고, 불러 이웃 저웃 둘러주어서라도, 원했던 걸 주어서라도 이웃'분'으로 맞는다. 그러다 다음에 웃는 운을 맞는다.

・・・
이기인은 대회시 자기의 1번의 감동 창출에 가치를 부여한다. 신경을 쓰니 상대방 말을 경청을 안한다.
이타인은 대회시 짝의, 일반의 감동 창출에 가치를 부여한다. 많은 신경을 쓰니 상대방 말을 경청을 한다.

・・・
이기인은 숫자인 수치는 안다마는 마음의 수치*만은 숫제*없다. 그러니 숫자로 수치스러울 많은 일을 한다.
이타인은 숫자인 수치도 안다마는 마음의 수치도 있다. 그러니 숫자를 수치스러울 일은 숫제 안한다.
* 수치(심). * 처음부터 차라리. 아예 전적으로.

・・・
이기인은 디지털 최첨단이 달리니* 힘 잃게 된다. 돈이 더 든다.
이타인은 디지털 최첨단을 다리 힘 있게 달린다. 돈이 더 된다.
* 모자라니.

・・・
이기인은 물건을 건물을 모으고, 사고하는 재미로 사는 사람이다.
이타인은 사람을 모으고, 사고*를 재미로 사는 사람이다.
* 생각하고 궁리함. 사유.

・・・
이기인은 경제적 난관 앞에 방안에서 구른다.
이타인은 경제적 난관 앞에 방안을 애써 궁리한다.

…
이기인은 '쩐' 문제로 공동체 속에서 이탈, 적이 되곤 한다.
이타인은 공동체 속에서 '전' 문제에 이타적*이 되곤 한다.
* 자기 이익 보다 남의 이익을 꾀하는. 자기 것을 남에게 베푸는.

…
이기인은 자기 것이 자기 것이고, 짝의 것도 자기의 것이라 한다. 이타인은 자기 것이 자기 것이기도 짝의 것이기도 한다.

…
이기인은 한데*에 있는 사람들한테 돈으로 거들먹 거들먹 거린다.
이타인은 한데*에 있는 사람들을 도움으로 거들며 도운 사람들과 한데 거닌다.
* 추운 바깥. * 합쳐, 한 곳에.

…
이기인은 사회적으로 경제적으로 약한 사람에게도 약은 사람, 악한 사람, 즉 약한 사람을 더 약 올리는 사람이다.
이타인은 사회적으로 경제적으로 약한 사람에게 더 역할 하는 사람, 즉 약한 사람을 더 올리는 사람이다.

…
이기인은 유사시 매뉴얼을 무시하는 등 초동대응이 초등 수준이라 특히 공동체의 자금 위기 시 공동체가 초토화다.
이타인은 유사시 매뉴얼을 준수하는 등 초동대응이 최우등 수준이라 특히 공동체의 자금 위기 시 공동체가 무사하다.

…
이기인은 돈으로 화풀이, 한풀이한다.
이타인은 돈에 화가 프리*, 한이 프리하다.
* Free. 자유로운.

• • •

이기인은 사회적 약자와의 짝을 쫙~찢는 사람이다.

이타인은 사회적 약자와도 짝짓는 사람이다.

• • •

이기인은 돈 더 만들려 다른 사람을 기만, 기망해 막 뜯어 쥔다.

이타인은 돈 더 만들라 따르는 사람의 길을 만들어 준다. 그 길이 많은 돈도 길기길이 만들어 준다.

• • •

이기인은 일은 안 하고, 꼭 방방 뜬다. 그래서 돈도 잃는다.

이타인은 일을 안아 하고, 방방곡곡 뛴다. 그리 애써 돈도 방방곳곳에서 돈는다.

• • •

이기인은 덜 어울리고, 덜 웃고, 더 울고, 골골! 울고 살면 밤이 와요!

이타인은 더 어울리고, 더 웃고, 덜 울고, 꼿꼿! 꽃! 웃고 살면 복이 와요! 봄이 와요!

▣ 5단계 황금계단에 오르기 위해 알아두어야 할 황금팁

...
이기인은 자주 한탄한다. 특히 돈 문제로.
이타인은 자주 "하하하" 한다. 특히 돈 문제로.

...
이기인은 한다 한다 하며 안 한다. 특히 돈 약속 관련해서.
이타인은 한다 하면 다 한다. 특히 돈 약속 관련해서.

...
이기인은 일을 안 하거나, 남이 못하게 하거나, 안 하느니만 못하게 하곤 한다. 그러니 돈이 모이랴!
이타인은 일을 안아 하거나, 알아서 하거나, 안 하는 이가, 말 못하게 화끈히 하곤 한다. 그러니 돈이 모이리라!

...
이기인은 사업의 시작은 창대했어도 그 끝은 미약하다.
이타인은 사업의 시작은 미약했어도 그 끝은 창대하다.

...
이기인은 매사에 말이 앞선다. 돈을 앞세운다. 돈을 앞서 센다.
이타인은 매사에 발이 앞선다. 돈 앞에 선다.

...
이기인은 어려운 사람을 말로 돕는다.
이타인은 어려운 사람을 밀로 돕는다.

...
이기인은 일일이 손을 벌려서 빌려서, 일손을 빌려서 자기를 위해 쓴다.
이타인은 일일이 별러서, 일 벌려서 손으로 벌어서 짝을 위해 쓴다.

...
이기인은 경제적 고난에 맞서 싸움을 회피하고 피난 하나 결국 피난다.
이타인은 경제적 고난을 정신 없는 전신의 힘으로 버틴다.

...
이기인은 고난을 정신없는 전신의 힘으로 버틴다.
이타인은 고난을 정신 있는 전신의 힘으로 버틴다.

...
이기인은 경제적 고난 속에서 희망을 버린다.
이타인은 경제적 고난 속에서 희망으로 버틴다.

...
이기인은 희망이 상상이다. 특히 경제적 희망은 이상한 상상인 허망이다.
이타인은 희망이 사상이다. 특히 경제적 희망은 상상 이상, 사상 이상이다.

...
이기인은 자신을 경제적으로 쩔쩔매게 하는 문제와 마주 안 한다.
이타인은 자신을 경제적으로 쩔쩔매게 하는 문제를 맞아 안아 마저 한다.

...
이기인은 경제적 고난에 굴복한다.
이타인은 경제적 고난을 극복한다.

...
이기인은 경제적 시련을 무른 듯 대하니 시련에 무릎 꿇는다.
이타인은 경제적 시련을 무는 듯 대하니 시련이 무릎 꿇는다.

...
이기인에게 경제적 시련들은 실현의 걸림돌로 작용한다.
이타인에게 경제적 시련들은 실현의 거름들로 작용한다.

...
이기인은 경제적 고난에 굴복하니 삶이 곧 곤란해지고, 고단해진다.
이타인은 경제적 고난을 극복하니 삶이 곧 단단해지고, 고난은 꼭 달달해진다.

...
이기인은 경제적 난관에 더 난감하니 "난 관둔다!" 한다.
이타인은 경제적 난관에도 낙관하니 "난 간다!" 한다.

...
이기인은 경제적 장애를 만나면 포기하는 것을 좋아한다.
이타인은 경제적 장애를 만나면 포기하는 것을 포기하는 것을 좋아한다.

...
이기인은 경제적으로 성취하는데 걸리는 시간 때문에 꿈을 파기, 포기하려 한다.
이타인은 꿈을 파기, 포기하는데 걸리는 시간 때문에 경제적으로 성취를 하려 한다.

...
이기인은 경제적 고난을 겪으면서 스르르를 좌절한다.
이타인은 경제적 고난을 겪으면서 스스로를 조절한다.

...
이기인은 경제적 시련에 스스로 스르르 좌절하는 습관 탓에 실수와 실패를 겪으며 "한계다!" 한탄만 한다마는 송장마냥 된다.
이타인은 경제적 시련에 스스로 스르르 조절하는 습관 탓에 실수와 실패를 겪으며 한 단계 한 단계 마냥 성장 된다.

...
이기인은 경제적으로 능력을 갖고 있어도 놀려, 느려 터져 능력을 그저 소장시키다 능력을 송장으로 사장시킨다.
이타인은 경제적 능력이 없어도 각고의 노력으로 가꿔, 늘려, 떨쳐 극적으로 성장시킨다.

…

이기인은 시간을 허비해 살다 경제적 부담이 해비*한 삶을 산다.
이타인은 찰나, 시시각각 경제적으로 부단히 살다 햇빛 찬란한 해피*한 삶을 산다.
* Heavy. 무거운. * Happy.행복한.

…

이기인은 금전거래 후 사람들에게 그저 그런 사람으로, 싫어하는 사람으로 남는다.
이타인은 금전거래 후 사람들에게 그저 그리운 사람으로, 신뢰하는 사람으로 남는다.

…

이기인은 돈 문제로 사람을 달아나게 한다.
이타인은 돈 문제로도 사람을 단란하게 한다.

…

이기인을 만난 사람은 돈 문제로 울고 간다.
이타인을 만난 사람은 돈 문제로 웃고 갔다 오고 간다.

…

이기인은 남에게 준 것으로 끈 댄다.
이타인은 남에게 준 것은 준 것으로 끝낸다.

…

이기인은 준 것만 기억하고, 받은 것은 기억 안 하고, 받을 것은 기억하나 줄 것은 기억 안 한다.
이타인은 준 것은 기억 안 하나 받은 것은 기억하고, 줄 것만 기억한다.

…

이기인은 그걸 구걸해 얻거나 뺏어서 얻는다.
이타인은 그걸 해 얻거나 배워서 얻는다.

・・・
이기인은 인간관계에서 사기성이 있다.
이타인은 인간관계에서 사교성이 있다.

・・・
이기인은 뭐든 하다 가도 중단한다. 단, 돈 관련된 일은 바르지 않은 일도 끝까지 종단한다.
이타인은 뭐든 한다. 가도 끝까지 종단한다. 단, 돈 관련된 일은 바르지 않은 일은 중단한다.

・・・
이기인은 바람 따라 산다. '쩐'따라 산다.
이타인은 바램 따라 산다. 정따라 산다.

・・・
이기인은 보이는 곳에서 어려운 이들이 자기를 우러러 "보라!"며 산다. 이들을 울리며 산다.
이타인은 안 보이는 곳에서도 어려운 이들을 '우리'라 '짝'이라 부르며, 이들과 어울려 아우르는 보람에 산다.

[이기인과 이타인의 눈물의 차이]

・・・
이기인은 먹을 돈 앞에서는 '악어의 눈물'*을 흘린다.
이타인은 먹을 돈 앞에서는 '아기의 눈물'을 흘린다.
* 거짓 눈물 또는 위선적 행위.

・・・
이기인은 어떻게든 자신의 책무, 채무에서 빠지려 한다.
이타인은 어떻게든 자신의 책무, 채무에 애써 바치려 한다.

・・・
이기인은 투기한 돈으로 짝을, 주위 사람들을 더 약하게 만든다.
이타인은 자기 돈으로. 특기로 짝이, 주위 사람들이 도약하게 만든다.

・・・
이기인은 성공이 행복을 불러온다고 믿는다.
이타인은 행복이 성공을 불러온다고 믿는다.

・・・
이기인은 조직에 갈등을 점점 가득 채운다. 특히 금전 갈등을.
이타인은 조직의 갈등을 잠재운다. 특히 금전 갈등을.

・・・
이기인은 '탐'이란 종자의 씨앗을 일상에 뿌려 인생이란 땅을 잃는다. 인생의 경제적 상실이다.
이타인은 '땀'이란 종자의 씨앗을 일상에 뿌려 인생이란 땅을 일군다. 인생의 경제적 상승이다.

・・・
이기인은 자신의 잇속만을 채운다.
이타인은 자신의 일 속을 많이 채운다.

・・・
이기인은 엄청 튀는 행동을 한다. 또한 엄청 빠르게 돈이 뛰는 것을 바라는 '한탕' 개 버릇으로 산다. 그러다 사고쳐 뛴다. 한탄한다.
이타인은 엄청 뛰는 행동을 한다. 또한 개 버릇 바르게 싹 고쳐 엄정히 바르게 돈이 되는 행동을 한단 한단 한땀 한땀 한다. 그러다 바르게 선다.

・・・
이기인은 경제 문제를 곰이 생각하듯 한다.
이타인은 경제 문제를 곰곰이 생각해 득한다.

[이기인과 이타인의 인간성의 차이]

・・・
이기인은 금전적 기회를 잡으면 폭군인 인간이 된다.
이타인은 금전적 기회를 잡으면 포근한 인간이 된다.

・・・
이기인은 가령 경제적으로 가련한 사람이 가리는 데를 긁고 까려는 사람이다. 가련한 사람을 꺼려 "가라!"하는 사람이다.
이타인은 가령 경제적으로 가련한 사람의 가려운 데를 긁고, 가리는 사람이다.

▪ **6단계 황금계단에 오르기 위해 알아두어야 할 황금팁**

・・・
이기인은 이익을 앞에 두고는 사람들을 부러뜨리듯, 들이받듯 대하니 늘 사람들의 미움을 산다.
이타인은 이익을 앞에 두고는 사람들을 부드러이 받아들이듯, 받들 듯 대하니 늘 사람들의 마음을 산다.

・・・
이기인은 대망이 없으니 태만히 한다. 티만 낸다.
이타인은 대망이 있으니 더 많이 한다. 냅다 한다. 때 마다 한다.

・・・
이기인은 남의 희망도 뺏는다.
이타인은 남의 희망도 빚는다.

・・・
이기인은 뭐든 "이것이 가능하나?" 가늠하다가 마는 사람이라 '모여든 많은 사람중 하나인 사람' 즉, '어중이 떠중이'이고 마는 사람이다.

이타인은 뭐든 "이것은 가능하다!"고 죽-가는, 가능성을 아주 중히, 더 중히 하는 사람이라 뭐든 능가하고 마는 사람이다.

...

이기인은 금전 약속을 버리는 야속한 버릇 행실을 하여 찍히는 사람이다.
이타인은 금전 약속하면 빠른 실행, 바른 행실을 하며 약속을 지키는 사람이다.

...

이기인은 나쁜 버릇의 삶을, 나쁜인 돈 버릇의 삶을 산다.
이타인은 나쁨 버린 버릇의 삶을, 너뿐인 돕는 벗의 삶을 산다.

> [이기인과 이타인의 격의 차이]
>
> ...
>
> 이기인은 '폼격'을 지킨다.
> 이타인은 '품격'을 지킨다.

...

이기인은 '쩐도'*를 지킨다.
이타인은 '정도'를 지킨다.
* (돈) 좇아다니는 길 의미로.

...

이기인은 타인을 슬프게, 술 푸게 해, 울게 한다. 특히 돈 문제로.
이타인은 타인을 술술 풀리게 해 웃게 한다. 특히 돈 문제 제로*로.
* Zero, 0

...

이기인은 경제적 사회적으로 약한 이들에게는 악한 '악한'이나 강한 이들에게는 '약한 이'다.
이타인은 경제적 사회적으로 약한 이들에게는 '약한 이'나 강한 이들에게는 '강한 이'다.

...
이기인은 고립된 '사회 외인'으로 존재한다. 특히 경제사회적으로.
이타인은 고리된 '사회인'으로 존재한다. 특히 경제사회적으로.

...
이기인은 사람들을 내친다. 친다. 그러나 돈과는 친하니 돈은 내내 내치지 않는다.
이타인은 사람들과 내내 친하다. 그러나 돈은 내치*한다.
* 안을 다스림.

...
이기인은 사람들과 등진다. 사람들을 등친다. 돈의 동지다.
이타인은 사람들의 동지다. 사람들이 둥지다.

...
이기인은 돈질, 돈 칠하고, 돈 트이는 곳으로 돌진한다. 그러다 똥으로 돌진한다.
이타인은 동트는 곳으로 동진*한다. 그러다 통로 트인다.
* 동쪽으로 전진.

...
이기인은 숨기운으로, 살기로, 사기로 살아간다.
이타인은 슬기로움으로, 사귀기로, 사료로 살아간다.

...
이기인은 금전적 목표를 세워놓고 곁눈질한다.
이타인은 금전적 목표를 세워놓고 겨누니 잘한다.

...
이기인은 금전적으로 볼 수 없는 표적을 노린다.
이타인은 금전적으로 볼 수 있는 표적을 노린다.

...
이기인은 이웃과 벽을 두고 산다. 특히 돈이 오고 갈까.
이타인은 이웃과 벽을 트고 산다. 특히 도움이 돈이 오고 가게.

...
이기인은 타인한테 부당한 부탁을 하면서도 타인이 부탁하면 서두에 썩 부당하다 한다.
이타인은 타인이 부탁하면 선두에 서서 부단히 애써서 한다. 부담한다.

...
이기인은 타인이 도움을 요청하면 다음에 도와주겠다고 한다.
이타인은 타인이 도움을 요청하면 일단 도와주고, 다음에도 또 도와주겠다고 한다.

> **[이기인과 이타인의 내실의 차이]**
>
> ...
> 이기인은 '속 빈 강정'!
> 이타인은 '속 빅*강정'!
> * Big. 큰.

...
이기인은 나쁜 입버릇, 돈 버릇을 고정한다.
이타인은 나쁜 입버릇, 돈 버릇을 교정한다.

...
이기인은 돈만 가지면 나뿐인 나쁜 마음가짐으로, 타인에 미움 가짐으로 산다.
이타인은 돈만 가지면 너뿐인 넓은 마음가짐으로, 타인에 믿음 가짐으로 산다.

...
이기인은 돈 안 갚았다면 실수했다면 욕 써, 해 가하며 쏜다.
이타인은 돈 안 갚아도 실수해도 용서해가며 산다.

...
이기인은 없어도 있는 행세 한다.
이타인은 없으면 없는 대로 있으면 있는 대로 행세한다.

...
이기인은 갖은 폼을 다 잡는다. 특히 돈이 있으면 더.
이타인은 갖은 폼을 다 접는다. 특히 돈이 있으면 더.

...
이기인은 모르고도 아는 척한다. 또 돈 있는 적 있으면 있는 척한다마는 어려운 인척은 모른 척한다.
이타인은 아는 것도 모르는 척한다. 또 돈 있는 적 있으면 인척을 아는 척한다.

...
이기인은 못났는데도 잘난 척한다. 돈이 잘난 것이다.
이타인은 잘났는데도 못난 척한다. 사람이 잘난 것이다.

...
이기인은 궁핍해 허접해 보이는 사람들을 피한다.
이타인은 궁핍해 사람들이 피하는 허접해 보이는 사람들도 접한다.

...
이기인은 제 일도 천천히 하는, 천한 저 일도, 천한 일 제의에 일 안 하려 하나 '천한이'다. 직업에 귀천이 있다고 생각하기 때문이다.
이타인은 천한 제 일도, 천한 저 일도, 천한 일 제의에도 안아 하려 하나 '천하제일인'이다. 직업에 귀천이 없다고 생각하기 때문이다.

...
이기인은 금전이 큰 양이든 적은 양이든 지인의 지나친 금전 문제에 지나친 참견으로 지인을 경제적으로 더 피곤하게, 꼭 피나게 한다.
이타인은 금전 문제 참견은 큰 양의 금전 문제가 아니면 그냥 지나쳐 지인이 경제적으로 덜 피곤하게, 꽃 피어 나게 한다.

...

이기인은 이랬다 저랬다 하다 "잃었다!" 한다.
이타인은 일했다 절했다 하다 "이뤘다!" 한다.

...

이기인은 이러쿵 저러쿵 하다 "잃었군!" 한다.
이타인은 "이렇군!" " 저렇군!"하다* "이뤘군!" 한다.

* 깨닫는다는 의미로.

...

이기인은 유리할 때 "우리!"하려 한다.
이타인은 '우리'를 할 때 유리하다 한다.

...

이기인은 목전의 몫, '쩐'을 위해 매일 맹목적*이다. 이런 성향은 공동체에 위해 가해 공동체는 매몰 위기에 처할 수 있다.
이타인은 공동체를 위해 매일 맨몸적인 목적이 있다. 이런 성향은 공동체의 매몰 위기를 처리 할 수 있다. 공동체를 위에 가게 할 수 있다.

* 주관이나 원칙 없이 덮어 놓고 행동하는.

...

이기인은 톡*을 닫거나, 턱을 대고 본다거나, 문득 무턱대고 한탕 말한다거나, 대꾸 한다거나 하다 복 나간다.
이타인은 톡*을 한다거나, 문턱을 떼고 본다거나, 떡을 다 꺼내 보인다거나, 덕이 닿거나, 데리고 하거나 복 다 갖는다.

* Talk. 대화. 소통.

...

이기인은 정체 불명이다. '쩐'에 불분명하다.
이타인은 전체 분명이다. '쩐'에 분명하다.

...
이기인은 돈 문제로 투닥투닥 탈낸다.
이타인은 돈 문제도 도닥도닥 달랜다.

...
이기인은 '쩐'이 전제, 쩐이 전체인 삶을 사나 그 삶의 전선이 절체*, 정체되어 있어 '쩐'이 전이, 이전이 안된다.
이타인은 정이 전제, 정이 전체인 정성인 삶을 사니 그 삶의 전선이 정제, 절제되어 있어 '쩐'이 전이, 이전이 된다.
* 잘려 있음.

...
이기인은 "나 논다!" "낡는다!"며 산다.
이타인은 "나눈다!"며 산다.

...
이기인은 빼 옴, 배 옴의 맛으로 산다.
이타인은 배움, 비움의 멋으로 산다.

▪ 7단계 황금계단에 오르기 위해 알아두어야 할 황금팁

...
이기인은 꿈 없는, 꿈 잃은 삶을 산다. 그러니 금도 없다.
이타인은 꿈 이뤄 얻는 삶을 산다. 그러니 금도 얻는다.

...
이기인은 일생 꾸밈이 있으나 인생의 꿈이 없다. 그러니 금이 없다.
이타인은 일생 꾸밈이 없으나 인생의 꿈이 있다. 그러니 금이 있다.

...
이기인은 대차 대조를 따지는 '쩐'의 인생을, '적의'로 다 치는 인생을 살다 끝내는 다 친다.
이타인은 정의로 대쪽 대찬 인생을, 정으로 다 주는 인생을 사니 끝내는 다 준다. 인생을 다진다.

...
이기인은 평생 골프채 잡고 살고 싶어 한다.
이타인은 평생 공부책 잡고 살고 싶어 한다.*
* 생애교육, 평생교육의 의미로.

...
이기인은 사람들과 갑갑하게* 지낸다.
이타인은 사람들과 가깝게 지낸다.
* 꽉 막힌 느낌이 있게. 너무 지루하여 견디기에 진력이 나게.

...
이기인은 그저 돈을 사람 위로 대하는, 사람을 그저 돈으로 대하는 사람일 뿐이다.
이타인은 그저 사람을 돈 위로 대하는 사랑뿐인 분이다.

...
이기인은 경제 사회에 주책 부린다.
이타인은 경제 사회의 주체, 뿌리다.

...
이기인은 금전관계에서 늘 강성을 유지한다.
이타인은 금전관계에서도 늘 감성을 유지한다.

...
이기인은 일을 했다 하면 건제적 성깔을 낸다.
이타인은 일을 했다 하면 경제적 성과를 낸다.

・・・
이기인은 종종 악귀처럼 술수를 부릴 때가 있다.
이타인은 종종 아기처럼 순수를 부릴 때가 있다.

・・・
이기인은 실패를 겨울로 삼는다.
이타인은 실패를 거울로 삼는다.

・・・
이기인은 금전관계에서 허탕, 허당! 헛다리!
이타인은 금전관계에서도 호탕, "허허허", 당당!

・・・
이기인은 한탕!
이타인은 한땀 한땀! 한단 한단!

・・・
이기인은 이익꾼이다.
이타인은 일꾼이다.

・・・
이기인은 돈문에서 자기 마음대로, 자기 식대로 한다.
이타인은 돈문에서 짝의 마음따라, 짝의 식대로 한다.

・・・
이기인은 식도로 넘기는 일에, 돈 남기는 일에 치중하며 산다.
이타인은 시도로 넘는, 남기는 일에, 남 도우는 일에 치중하며 산다.

・・・
이기인은 돈 문제에서 적나라하게 하다 정 날라 간다. '쩐' 날라간다.
이타인은 돈 문제에서도 '쩐' 날라, 정 날라 함께 한다. 함께 간다.

...
이기인은 가령 근저당행위를 하며 사는 사람이다.
이타인은 가령 큰 정당행위를 하며 사는 사람이다.

...
이기인은 일과 사람에게 딴전 부린다. 불의로 '쩐'을 부린다.
이타인은 일과 사람에게 땀, 정 뿌린다. 정의로 '쩐'을 부른다.

...
이기인은 돈문제에서 무정, 매정! 매일 "쩐, 쩐, 쩐!"
이타인은 돈문제에서 묵은 정, 매인 정! 매일 정!

...
이기인은 인간관계 대적한다. 적대한다. 이는 돌아온다.
이타인은 인간관계 대접한다. 접대한다. 이는 돌아온다.

...
이기인은 경제적 위기에 대충하니 위기를 이기랴! 즉, 위기를 낭비하니 이기랴!
이타인은 경제적 위기에 대처하니, 대적하니 이기리라! 즉, 위기를 낭비 안 하니 이기리라!

...
이기인은 경제적 위기·혼란상황이 벌어지면 오히려 도적이 된다.
이타인은 경제적 위기·혼란상황이 벌어지면 오히려 도전해댄다.

...
이기인은 더 불려 척하며 살다 적적하게 산다.
이타인은 더불어 착하게 척척하며 산다.

...
이기인은 착각하며 첨가하며* 산다.

이타인은 자각하며 참가하며 산다.
* 사탕발림, 포장, 가식, 있는 척 등의 의미로.

...
이기인은 마치 매일 복서*가 복수하려 나서는 듯한 다투는 삶을 산다.
이타인은 마치 매일 봉사하려 나서는 듯한 따뜻한 삶을 산다.
* Boxer. 권투선수, 대형 투견.

...
이기인은 '개'같은 '개'성으로 개선을 하니 개악을 한다.
이타인은 '끼'가득, '기'가득한 개성으로 개선을 하니 개혁을 한다.

[이기인의 콜드타임과 이타인의 골든타임]

...
이기인은 경제적 위기 시 '골든타임'*을 놓쳐, 얻은 '골드타입'*도 놓친다. '콜드타임'*에 녹초다.
이타인은 경제적 위기 시 '골든타임'을 놓치지 않아 '골드타입'을 얻는다.
* Golden time. 환자의 생사를 결정지을 수 있는 사고 발생 후 수술과 같은 치료가 이루어져야 하는 최소한의 시간. * Gold type. 금 형태. * Cold time. 추운 시기.

...
이기인은 경제적 위기 시 골드타입은 "나 차지!"하려 하나 골든타임을 놓쳐 골드타입도 남 차지다.
이타인은 위기 시 골드타입은 "너 차지 하라!"하나 골든타임은 놓치지 않으려 하다 골드타입도 꽃드는 타임도 차지한다.

...
이기인은 삶을 점수로 따지나 '삶의 정수'*는 모른다.
이타인은 삶의 점수는 모르나 삶의 정수를 다진다.
* 사람이 인생을 살아가는데 있어 꼭 알아두어야 할 사항이나 대처방법.

• • •
이기인은 지금 영화*를 누리는 인생처럼 살려 노리는 일상을 살다 노린네 속에서 산다.
이타인은 지금 노린네 속에서 산다 해도 늘 하나하나 인상을 살려 영화처럼 살려 하니 일상이 산뜻해 해돋는 인생을 노래 내어 산다.
* (부귀)영화.

• • •
이기인은 갑질의 까칠함을 더 높이고, 다 가지려 한다.
이타인은 '같이의 가치'를 드높이고, 같이 함으로 가지가지 같이 가지려 한다.

• • •
이기인은 공동체의 공유 가치를 지양한다.
이타인은 공동체의 공유 가치를 지향한다.

• • •
이기인은 공동체의 공유 문화는 골동의 문화로, 그 권유는 "강요요, 갑질이다!" 칠이 인식한다.
이타인은 공동체의 공유 문화는 값진 고도의 고유의 문화로, 그 권유는 "가치 있다!"고 인식한다.

• • •
이기인은 공동체를 '골육상쟁'의 장으로 만든다. 고통 내는 장으로 만든다.
이타인은 공동체를 '공유 상생'의 장으로 만든다. 꽃동네로 만든다.

• • •
이기인은 공동체의 길은 꿀통들이나 가는 것 정도로 인식한다.
이타인은 공동체의 길은 공동, 둘이 가는 정도*로 인식한다.
* 옳은 길.

• • •
이기인은 공동체를 쓸모없는 골동체로 인식한다.
이타인은 공동체를 쓸모 있는 고도의 구동체로 인식한다.

• • •
이기인은 공동체를 곳곳 똥치는 곳, 고통이 생길 귀찮은 곳으로 여긴다.
이타인은 공동체를 고동치는 곳, 교통이 생길 기찬 곳으로 여긴다.

• • •
이기인은 갈등·분쟁 시 하나하나 들이댄다. 하나하나 뜯어 댄다. 둘이 화나 때땍 댄다.
이타인은 갈등·분쟁 시 하나하나 들어 둘이 하나 된다.

• • •
이기인은 사회와 골이 깊어 고립되어 산다.
이타인은 사회와 고리되어 기뻐 산다.

• • •
이기인은 계급사회에 물들어 산다.
이타인은 계급사회를 물어뜯어 산다.*
* 불평등한 계급사회에 저항하고 평등사회, 공동체사회를 지향한다는 의미로.

• • •
이기인은 불평등사회가 편하다고, 펀*하다고 평한다.
이타인은 불평등사회는 병든 사회니 불편하다고 불병 든다.*
* Fun. 즐거움. 재미.　* 화염병 든다. 저항 투쟁의 의미로.

• • •
이기인은 편 둔 사회, 편드는 사회를 지향한다.
이타인은 평등사회를 지향한다.

• • •
이기인은 사람들이 늘 높이 바라보는 사람이 되고 싶어 한다.
이타인은 사람들을 눈높이로 바라보는 사람이 되고 싶어 한다.

▣ 8단계 황금계단에 오르기 위해 알아두어야 할 황금팁

...

이기인은 눈부셔 사람들이 석죽는*거물 같은, 또 사람들한테 긁어모으는 건물주 같은 사람이 되고 싶어 한다.
이타인은 늘 부시시 고물같이 돼도 사람들이 써주는, 또 사람들을 한 데 끌어 모으는 그물줄 같은 사람이 되고 싶어 한다.

* 기운이나 기세가 완전히 꺾이는, 주눅 드는.

...

이기인은 대왕 같은 사람이 되고 싶어 한다.
이타인은 대양 같은 사람이 되고 싶어 한다.

...

이기인은 사람을 다루는 사람, 하나뿐인 사람이 되게 되고 싶어 한다.
이타인은 다른 사람을 하나하나 '분'인 사람이 되게 하고 싶어 한다.

...

이기인은 세상에 '나'뿐인 사람으로 "나쁜 사람!"으로 불리는 사람이다.
이타인은 세상에 '너'뿐인 넓은 사람으로 "분!"이라 불리우는 사람이다.

...

이기인은 '유아독존*'하니 유아요 독종인 사람이다.
이타인은 유하나 덕 좋은 사람이다.

* 唯我獨尊: 자기만 잘났다고 자부하는 독선적이 태도.

...

이기인은 더 있는 도도한, 독한 사람이 되여 힘쓴다.
이타인은 덕 있는 똑똑한 사람이 되려 힘쓴다.

...

이기인은 복 받을, 본받을 일은 안 하면서 세상의 '복'을 센다.
이타인은 복 받을, 본받을 일을 하면서 세상에 '본'을 세운다.

・・・
이기인은 돈 문제로 사람들을 물리쳐 산다.
이타인은 돈 문제에도 사람들을 뭉쳐 산다.

・・・
이기인은 '쩐' 때문에 대부분 사람들과 적으로 산다.
이타인은 정, 인정으로 대부분 사람들과 인척으로 산다.

・・・
이기인은 살면 살수록 저점을 향해 간다.
이타인은 살면 살수록 정점, 절정을 향해 간다.

・・・
이기인은 돈으로 무의미한 삶을 산다.
이타인은 돈으로 뭘 의미하는 삶을 산다.

・・・
이기인은 마치 금을 먹고 자라는 삶을 산다. 그러나 마치 껍같이 삶을 마친다. 망친다.
이타인은 마치 꿈을 먹고 자라는 삶을 산다. 그러나 마치 금같이 삶을 마친다.

・・・
이기인은 금을 노리는 사람이다. 그런데 지금을 놀려 하는 사람이다.
이타인은 꿈으로 노력하는 사람이다. 그러니 지금을 노력하는 사람이다.

・・・
이기인은 화려한 끔들을 꾼다. 그러니 지금 이 밤에 금이 들, 금이 걸리는 꿈들을 꾼다.
이타인은 하려하는 꿈들을 꾼다. 그러니 지금 이 밤에도 꿈틀거린다.

・・・
이기인은 자신의 '열등감'을 감추고 척하며, 시켜도 하는 척하며, 경솔하게 한다.
이타인은 자신이 '1등감'*을 감추고, 시켜도 척척하며 겸손하게 한다.
 * 고수임. 최고임.

...
이기인은 기껏 색계를 누빈다. 그러다 재산을 잃게 되고, "새끼!" 소리 듣는다.
이타인은 자신 있게 기꺼이 세계를 누빈다. 그러다 재산을 일구고, "세계인!" 소리 듣는다.

...
이기인은 준비와 기획의 결함으로, 사람간 격함으로 즐비한 격함을, 결함을 낳는다. 특히 금전의 기회를.
이타인은 준비와 기획의 결합으로, 사람간 결합으로 즐비한 기회를 낚는다. 특히 금전의 기회를.

...
이기인은 노력을 뺀 준비로 성공의 비전을 밟는다.*
이타인은 노력이 밴 준비로 성공의 비준을 받는다.

* (짓)밟는다.

...
이기인은 자기의 담당 일에 "다음에! 다음다음에!" 하며 뜸을 들인다.
이타인은 자기의 담당 일에 당일에 땀을 들인다.

...
이기인은 노력해도 열정이 덜 하니 여전히 경제 상황의 역전이 이르니 역정 낸다.
이타인은 노력에 또 열정을 더 하니 요전의 경제 상황이 역전에, 영전에 냅다 이른다.

...
이기인은 오늘도 인생 목표와 거꾸로 간다.
이타인은 오늘도 인생 목표를 가꾸러 간다.

...
이기인은 죄 될 재물을 부정 축재로 부쩍 축적하다 관리가 추적, 죄 묻는다.
이타인은 제때제때 '재무 관리'로 재물이 는다.

···
이기인은 지난 일에 지나치게 진한 집착을 해 붙드니 오늘 할 일을 지나친다. 오는 돈이 지나친다.
이타인은 지난 일은 집착을 지나치고 오늘 할 일에 지남철 접착을 해 붙으니 일을 척척해 일이 착착착! 돈이 착착 붙는다.

···
이기인은 자기의 고유권한을 지키기 위해 투정을 부리고, 투쟁을 벌인다.
이타인은 공유권한을 지키기 위해 자기의 고유권한을 버리고 투쟁을 벌인다.

···
이기인은 고유경제 체제에만 집착, 지킨다.
이타인은 고유경제 체제에 공유경제 체제를 접착시킨다.

···
이기인은 군림을 위해 궁리한다.
이타인은 공리를 위해 궁리한다.

···
이기인은 자신도 자신을 못 믿는다. 그러니 일을 못 맺는다. 그러다 들어올 돈도 멎는다.
이타인은 자신을 또 믿는다. 그러니 일을 맺는다. 그러다 들어올 돈을 맞는다.

···
이기인은 일이 많다며 안 하거나 일을 하다말다 하거나 만다. 그러니 돈을 만나랴!
이타인은 일을 맡아 안아 하거나 일을 한다면 한다. 그러니 돈을 만나리라!

···
이기인은 세상의 재물을 모으는 데 일생을 바친다.
이타인은 일생 모은 재물을 세상에 바치는 데 인생을 바친다.

...
이기인은 '탐'으로 일그러져가며 산다.
이타인은 '땀'으로 일궈 지어가며 산다.

...
이기인은 약한 사람의 것을 쥐어짜, 보통 사람보다 자기가 잘 먹어 포동포동한 사람이나 동포를 막 뜯는 표독한 악한 사람이다.
이타인은 자기의 것을 쥐어짜, 동포 아닌 사람에게도, 약한 사람에게 더 보통 사람보다 잘 먹여 포동 포동 하게 하는 사람이니 동포를 만드는 보통 사람 아닌 보통 사람이다.

...
이기인은 비상시국에 자기의 비상식량만, 자기 식구의 비상식량만 '사재기' 한다.
이타인은 비상시국에 짝의, 짝의 식구의 비상식량도, 자기식구 외 비상식량도 '사주기' 한다.

...
이기인은 감당 못할 만큼의 많은 금을, 못 닿을 만큼의 금을 원한다. 즉 늘 금의 끝은 는다.
이타인은 감당할 만큼만의 금을, 몇 할 만큼의 금을 원한다. 즉 늘 금에 금을 긋는다.

...
이기인은 척하는 것을 좋아한다. 그러니 사람이, '쩐'이 적으로 온다.
이타인은 척척 하는 것을 좋아한다. 그러니 사람의 정이, '쩐'이 '착'온다.

...
이기인의 둘레는 정적*이 감돈다. 적이 된 이들이 검 든다. 감시한다.
이타인의 둘레는 정이, 감동이 감돈다. 정이 전이된 이 들이 거든다. 감싼다.
* 고요하여 괴괴함.

...
이기인은 사람들을 사냥하듯 한다.
이타인은 사람들에게 애교, 상냥, 한들한들한다.

...
이기인은 충동적이다. 그러니 금전 문제가 충돌하고, 금전이 이탈한다.
이타인은 '중도'*적이다. 그러니 중도에 금전 문제를 주도하고, 금전의 줄도 있다.
* 어느 한 쪽으로 치우치지 않는 바른 길.

...
이기인은 중도에 그만둔다. 그러니 사람들이 줄 돈도 그만둔다. 가만히 안둔다.
이타인은 중도*에 가만히 든다. 그런 이니 사람들이 줄 돈도 일 도중에 가만히 준다.
* 어느 한 쪽으로 치우치지 않는 바른 길.

...
이기인은 거만히 한다. 그러다 돈은 그만 닳는다.
이타인은 가만히 한다. 그러다 돈을 가마니에 담는다.

...
이기인은 밤에 금 꿈을 꾼다. 그리고 낮에는 빚낸다.
이타인은 낮에 금 꿈을 꾼다. 그리고 그 꿈을 빚는다. 금은 낮에 빛난다.

...
이기인은 으리으리한 돈의 힘으로 사람들을 채운다마는 사람들을 찬다. 아니 그런 이니 사람들이 그를 찬다.
이타인은 의리의 힘으로 많은 사람들을, 돈을 우리 안에 채운다. 그러니 사람들이 죄~웃는다.

▣ 9단계 황금계단에 오르기 위해 알아두어야 할 황금팁

...
이기인은 일은 안 하니 운에 기낸다.
이타인은 일을 하니 운이 깃든다.

· · ·
이기인은 늘 잇속을 챙기려 혈안이다.
이타인은 늘 일 속을 챙기려 혈안이다.*
* 눈이 충혈될 정도로 밤새워 일한다는 의미로.

· · ·
이기인은 만나는 모든 사람에게서 무엇인가를 빼 오려 한다.* 특히 돈을.
이타인은 만나는 모든 사람에게서 무엇인가를 배우려 한다.* 무엇이든 배 온다. 특히 돈이.
* 이익을 취하려 한다는 의미로. *'타산지석' 의미로.

· · ·
이기인은 이기기 위해 '이기', 까칠이 있기'가 최고라 두둔한다.각자 잇단 이탈, 일달, 죄, 고익의 위법이 있다. 이 전법은 재고할 법이다. 그리서 '각개킥진', '각자도생' 전법으로 뚫는다 한다. 그런데 결국 각자 개같이 된다.
이타인은 이기기 위에 '같이 있기', '같이 이기기', '가치 있게 이기기'를 최고의 가치로 둔다 그런데 결국 각자도 생생히 있게, 이 '정법'은 각계가 값진 최고를 같이 같게 갖자는 최고위의 법이다. 그래서 각계와 같이 해 같이 가지는 '정법'으로 는다 한다. 각자도 생이 있게, 각자도 쌩쌩해, 각자도 돈 생기게 된다.

· · ·
이기인은 '남 이기기'를 최고의 가치로 여긴다. 우기기, 어기기를 최고의 수단으로 여긴다.
이타인은 '남 아끼기'를 최고의 가치로 여긴다. 안기, 안기기를 최고의 수단으로 여긴다.

· · ·
이기인은 남들을 볶다 매질하다 얻는다. 남들보다 자신이 많이 매집*하여 얻는다.
이타인은 자신을 매질하여, 남들보다 많이 매진하여 얻는다.
* 물건을 사서 모음.

∙∙∙
이기인은 탐의 이기심에 살아가니 화나고, 지겹고, 춥다. 겨울밤이다. 겨우겨우 산다.
이타인은 땀의 이타심에 살아가니 환하고, 즐겁고, 춤춘다. 봄이다. 기어이 산다.
붐*이다!
* 황금기란 의미로.

∙∙∙
이기인은 자신이 성공했을 때 자신 때문에 그렇게 됐다고 주위 관계자들에게 자랑한다. 그러기에 주위 관계인들이 조롱한다. 그러니 인간관계는 쭈그렁, 금전 관계는 짤랑!
이타인은 자신이 성공했을 때 주위 사람 때문에 그렇게 됐다고 주위 사람을 자랑한다.* 그러기에 주위 사람들이 사랑한다. 그러니 인간관계는 초롱초롱, 금전 관계는 주렁주렁! 찰랑찰랑!
* 공을 돌린다는 의미로.

∙∙∙
이기인은 일단 실패 걱정부터 해 변변한 실행도 안 해보거나 뻔뻔히 성공의 결과를 기다린다. 그러니 결과는 뻔하다. '변*'!
이타인은 일단 걱정의 실행부터 번번이 나서서 해보고 나서 실패든 성공이든 결과를 기다린다. 그러니 결과는 변한다. 변화의 변화!
* 똥. 형편없음. 쓸모없음.

∙∙∙
이기인은 성취를 위해 적당히 슬슬 실실하는 노련으로, 요행으로 승부를 건다. 건달식이다.
이타인은 성취를 위해 정정당당히 성실한 노력으로, 우행*으로 승부를 건다는 식이다.
* 소처럼 감. 성실하고 신중한 행동.

∙∙∙
이기인은 그저 되리라 기대에 기대어 있다. 자신의 새벽이 오기만 기다리다 꽤 울게 되네!
이타인은 자신이 용기 만만해 극적으로 쇠 벽을 깨고, 되레 새벽을 깨우고, 새벽길 달리다 되레 자신이 샛별이 되니 꽤 웃게 되네!

...

이기인은 평소 일을 놓지, 타인을 놀리지, 삿대질하지, 놀지, 사태가 일어나 쓰러졌다면 "타임!"해* "다음에!" 지, 환자마냥 타인의 힘을 바래 마냥 기다리는 타입이니 골든타임을 놓치지 그러니, 많은 양의 골드도 없는 타입*이다. 골때리는 타입으로 해치는 인생, 해지는 인생, 해 지는 인행, 헤어지는 인생 타입이다. 한마디로 골골 되는 인생이다.

이타인은 평소 일을 놓지 않지, 타인을 놀리지 않지, 상대질 않지, 사태가 일어나 쓰러져도, 혼자 힘으로 스스로 바로 일어나 발이 빨리 마냥 퀵!퀵!퀵!* 달리는 타입이니 골든타임을 놓치지 않지, 그러니 많은양의 골드도 얻는 타입이다. 이는 공이 골대에 '인' 인 타입으로 해치지 않는 인생, 해지지 않는 인생, 해 지지 않는 인생, 헤어지지 않는 인생 타입니다. 한마디로 골드드는, 꽃단 인냉이다.

* "Time!" 불러 일시 중지 의미로. * Quick. 빠른. * in!

...

이기인은 고통, 특히 경제적 고통을 겪어야 할 때 불만을 분만하고, 불평을 되레 되게 앞세우고, 되레 되게 뒤에 서고, 되게 울고, 되게 떨듯이 임하니 대개 고통에 꺾여 버리게 된다. 이는 대개 되게 안 되게 되는 방법들이다.

이타인은 고통, 특히 경제적 고통을 겪어야 할 때 불만·불평을 없애고, 되레 앞서고, 되레 되게 웃고, 되게 떳떳이 임하니 대개 고통을 꺾어 버리게 된다.* 이는 대개 되게 되는 방법들이다.

* 감수하여 이겨낸다는 의미로.

...

이기인은 고통 상황, 특히 경제적 고통 상황을 가시같이 겪을 때 고등 '책'의 가지가지 사항을 가지고 고통 성황의 가지를 꺾으려 한다. 그러나 그 상황에 꺾인다.

이타인은 고통 상황, 특히 경제적 고통 상황을 가시같이 겪을 때 공동체의 '공동가치'의 교통으로 고통 성황의 가지를 같이 꺽으려 사활을 걸으려 한다. 그러니 그 상황을 꺽는다.*

* 운명을 건 공동체로 집단지성의 발휘라는 의미로.

•••

이기인은 사랑을 해도 폼*으로써 하고, 돈 풀음으로써 사랑을 얻는다.
이타인은 사랑을 해도 품음*으로써 하고, 돈는 푸르름으로써 사랑을 얻는다.

* 과시라는 의미로. * 포용이라는 의미로.

•••

이기인은 자신의 열 점 장점보다 한 점 결점만 여전히 걱정만 하고, 감추려 애쓰는 결정적인 결점이 있다. 자신의 잠정의 장점을 0점 짜리로 여전히 가두고 마니 여전히 결점 많은 사람으로 찍히는 사람이다. 이런 사람은 개인적으로 용서가 안 되는 사람이 된다.
이타인은 자신의 열 점 결점보다 한 점 장점을 여전히 치키려 하고, 장점은 놔두고 결점만 갖추려 장점으로 역전시키려, 잠정 장점은 정점으로 영전*시키려 격정·열정적으로 자신과 열전을 해 자신에 열을 전해 용써 애쓰는 결정적인 장점이 있다. 이런 사람은 0점짜리 결점을 장점자리로 역전·영전시키는, '역전의 용사'가 되는 사람이 된다.

* 전보다 더 좋은 자리로 옮김.

•••

이기인은 오기에 한다. 그러니 돈이 오기나 하겠나!
이타인은 옳기에 한다. 그러나 돈이 오겠다 하겠네!

[이기인과 이타인의 대화 접근법의 차이]

•••

이기인은 남을 만나면 나를 알리기부터 한다.
이타인은 남을 만나면 남을 알기부터 한다.

•••

이기인은 남을 만나면 일단 '놈'이라 여기고 대한다.
이타인은 남을 만나면 일단 '님'이라 여기고 대한다.

...

이기인은 돈만 아는 것, 일 안 하는 것, 사람 안 아는 것, 사람 안 안는 것, 사랑 안 하는 것이 삶의 잡기이다.
이타인은 도움 많이 하는 것, 일 알아 하는 것, 사람 아는 것, 사람 안는 것, 사랑하는 것이 삶의 장기이다.

...

이기인은 인생 최고목표인 '남 이기기' 위해 또 어기기, 또 우기기를 시도 때도 없이 웃기게 하다 결국 울게 된다.
이타인은 인생 최고목표인 '남 아끼기'를 위해 도우기를 시도 때도 없이 하다 결국 웃게 된다. 신도 웃게 한다.

[이기인과 이타인의 일하는 방식의 차이]

...

이기인은 연기를 일 곳곳에 피워가며 배우 연기 하듯 '입 열기'로 일하다 일을 으깨 일의 과실을 으깨는 과실*이 따른다.
이타인은 열기로 일 곳곳에 꽃 피워가며, 배우듯 '일 열기'를 하다 일의 과실을 열게 해, 익게 해 딴다.

* 법상 잘못, 실수, 허물 등.

...

이기인은 시끄러운 겉 소리 업*시켜 일하다, 시켜 일하다, 소홀히 일하다, "쏘리!" 소리 마냥 내며 일하다 업*이 소리 없이 없어진다.
이타인은 시골에 온 것 마냥 소리 없이 어진, 다진 내면의 소리로 마냥 일하다 업이 업! 업! 업!

* Up. 위로. 상향. 높여. * 직업, 사업.

...

이기인은 일이 주어지면 막막해 묵힌다. 막 해 막힌다. 못한다.
이타인은 일이 주어지면 묵묵히 해 해낸다. 못 한다.

• • •
이기인은 일을 말로 한다. 그러니 뭘 얻으랴!
이타인은 일을 뭘로 한다. 그러니 뭘 얻으리라!

• • •
이기인은 업을 소리 업*있이 한다.
이타인은 업소리 없이 한다.
* Up.

• • •
이기인은 일하는 소리는 대단하나 일은 하나도 대단치 않다.
이타인은 일하는 소리는 대단치 않으나 일은 하나하나 다 대단하다.

• • •
이기인은 생색부터 내면서 잇속으로 일한다.
이타인은 일 속으로 붙어서 일 내면에서 생생히 생성을 내면서 쌩쌩 일한다.

• • •
이기인은 소리 나게 일하나, 방방 떠 별나게 일하나 일 하나하나 별 볼 일 없다.
이타인은 소리 낮게 일하니 별별 볼일이 있고, 밤에 떠 있는 별을 볼 일이 없이 일하니 일 하나하나 별 볼 일 있다.

• • •
이기인은 감독처럼 일하나 결과물이 졸속! 사람들은 동감 감동이 적소!
이타인은 조수처럼 일하나 결과물이 적재적소 좋소! 동감, 감동에 젖소!

• • •
이기인은 무엄*하나 무엇을 하나 무엇 하나 제대로 하려 안 한다.
이타인은 무언*하나 무엇을 하나 무엇 하나하나 제대로 하려 한다.
* 삼가거나 어려워함 없이 언행이 아주 무례함. * 말 없음.

• • •
이기인은 별별 소리 높여 일을 하나 일을 변변치 않게 한다. 그 소리는 번번이 뻔뻔히 '뼹'이요, 그 일법은 변이를 일으키는 '변칙'이요 그 일은 뻔히 '변'*이요, 그이는 '뻔뻔이'다. 그 후엔 후회 벌이 있다.
이타인은 별별 소리 높여 일을 하나 일을 변치 않게 한다. 그 소리는 '변치 않음'이요, 그 일법은 일을 일으키는 '병법'이요, 그이는 '별'이다. 그 후엔 번번한 벌이가 있다.
* 똥.

• • •
이기인은 공동체로 함께 하면 나누니 자신의 자산이 위태해진다고 여긴다.
이타인은 공동체로 함께 하면 자신의 자산을 낳으며, 자신의 자산을 낳으며 공동체가 위대해 진다고 여긴다.

[지식경제사회인 자리이타인]

• • •
이기인은 아랫사람, 어린 사람뿐만 아니라 안다는 사람, 지혜 있는 사람에게도 지혜를 빌리려 고개를 숙일 줄 모른다. 즉 지혜를, 사람을 모을 줄 모른다'. 한마디로 지식경제사회' 개념을 모른다.
이타인은 안다는 사람, 지혜 있는 사람뿐만 아니라 아랫사람, 어린 사람, 모르는 사람에게도 지혜를 빌리려 고개를 숙일 줄, 숙의할 줄 안다. 즉 지혜를, 사람을 모을 줄 안다. 한마디로 '지식경제사회' 개념을 안다.

▣ 10단계 황금계단에 오르기 위해 알아두어야 할 황금팁

...

이기인은 늘 놀고, 열심히 일 안해도 늘 시간의 여유가 없다.* 즉, 일할 때 놀고, 놀 때 노는 사람이다.
이타인은 늘 열심히 일해 놓고, 놀 시간에 여유 업*이다. 즉, 일할 때 일하고, 놀 때 노는 사람이다.
* 게으르면서도 늘 바쁘다고 허둥댄다는 의미로.   *up. 상향

...

이기인은 옷자락에 수 친 것을 자랑한다.*
이타인은 옷자락이 스친 것을 자랑한다.*
* 화려한 수를 박아 넣은 명품 옷 자랑을 한다는 의미로.
* 옷자락(옷깃)만 스쳐도 인연이니 인간관계를 자랑스럽게 여긴다는 의미로.

...

이기인은 남이 작은 실수를 하면 더 패준다. 특히 금전 실수는.
이타인은 남이 작은 실수를 하면 덮어준다. 특히 금전 실수는.

...

이기인은 자신이 조직에서 가장 돈도 많고, 똑똑한 사람이기를 바란다.
이타인은 자신이 조직에서 가장 사랑이 많은 돈독한 사람이기를 바란다.

...

이기인은 가령 공동체의 잡비를 유용해 자비를 베푸는 척하는 사람이다.*
이타인은 가령 사비, 자비를 이용해 공동체에 자비를 척척 베프*는 사람이다.
* '남의 떡으로 제사 지낸다.'(속담) 의미로.   * 베프: 절친.

...

이기인은 주위 사람들이 도움, 특히 금전 도움을 달라면 달러로 있는 것도 쥐고, "다음에!"라 한다.
이타인은 주위 사람들이 도움, 특히 금전 도움을 달라면 달랑 있는 것도 주고, "다음에도!"라 한다.

• • •

이기인은 타인을 비웃으며 산다. 타인의 돈도 뺏으며 산다.
이타인은 타인에 배 웃으며 산다. 타인에 돈도 배 웃으며 쓴다.

• • •

이기인은 매일 낡아 짐으로 더 나은 사람이 될 수 있다고 생각하는 사람이다.
이타인은 매일 나아짐으로 더 나은 사람이 될 수 있다고 생각하는 사람이다.

• • •

이기인은 공동체와 공동체자산 위에서 위해를 가해서 산다. 가에 선다.
이타인은 공동체와 공동체자산을 위해서 산다. 위해서 쓴다. 위해서 가서 선다.

• • •

이기인은 돈이 생기면 "난 논다!" 한다.
이타인은 돈이 생기면 "나눈다!" 한다.

• • •

이기인은 주위 사람들을 빚내게 한다.
이타인은 주위 사람들을 빛나게 한다.

• • •

이기인은 같이 하면 나눌 일이 많아져 뺏길 일이 많아지고 뻐길 일이 망가진다고 생각한다.
이타인은 같이 하면 나눌 것이 많아져 벗 길에 배 길한 일이 많아진다고 생각한다.

• • •

이기인은 매일 급조식으로 재산을 불려 나간다.*
이타인은 매일 조금씩, 적금식으로 재산을 불려 나간다.

* '한탕주의'라는 의미로.

...
이기인은 '이해타산'을 따지다, 이내 달달한 삶을 밝히다 삶이 닫힌다.
이타인은 일해 단단한 삶을 다지다 삶을 밝힌다.

...
이기인은 사사로운 이익을 사수할 목적으로 사물을 이해하고 사람에게 위해를 가하다.
이타인은 사사로운 이익을 사소한 목적으로 하고, 사물을 이해하고 사람을 위해 간다.

...
이기인은 과오로 욕을 먹을까 옳은 일이어도 안하다 욕을 먹는다.
이타인은 옳은 일이면 욕을 먹을 각오로 하다 욕을 막는다.

...
이기인은 도둑 근성!
이타인은 도덕 근성!

...
이기인은 가령 떡이 그리운 사람, 떡을 품는 사람이나 품은 떡도 안 푸는 사람이다.
이타인은 가령 덕으로 끄는 사람, 덕을 품는 사람이나 품은 덕을 푸는 사람, 품은 떡도 푸는 사람이다.

...
이기인은 법 혜택만 받으려 하고, 법 준수는 해태한다.
이타인은 법 준수를 하고, 법을, 혜택을 받으려 한다.

...
이기인은 땅을 탐한다. 다음에 탈 난다.
이타인은 땀으로 '다음'*을 탐한다.

* '미래'의 의미로.

・・・
이기인은 재물이 많아지면 인색이 더 하고, 허물이 될 일을 더하고, 남이 혀 물을 일을 더하는 허무한 인생을 산다.
이타인은 재물이 많아지면 재물을 허물어 남에게 더하는 일을 하는 인생을 산다.

・・・
이기인은 옳다해도 자기에게 별이익이 없으면 바로 하기를 주저주저 나서지 않고, 해도 주변의 눈치만 살피며 '부화뇌동'*하는 사람이다. 또, 부하와 내통해 자기 이익을 보살피는 사람이다.
이타인은 자기에게 불이익이 온다 해도 옳다면 누구의 눈치도 살피지 않고 바로 바른 언행을 하기를 주저하지 않고 나서는 사람이다. 또 부하와 '내동생!'해 자기 이익으로 보살피는 사람이다.
* 附和雷同: 그저 남이 하는대로 따라 간다는 말.

・・・
이기인은 옳은 일이어도 자신에게 이득이 없으면 낯선 이의 일이면 안 나서는 이다.
이타인은 옳은 일이면 자신에게 이득이 없어도 낯선 이의 일에도 나서는 이다.

・・・
이기인은 자신에게 불이익이 돌아온다면 바른 일이어도 바로 횡~한다.
이타인은 자신에게 불이익이 돌아온다 해도 바른 일이면 바로 행한다.

・・・
이기인은 옳은 일이 아니어도 자기의 이득에 더 나으면 이런 일 저런 일, 이런 이 저런 이를 이러니저러니 안 가리고 가까이하며, 가까운 이까지도 이익이 없으면 헌신짝 내버리듯 한다.
이타인은 옳은 일이면 자신의 이익을 떠나며, 이런 일 저런 일, 이런 이 저런 이를 이러니저러니 각각이 가리고, 이익 없어도 가까운 이같이 또 헌신의 짝이 돼 버리듯 한다.

・・・
이기인은 고소할, 타도할 태도로 사람을 대하니 사람들은 곧 서운한 태도로 입 내민다. 탓도 한다.

이타인은 공손한, 다독다독하는 태도로 사람을 대하니 사람들은 곧 선한 태도로 고운 손을 이내 내민다. 떡도 내민다.

• • •

이기인은 속이 부글부글 끓으면 우는 얼굴로 사람을 대한다.
이타인은 속이 부글부글 끓어도 웃는 얼굴로 사람을 대하다 복을 대한다.*
* "웃으면 복이 와요!", '소문만복래' 의미로.

• • •

이기인은 서로 원망하는 인간관계·금전관계를 만든다.
이타인은 서로 원만한 인간관계·금전관계를 만든다.

• • •

이기인은 도 넘는 '네 탓'한다. 돈 없는 탓한다.
이타인은 '내 탓'한다. 도울 돈 없는 내탓한다.

• • •

이기인은 "쩐쩐쩐!"하며 끊임없이 전전한다. 그 끝에 '쩐'이, 금이 없어 철철이 전전!
이타인은 끊임없이 전진하며 정진한다. 그 끝에 '쩐'이 금이 끊임없이 철철철!

• • •

이기인은 이번엔 벌린다며 인생길을 두리번두리번* 걸어가다 돌에 걸려 똥에 벌러덩! 도박길을 걸어가다 걸려 벌 있더라!
이타인은 이번 인생길을 똑바로 뚜벅뚜벅 걸어가다, 또박 또박 둘이 걸어가다 따박따박 둘이 벌다, 이쁜 돈이 벌리더라!
* '한눈판다'는 의미로.

• • •

이기인의 삶에서는 한기가 느껴진다. 느끼한 끼가 느껴진다. 이기심이 심히 느껴진다.
이타인의 삶에서는 향기가 느껴진다. 기가 느껴진다. 심해의 이타심이 느껴진다.

•••

이기인은 공동체에 경제적으로 어려운 위기가 닥쳤을 때 되레 의지의 칼날이 해이해져 공동체를 이탈해 나간다.
이타인은 공동체에 경제적으로 어려운 위기가 닥쳤을 때 되레 칼날 간 의지로 위기를 헤쳐 해치워 나간다.

•••

이기인은 자기에게 보다 초점을 맞춘다. 돈에 초점을 맞춘다.
이타인은 자기보다 짝에게 초점을 맞춘다. 도움에 초점을 맞춘다.

•••

이기인은 공동체에 경제적으로 어려운 문제가 닥쳤을 때 회피하기를 주저하지 않으며, 그런 일일랑 주변 사람에게 떠넘기기를 좋아한다.
이타인은 공동체에 경제적으로 어려운 문제가 닥쳤을 때 해피*하게 하기를 주저하지 않으며, 그런 이라 주변 사람에게 떠 넘기기를 하지 않으며, 더 넘기기를, 더 남기기를 좋아한다.

* Happy. 행복하게, 즐겁게. 낙천적으로, 낙관적으로.

•••

이기인은 경제적으로 어려운 문제가 닥쳤을 때 체면 따위를 아랑곳하고, 경륜 있는 사람도 겨룰 사람이라 여기고 자문하지 않고,
이타인은 경제적으로 어려운 문제가 닥쳤을 때 체면 따위는 아랑곳하지 않고 경륜 있는 사람은 '다윗'*이라 여기고 자문한다.

* 돌팔매 돌 하나로 골리앗을 무너뜨린 성경 속 인물.

•••

이기인은 공동체에 사태, 특히 경제위기 사태가 터지면 막지 않고 마치 잠적하기 일쑤다. 그러니 그 후 고통의 사태가 더 터지는 상태이다.
이타인은 공동체에 사태, 특히 경제위기 사태가 터지면 마치 화기 장전해 참전하기 일쑤다. 그러니 그 후 공동체는 "얼쑤~!"다. 더 '화기애애'한 상태이다.

...
이기인은 '독불 장군'! 돈 뿐인 깡구!
이타인은 '더불어 장군'! 더불어 더블로 돈 불릴 장군!!

...
이기인은 부하와 불화!
이타인은 부하와 부합! 부하를 부활!

...
이기인은 주변을 빙글빙글 빈 그릇, 물만 들고 맴돈다.*
이타인은 주변을 뱅글뱅글 빙그레 뭘 많이 들고 맴돈다.*
* 자선 시늉만 내고 실은 뭘 뺏어 먹을 게 없나 호시탐탐 노리는 위선적인 주변인, 방관자의 의미로.
* 뭐라도 줄 게 없나 하며 주변을 다정하게 살핀다는 의미로.

...
이기인은 항상 부정적인 사고로, 금전적인 사고로 많은 부정적인 상황을 만들어 금전적으로 사고치고 살다, 싸우고 살다, 살다마는 사람이다.
이타인은 항상 긍정적인 사고로 부정적인 상황을 긍정적인 상황으로 만들어 싹~고치고 많은 금전을 쌓고 산다마는 사고에 처한 사람, 사고 치고 사는 사람을 고치는 데 쓰고 사는 사람이다.

...
이기인은 늘 부정적인 생각에 무슨 일이든 그저 수동적으로 임한다. 그러니 쓸 돈도 동전으로 적게 임한다.
이타인은 늘 긍정적인 생각에 무슨 일이든 부쩍 동적으로, 주동적으로 도전으로 임한다. 그러니 주도해 쓸 돈도 죽~임한다.

...
이기인은 무슨 일이든 늘 닝기적 닝기적이다. 그러니 주위에 인기척이 적다.
이타인은 무슨 일이든 늘 능률적이니 기적이 있다. 그러니 주위에 인기척이 늘 있다.

...
이기인은 자기 것만 알고, 베풀 줄 모른다.
이타인은 짝의 것도 많이 알고, 모든 다 배 베풀 줄 알고, 줄 줄 알고, 줄 것을 모은다.

...
이기인은 작은 것에는 감사할 줄 모르고, '작은 이'*를 감쌀 줄 모르고, '큰 이'*에게는 간사할 줄 안다.
이타인은 작은 것에도 큰 감사할 줄 알고, 모르는 '작은 이'도 감쌀 줄 안다
* '사회적·경제적 약자'의 의미로. * '사회적·경제적 강자'의 의미로.

...
이기인은 작은 것을 얻기 위해, 벌기 위해 큰 것을 버리곤 한다.*
그러다 발끈할 일을 벌이곤 한다.
이타인은 큰 것을 얻기 위해, 벌기 위해 작은 것은 버리곤 한다.
그러다 밝은 일을 벌이고, 얻고, 벌곤 한다.
* '소탐대실' 의미로.

▣ 11단계 황금계단에 오르기 위해 알아두어야 할 황금팁

...
이기인은 무엇이든 한 개 나누기도 서운해한다.
이타인은 무엇이든 함께 나누기를 더 선호한다.

...
이기인은 주위 사람과 단절하여 스스로를 '고립화' 시킨다.
이타인은 주위 사람과 다정하여 스스로를 '고리화'* 시킨다.
* (연결)고리화.

...
이기인은 결단성 없이 주관 없이 움찔움찔 주저주저한다.

그러니 '쩐'도 움찔움찔 주저주저 움직임 없다.
이타인은 결단성 있이 주관 있어 주저 없이 움직인다.
그러니 '쩐'도 움직인다.

[팔랑귀 이기인과 말뚝귀 이타인]

∴
이기인은 '팔랑귀'*라 어떤 일을 하다 밖에 내치고, 끝까지 해내지 못한다. 일을 멀뚱멀뚱, 할똥말똥 한다. 그러니 일하다 똥 밟는다.
이타인은 '빨랑빨랑 말똥말똥귀'*라 어떤 일을 끝까지 해, 내치지 못한다. 그러니 일에 말뚝 박는다.
* 팔랑거릴 정도로 귀가 얇아 남의 말에 너무 따라 잘 속곤 하는 주관 없는 사람을 일컫는 말. '습자지 귀'.
* 정신이 맑고 생기가 있어 빨리 알아듣고, 알아차리는 귀란 의미로 *팔랑귀의 반대.

∴
이기인은 가령 신품을 한 개 한 개 사는 겉멋에 산다.
이타인은 가령 심플하게 사는 '컷'* 멋에 산다.*
* 미니멀리즘(Minimalism : 단순함과 간결함을 추구하는 예술과 문화적인 흐름)의 의미로.   * cut.

∴
이기인은 매사 '쩐'을 독점하려 한다.
이타인은 매사 도전하려 한다. 또 '쩐'을 정으로 전하려 한다.

∴
이기인은 평소 개개인의 습관으로 인생을 습관*적으로, 개인적으로 순간순간 산다.
이타인은 평생 공동체의 관습으로 인생을 관습*적으로, 공동체적으로 산다.
* 개인이 습득한 개개인의 상습적인 버릇.
* 한 공동체나 사회에서 승인, 확립된 행동양식 전반으로 오랫동안 사회구성원들이 인정한 질서나 관례, 풍습 등.

・・・
이기인은 사회 성원들의 성원을 못 받는 '사회악'적 '사외인'으로 사회의 '적'이다.
이타인은 사회 성원들의 성원을 받는 사회에 못 박은 '사회학'적 '사회인'으로 사회의 '족*이다.
* (동)족.

・・・
이기인은 자기 것밖에 모르는 사람이다.
이타인은 아는 짝의 것, 모르는 사람의 것, 자기 밖의 것도 아는 사람이다.

・・・
이기인은 슬며시 그저 '돈이 있는 사람', '힘 있는 사람'과의 친분을 자랑한다. 그런데 그분이 돈밖에 없는 사람, 되게 천한 분이 되게 한다.
이타인은 살면서, '긍정의 힘, 도움의 힘이 잇는 사람'과의 친분을 친한 분에 자랑한다. 그래서 그 분이 극적으로 그 사람의 도움을 받게, 얻는 사람이 되게 한다.

・・・
이기인은 살면 살수록 자신도 타인도 경제적으로 피 내는 삶을 산다.
이타인은 살면 살수록 자신도 타인도 경제적으로 피어나는 삶을 산다.

・・・
이기인의 마음은 야욕으로 차 있어 약자들을 야유하며 '약육강식'하는 삶을 산다.
이타인의 마음은 여유로 차 있으나 '외유내강'으로 약자들을 양육하며, 강직한 삶이나 사랑을 간직하는 삶을 산다.

・・・
이기인은 나의 돈을 돌보다 남에게 악 뿜는다. 남의 아픔들을 품는다.
이타인은 나의 아픔들 보다 남의 아픔들을 돌보다 남을 품안에 품는다.

・・・
이기인은 타인을 타격해 결탁해 경제적 문제를 타결하려 한다.
이타인은 타인을 다 곁에 해 단결해 경제적 문제를 타결하려 한다.

...
이기인은 이래 저래 살아간다.
이타인은 일해 잘해 절해 살아간다.

...
이기인은 "죽겠다! 죽겠다!", "이래도 죽겠고 저래도 죽겠다!"고 사니 이래도 저래도 죽겠네!
이타인은 "일하다 죽고 절하다 죽겠다!"고 사니 이래도 저래도 죽다 사네! 죽죽-다 살아나네! 죽~꽤~다~사네!

...
이기인은 일이 맞니 안 맞니, 일하니 마니 하니 타인에 손해 준다. 일을 하나 마나 하니 일이 설어서 일로 썩 잃어서 손해에 이익이 준다.
이타인은 일을 일일이 하니 일로써 이뤄서 손에 이익을 쥔다. 일로써 일어서서 손에 이익을 쥔다. "이로써 썩 어서 일어서소서! 이루소서!" 하며 타인 손에 준다. 그런데 이로써 "이루소서!" 타인 손에 준다.

...
이기인은 일의 이선에 선다. 그러니 인생의 이선에 산다.
이타인은 일의 일선에 선다. 그러니 인생의 일선에 산다.

...
이기인은 더블*로 더 불려, 떠벌려, 더 부려*, "더 부어라 마셔라!" 말세인듯 산다. 사람들 왈, "그 사람들 다 부러뜨려!"
이타인은 더 붙어, 더불어, 더블로 더 불려, 더 불려, 더 풀어* 더 푸르러 "만세!" 있듯 산다. 사람들 왈, "그 사람들이 더 부러워!"
* Double. 배. * 더 (사람을) 부려. * 기부, 나눔의 의미로.

...
이기인은 부족한 타인을 시끄러이 독 품고 맵고 맵게 맹공하는 맹꽁이들!
이타인은 부족한 타인을 식구로 또 품고, 매개해 맺곤, 매꾸곤 하는, 맨 공들이는 이들!

• • •

이기인은 금 가뭄에 애써서 자신을 감금하는 삶을 사니 삶의 가치가 급감, 껌값이다.
이타인은 금 가뭄에 있어서 자신을 깔끔화 하는 삶을 사니 삶의 가치가 금값, 금화다.

• • •

이기인은 종종 남 치기, 날 지키기! 날치기!
이타인은 종종 정 넘치기, 남 지키기!

• • •

이기인의 삶의 무기, 특기는 물기, 물어 뜯기, '무기한 연기'!
이타인의 삶의 무기, 특기는 물어 물어 묻기, 듣기, 묵기*, '무기한 열기'!

* 잠자코 기억하여 둠.

• • •

이기인은 일생 "돈돈돈!"인데, 인생 여전!
이타인은 일생 "도움, 도움!"인데, 인생 역전!

• • •

이기인은 가령 도벽*을 살려 산다.
이타인은 가령 '동병상련'에 산다.

* 습관적으로 남의 물건을 훔치는 행위.

• • •

이기인은 돈에 목 매달은, 매달리는 사람이다.
이타인은 도우는 뭘 매달 하는 사람이다.

• • •

이기인은 "돈돈돈!"하며 살다 "아차!"하는 인생을 산다.
이타인은 "도움도움!"하며 살다 "아싸!"*하는 인생은 산다.

* 아싸: 기쁜 일이 생겼거나 원하는 일이 이루어졌을 때 내는 감탄사.

· · ·
이기인은 자기가 가진 것의 가파른 상승을 원한다.
이타인은 자기가 가진 것의 값 바른 상승을 원한다.*
* 부당이득이나 불로소득을 원치 않는다는 공정 경제 의미로.

· · ·
이기인은 사람들을 화산, 화살의 표정으로 대한다. 그러니 돈도 화산, 화살 표정을 짓는다.
이타인은 사람들을 화사한 표정으로 대한다. 그러니 돈도 화사한 표정 짓는다.*
* "웃으면 복이 와요!", '소문만복래' 의미로.

· · ·
이기인은 상대방을 표적으로 보고 자신이 뾰족한 표정을 날린다.
이타인은 상대방의 표정을 보고! 또 보고, 또 자신의 보정한 표정으로 증표*를, 정표*를 나른다.
* 증명이나 증거가 될 만한 표식.
* 간절한 정을 드러내 보이기 위해 어떤 물품을 전하는 행위 또는 그 물품.

· · ·
이기인은 촌각을 다투는 경제적 긴급상황에서 항상 긴급히 즉각 관두고서 운다. 그러니 경제 상황이 조각조각!
이타인은 촌각을 다투는 경제적 긴급상황에서 항상 긴급히 꼭두새벽부터 촉각을 곤두세운다. 그러니 샛별이 붙어 경제 상황이 상향!

· · ·
이기인은 탐 때문에 희망, 특히 경제적 희망 희박을, 허망을 만들어 간다.
이타인은 땀 때문에 희망, 특히 경제적 희망을 만들어 간다.

· · ·
이기인이 공동체의 경제적 위기 상황에 끼어들면 이기가 고조되어 위기가 고조된다.
이타인이 공동체의 경제적 위기 상황에 끼어들면 기가 고조되어 위기를 이기게 된다.

• • •
이기인은 집적거려 일한다. 직전에 일을 깨려 한다.
이타인은 직접 가려, 직접 고려, 직접 거래해 집적해 직접 일한다.

■ 12단계 황금계단에 오르기 위해 알아두어야 할 황금팁
• • •
이기인은 젊어 놀러 다녀 말년에는 "빚쟁이 왜 이리 노! 왜 이리 쪼노!"
이타인은 젊어 다년 노력해 말년에는 "비전이 왜 이리 좋노! 왜 이리 좋노!"

• • •
이기인은 젊어서 '놀쇠'로 "노세 노세 젊어서 노세!" 그러다 노년에는 노쇠해 일 잃고!
이타인은 젊어서 '마당쇠'로 "노세 노세 일 하고 노세!"* 그러다 노년에도 마땅히 젊어져 일 하고, 일 있고, 일할 마당이 있고!
* '젊어 고생은 사서도 한다'(속담) 의미로.

• • •
이기인은 젊어 고생은 살살, 서서히 한다.
이타인은 '젊어 고생은 사서도 한다.' 고생이 써도 한다.

• • •
이기인은 젊어 여행만 다니고, 유행만 따르고, 요행만으로 딸라고 달리고 살다 말년에 골골골!
이타인은 젊어 다니고, 달리고 따르고, 달라도 살다 말년에 고고고!

[이기인과 이타인의 생물학적 차이]

• • •

이기인은 타인에게 식충* 같은 삶을 산다.
이타인은 타인에게 충실한 충신 같은 삶을 산다.

* 밥벌레. 밥버러지. 일은 하지 않고 밥만 많이 먹는 벌레 또는 그 같은 사람.

• • •

이기인은 돈벌레같이 산다.
이타인은 돈벌어 같이 산다.

[어벙져스 이기인과 어벤저스 이타인]

• • •

이기인은 돈을 키우며 산다마는 타인과 미움의 마음을 키우며 산다.
이타인은 많은 도움을 기울이며 타인과 믿음의 마음을 키우며 산다.

• • •

이기인은 '어벙져스'*같아 세상에 도움이 안 된다.
이타인은 '어벤져스'*같아 세상에 도움이 된다.

* '어리석은 사람들'이란 의미로.
* Avengers. 마블 만화 영화에 나오는 악당과 싸워 세상을 지키는 팀 이름.

• • •

이기인은 상상을 이상한, 상한 '물리적 시체'로 전환시킨다.* 죄 물을 재물로 전환시킨다.
이타인은 상상을 상상 이상인 '물리적 실체'로 전환시킨다.* 재물로 전환시킨다.

* 꿈을 사장시킨다는 의미로. * 꿈을 멋지게 현실화시킨다는 의미로.

• • •
이기인은 금전적인 꿈만 있어 위태한 삶에 이른다.
이타인은 긍정적인 꿈이 많이 있어 위대한 삶을 이룬다.

• • •
이기인은 자기와 입장이 다르면 '입장난'* 하고, 심지어 난장 벌이고, 그들을 정리해 버리곤 한다.
이타인은 자기와 입장이 다르다면 그들 입장의 심지에 납작 입장해 '입장정리'를 하고,* 심지어 자기의 입장을 버리고, 따른다.
* 말장난. * '역지사지'의 의미로.

• • •
이기인은 역지를 사지*로 안다.
이타인은 역시* '역지사지'로 안다.
* 가면 죽는 곳. * 늘, 항상, 변함없이의 의미로.

• • •
이기인은 세상의 술수에 능하고 밝은데, 이를 써 사람을 밟는 데 쓴다.
이타인은 순수하고, 밝은 사람으로, 수순을 늘 밟는데, 이로써 세상을 밝히는 데 쓴다.

• • •
이기인은 술수에 쏙쏙 능하나 사람들을 해치니 실수를 슬슬 늘 하다 헤집으니 씁쓸해지는 사람들이 늘어나 헤어지니, 일도 돈도 늘 어긋나 신수가 쓸쓸해지니, 해 지면 슬프다 술 푼다.
이타인은 수순으로 늘 하니 순수로 늘 하니 핵 짚으니 일도 돈도 쑥쑥 늘어나 하나하나 술술 풀린다.

• • •
이기인은 자신 개인의 빠른 재물 쟁취를 위해 죄물을 투전을, 절취를 한다. 조직의 빠른 권리 쟁취를 위해 투척을, 투정을 한탕 한다.
이타인은 자신 개인의 재물을 조직 전체를 위해 조치한다. 조직의 권리 쟁취를 위해 애써 바른 투쟁을 한다.

• • •
이기인은 이웃들과 '돈 시대'를 살아가는 사람이다.*
이타인은 이웃들과 동시대를 살아가는 사람이다.*
* '황금만능주의'와 '배금주의'로 산다는 의미로.
* 사회 성원으로서 표준적으로 살아간다는 의미로.

• • •
이기인은 약자의 삶을 "뭘 바라나 보다"하며, 무관심한 시선으로 바라다 본다.
이타인은 약자의 삶을 뭐에 관심이 심한 시선으로 보다 바르다면 "뭘, 뭘, 뭘 바라나?" 하며 바로 받아 본다.

• • •
이기인은 돈을 미신을 섬긴다.
이타인은 도울 신을 섬긴다. 민심을 섬긴다.

• • •
이기인과 만나는 사람들은 돈 문제로 심난하고,
이타인과 만나는 사람들은 신나하고, 돈 문제 제로*!
* Zero. 0.

• • •
이기인은 '눈먼돈'*을 보유해 부유하기를 원한다.
이타인은 '눈먼돈'을 보유해 부유하기를 보류, 유보하기를 원한다.
* 속담.

• • •
이기인은 '돈 합'*을 중시한다.
이타인은 '통합'을 중시한다.
* 돈의 합계란 의미로.

• • •
이기인은 가령 '탐'의 이기로 이상향 '가나안 땅'*을 갈아엎어 가난한 땅으로 황폐화 시킬 수 있는 이상한 쪽의 능력을 갖춘 사람이다.
이타인은 가령 놀려온 황폐화한 가난한 땅을 갈아 업*해 화폐화 시킬 수 있는 땅으로, 이상향 가나안 땅으로 업 시킬 수 있는 일상적인 땀의 '노력'이란 놀라운 이상적인 능력을 갖춘 사람이다.
* 성경에 나오는 꿀과 젖이 흐르는 땅. * Up.상향

• • •
이기인은 이기의 꿈 있기, 꿈 잃기를 일상화한다.
이타인은 이타의 꿈 있기, 꿈을 잇기, 꿈 익히기, 꿈을 이루기를 일생화한다.

• • •
이기인은 여기저기 부동산의 '인장 정신'*으로 산다.
이타인은 여기에 적을 해 부동 삶인 '장인 정신'으로 산다.
* 여기저기 돌아다니며 돈 될만한 부동산을 사들이며 살며, 이때는 인장(도장)을 꼭 찍어야만 마음 놓는 다는 의미로.

• • •
이기인은 이것저것 잘져 겉치레 갖추려 산다.
이타인은 이것저것 컷*쳐 간추려 산다.*
* 검소함, 미니멀리즘, 심플 라이프의 의미로. * cut

• • •
이기인은 싸늘한 비관주의자로 주위의 낙관적인 사람마저도 비관의 '멍'이 들어 살게 한다.
이타인은 낙관주의자로 주위의 비관적인 사람마저도 낙관의 '몽'*이 들어 살게 한다. 빛과 사는 사람마저도 빛과 조우해 살게 한다.
* 꿈. 희망, 소망.

...
이기인은 비관주의자로 돈의 허망에 이끌리다 항복한 존재가 되니 인생이 돈이 낭비가 되어 산다.
이타인은 낙관주의자로 희망을 이끌다 주위를 돕는 행복한 존재로 되니 인생에 나비가 되어 산다.

...
이기인은 자신과 남을 찌르며, 비관적으로 사니 치르는 대가가 크다.
이타인은 자신과 남을 지으며 낙관적으로 사니 대가가 크다.

...
이기인은 한 개라도 한날한시도 '배금주의'*로 산다.
이타인은 한 개라도 한날한시도 주위에 '배급주의'*로 함께 한날한시에 산다.
* 황금만능주의. * 나눔 실천, 자선, 기부의 의미로.

...
이기인은 평생 '배금주의자'로 산다.
이타인은 평소에 자기의 금 빼 짝에게, 주위에 배급 주어 산다는
'배급주의자'다.

...
이기인은 돈 문제로 서로 공회전하여 산다.
이타인은 돈 문제에도 서로 공화·공존하여 산다.

...
이기인은 서로 원망하며, 서로 원한을 사며, 서러워 한으로 산다.
이타인은 서로 원만하여 살며, 서로 원하며 살며, 서로 와 한 원 안에 산다.*
* 공동체로 원만히 둥글게 둥글게 산다는 의미로.

...
이기인은 자신과 남이 다르면 때리며 죽이며 사니 남이 따르랴!
이타인은 남다른 남도 남다르게 대해 주며, 자신 것 따라 주며, 떼어 주며, 자신감 주며 사니 남이 따르리라!

...
이기인은 위험 있는 방법으로, 위협하는 방법으로, 고자질로 이르는 방법으로 재물도 업도 이루는 사람이다.
이타인은 곧장 하는 일로, 늘 바빠 일하는 방법으로 재물도 위업도 곧잘 이루는 사람이다.

...
이기인은 돈 문제로 사람들에게 위해 위협을 심히 가한다.
이타인은 돈 문제에도 사람들을 위해 의협심이 강하다.

...
이기인은 경제적인 고생을 치르면 고성 지른다.
이타인은 경제적인 고생을 치르면 고상히 "고생이 곧 성공이지!" 이런다.*
* '고진감래'의 의미로.

▣ 13단계 황금계단에 오르기 위해 알아두어야 할 황금팁

...
이기인은 공동체의 아슬아슬한 경제적인 고비에 '아수라'*화하니 공동체는 고배를 들어 죽는다.
이타인은 공동체의 아슬아슬한 경제적인 고비에 꼬비를 틀어쥔다.
* 싸우기 좋아하는 귀신.

...
이기인은 자신의 경제적 '약점이 잡히면 어떻게 해, 어떻게 해!' 하며 바로 숨기기에 바쁘다.

이타인은 어떻게 하면 자신의 경제적 약점을 바로 잡을까 숨 고르기 하며, 어떻게 어떻게 하며 바쁘다.

...
이기인은 볼기*를 감수하는 불굴의 투기!
이타인은 불구를 감수하는 불굴의 투지!
* 예전의 '태형'. 사회적 지탄, 법적 처벌 등의 의미로.

...
이기인은 불성실납세로 황금 많은 삶을, 불성실한 황금만능인 삶을 추구한다.*
이타인은 성실납세로 환급 많은 삶을, 성실한 삶을 추구한다.
* 부당이득과 '황금만능주의'란 의미로.

...
이기인은 자기 편의적으로 가정과 조직을 이끈다.
이타인은 짝의 편의적으로 가정과 조직을 이끈다.

...
이기인은 다 덤덤한* 인생목표들과 싸우니 인생이 여전해, 인생 못펴 인상 못펴 밤새 울고!
이타인은 대담한 인생목표를 담대히* 세우니 대단한 열정에 밤새우고, '인생 역전'해 밤새 웃고!
* 특별한 감정의 동요 없이 그저 예사로운. * 겁이 없고 배짱이 두둑하게.

...
이기인은 크게 포부를 못 갖는 사람이며, 사람들에게 제 화를 크게 퍼붓는다.
이타인은 크게 포부를 갖는 사람이며, 사람들에게 재화*를 크게 퍼붓는다.
* 사람이 바라는 것을 충족해주는 돈이나 모든 물건.

...
이기인은 경제적 고난을 겪으며 삶에서 무지 '개'가 된다.
이타인은 경제적 고난을 꺾으니 삶에서 무지개가 뜬다.

[이기인의 논스톱과 이타인의 논스톱의 차이]

...
이기인은 " 너 스톱이 나 논 스톱*!" 그러니 "넌 스톱, 난 논스톱!"
이타인은 "너 논스톱이 나 논스톱!"* 그러니 "너도 논스톱, 나도 논스톱!"
* Non-stop. 목적지까지 멈추지 않고 감. 계속함. * '공존공영'의 의미로.

[이기인의 공중부양과 이타아의 공중부양의 차이]

...
이기인은 가령 자신이 가벼운 '공중 부양' 뜨는데, 대가 공증* 하는데 시간을 쓰는 사람이다.
이타인은 가령 자신이 가여운 공중을 부양을 하는데, 고충을 듣는데, 공존하는데 시간을 쓰는 사람이다.
* (계약서) 공증

...
이기인은 자신의 공동체를 이탈, 버리고 떠나니 공동체에서 찍힌 부류이고,
이타인은 자신의 공동체를 애써 지키니, 더 나은 공동체로 지키는 보루*이고, 공동체의 본류이다.
* 적의 침입을 막기 위해 돌이나 콘크리트로 튼튼하게 쌓은 구축물. 지켜야 할 대상을 비유적으로 이르는 말.

...
이기인은 사람들의 가려운 곳을 감싸주는, 아픈 곳을 긁어주는 사람이다.
이타인은 사람들의 가려운 곳을 긁어주는, 아픈 곳을 감싸주는 사람이다.

...
이기인은 늘 구린 데가, 늘 그른데가 있다.
이타인은 늘 '그린'인 데가, 늘 '클린'인 데가 있다.

• • •
이기인은 궁할 때 꿍꿍이!
이타인은 궁할 때 궁리!

• • •
이기인은 무엇이든 졸속으로 만든다.
이타인은 무엇이든 좋은 속으로 만든다.

• • •
이기인은 사람을 만나면 자신의 이권, 자산을 중시한다.
이타인은 자신이 사람을 만나면 그 사람의 인권을 중시한다.

• • •
이기인은 잘하든 못하든 "그까짓 것!" 한다.
이타인은 잘하든 못하든 끝까지 건건 한다.

• • •
이기인은 다른 사람들보다 과욕을 배 품는다
이타인은 다른 사람을 돌본다. 관용을 베푼다.

[이기인과 이타인의 대화방식의 차이]

• • •
이기인은 대화 시 '신경전'을 한다.
이타인은 대화 시 심경을 전한다.

[이타인으로 변화면]

...
이기인이 되면 번번이 뻔뻔히 변한다.
이타인이 되면 번번이 반반히 변한다.

...
이기인으로 변하면 그 삶이 뻔하다. 변*이다. 병 있다.
이타인으로 변하면 그 삶이 번번하다.* 편하다. 본*이다. 펀*있다.
* 똥. * 구김살이 없고 울퉁불퉁한 데가 없고 편편하고 반듯하다. 모양새가 미끈하다.
* 본(보기). * Fun. 재미, 신남, 즐거움.

...
이기인은 자기 이익과 공동체의 이익이 상충되면 공동체에 위해를 어떻든 가한다.
이타인은 자기 이익과 공동체 이익이 상충되도 공동체를 위해 늘 어디든 간다.

...
이기인은 남의 눈치만 보고 소심히 겉핥는다.
이타인은 남의 눈치 안 보고 소신껏 한다.

...
이기인은 누구든 마음에 상처, 해를 준다.
이타인은 누구든 마음의 선처를 해 준다.

...
이기인은 경솔한 판단과 언행을 한다.
이타인은 겸손한 판단과 언행을 한다.

...
이기인은 상대방의 오류가 있을 때 원한의 질타부터 한다.
이타인은 상대방의 오류가 있을 때 원인의 진단부터 한다.

...
이기인은 하루를 씩씩거리며 '식시간'으로 움직인다.* 그러니 돈도 씩씩거리며 안 움직인다.
이타인은 하루를 씩씩하게 거리를 '실시간'으로 움직인다.* 그러니 돈도 실시간으로 움직인다.
* 식충(밥벌레)처럼 산다는 의미로.   * 열심히 일하며 부지런히 산다는 의미로.

...
이기인은 시세 타령, 신세 타령한다.
이타인은 '신세계 타령'한다.

...
이기인은 경제적 목표를 향한 수단으로 돌팔매, 매질을 택한다.
이타인은 경제적 목표를 향한 수단으로 돌파, 판매, 매진을 택한다.

...
이기인은 경제적으로 비참한 상황 속에서 빗장 풀 도둑적 마음을 곧 취한다.
이타인은 경제적으로, 비참한 상황 속에서도 비장함 품은 도덕적 마음을 고취한다.

...
이기인은 돈이 앞에 있으면 사람들에게 실성한 사람처럼 느낌을 준다.
이타인은 돈이 앞에 있어도 사람들에게 성실한, 신선한, 신성한 사람처럼 느낌을 준다.

...
이기인은 하루하루 변함으로 뻔뻔함을 만들어 간다.*
이타인은 하루하루 변화함으로 번화함을 만들어 간다.*
* '조변석개', 변덕이 죽 끓듯 한다는 의미로. * 자기 계발 의미로.

...
이기인은 목소리를 내지 못하는 사람들도 위해 가하는 막소리를 낸다.
이타인은 목소리를 내지 못하는 사람들을 위해 강한 목소리를 낸다.

...

이기인은 가령 돈 문제로 공동체가 난감한 상황을 맞이하면 "난 집에 갑니다!"
이타인은 가령 돈 문제로 공동체가 난감한 상황을 맞이하면 "난 집요히 갑니다!"
"난 지폐 겁니다!"

...

이기인은 원하는 바를 피 내는 노림을 통해 얻으려 한다.
이타인은 원하는 바를 피나는 노력으로 얻은 노련을 통해 얻으려 한다.

...

이기인은 누군가와 '이해관계'에서 누군가의 위에서 관계한다.
이타인은 누군가와 관계해서, 이해해서, 누군가를 위해서, 이행해서 갖게 한다.

...

이기인은 사람들에게 사소한 것까지 벌려 해, 사람들을 '그까짓 사소한 사람'으로 보려 해, 사람들을 사소한 사람같이 밟는다.
이타인은 사람들에게 사소한 것까지 배려해, 사람들을 '끝까지 사수할 사람'으로 보려 해, 사람들의 소소한 사랑까지 받는다.

...

이기인은 갈등적인 변화의 순간을 만들어 공동체를 동강을 내게 해 공동체를 강등시킨다. 공동체 자산을 고갈시킨다.
이타인은 감동적인 변화의 순간을 만들어 동감을 내게 해 공동체 사람들을 감동시켜 교감, 공감시켜 가득 정 있는 갈등 적은 공동체로 가동시킨다. 가득 '쩐'있는 공동체 자산을 만든다. 공동체 곳간을 지킨다.

...

이기인은 속이는 자, 속이 빈 자, 빙자하는 자, 방자한 자이다 비는 자, 빚 있는 자, 빈자된다.
이타인은 속 있는 자, 속히 빚는 자이다 피는 자된다.

...
이기인은 매사를 미뤄 설게* 만든다.
이타인은 매사를 미리 설계해 만들고, 미래 설계를 해 맘에 드는 미래를 만든다.
* 열매, 밥, 술 등이 제대로 익지 않은.

...
이기인은 사람들에게 늘 강경하게 따지고, 늘 가격을 한개 한개 따지고 늘어지는 말로 사람들이 자신과 간격을 띄게 만든다.
이타인은 사람들에게 늘 감격하게 늘 어진 말로 말의 가격을 뛰게 만든다.*
* '말 한마디에 천 냥 빚을 갚는다.' (속담) 의미로.

▣ 14단계 황금계단에 오르기 위해 알아두어야 할 황금팁

...
이기인은 잘 산다 해도 교양 없이 산다.
이타인은 없이 산다 해도 교양을 잘 지키며, 더 고양을 시키며 산다.

[이기심과 이타심의 차이]

...
이기인은 자기의 남은 목숨을 위해 방역마스크를 쓴다.
이타인은 짝의 목숨을 위해 남의 목숨을 위해 방역마스크를 쓴다.

...
이기인은 마지못해 겨우 한다.
이타인은 마치지 못했기에 기어이 한다.

...
이기인은 총기를 든 듯 산다.*
이타인은 총기*가 든 듯 산다.
* 전쟁하듯이, 남을 해하며 산다는 의미로. * 총명한 기운.

...
이기인은 찬조가 짜다.
이타인은 찬조가 잦다.

...
이기인으로 살면 늘 쭈그러들다 삶이 늘 죽~구려 죽으려 들다 세상 뜬다.
이타인으로 살면 늘 추구하려 들다 삶을 늘 죽~ 꾸려 쭉쭉~ 화려히 세상에 뜬다.

...
이기인은 자기와 가문의 이름을 어떻게 하면 멋질까 신경 쓴다.
이타인은 자기가 어떻게 하다 가문의 이름, 이룸에 먹칠할까 신경 쓴다.

...
이기인은 분노, 화를 일으켜 자신을 화형시키고, '분뇨화' 시킨다. 그러다 자산도 분뇨화 시킨다.
이타인은 분노, 화를 활용, 자신을 일으키고, 치킨다. 그러다 자산도 일으킨다.

...
이기인은 편편히 놀다 뻔뻔히 번번이 폼, 각을 잡아 산다.
이타인은 폼을 접어, 각을 편편히 눌렀다 품격을 풍겨 산다.

...
이기인은 자신의 업데이트*를 미뤄 오류를 방치한다.
이타인은 자신을 미리미리 업데이트 해 오류를 방지한다.
* Update. 갱신. 실정에 맞지 않거나 낡은 것을 현재의 상황이나 특정환경에 맞게 변경하거나 교체하는 것. 자기 계발의 의미로.

...
이기인은 늘 유행에, 요행에 따르는 참조적인 삶을 산다.*
이타인은 늘 이행이 따르는 창조적인 삶을 산다.*
* 지나치게 모방적이어서 유행 따라 살거나 점술가의 말이나 미신이나 운에 기대어 요행 따라 산다는 의미로. * 스스로 삶을 개척한다는 의미로.

•••
이기인은 모방에 몰빵!*
이타인은 모방도 창조에 창조, 창조는 참 좋은 창조! 창조에 창조!
* 모든 것을 한 곳에 전부 투입 투자.

•••
이기인은 돈으로 사람들을 엉엉 울리며 산다.
이타인은 돈으로 사람들과 어울리며 산다.

[공유경제 이타인]

•••
이기인은 자기와 공동체에 자기의 경제를, 이익을 강요하며 산다.
이타인은 짝과 공동체와 경제를, 이익을 공유하며 산다.

•••
이기인은 공유를 강요하여 자기가 가진다.
이타인은 공유하여 짝과 가진다.

•••
이기인은 구(Old)경제인 고유경제로 산다.
이타인은 굿(Good)경제인 공유경제로 산다.

•••
이기인은 고전·고유경제로 살다 고전한다.
이타인은 공정·공유경제로 살아 공존한다.

•••
이기인은 고전 고유경제로 사니 불협화음을 만들며 산다.
이타인은 공정 공유경제로 사니 플랫폼을 만들며 산다.

...
이기인은 파이를 다 가지려 한다.
이타인은 파이를 다 같이 가지려 한다.

[이기인과 이타인의 사회학적 의미]

...
이기인은 사회학적으로 볼 때 사회악, 적의*로 사는 '언택트'*형 '공공의 적'이다.
이타인은 사회학적으로 볼 때 정, 의리로 사는 '온택트'*형으로 '공적'을 쌓는 '공공의 정의'이다.

* Untact. 비접촉. 비대면. * Ontact. 연결. 온라인 공유대면.

[이기인과 이타인의 금전의식의 차이]

...
이기인은 돈이 특히 많음을 위하여 "돈돈돈!" 돈 헤아리며 살다, 돈으로 마음을 사다, 미움을 산다.
이타인은 돈독히 마음을 헤아리며 살다 번 돈으로 마을을 위하며 산다.*

*공동체의 일원으로 공유경제로 나눔을 실천하며 산다는 의미로.

[이기인과 이타인의 대인관의 차이]

...
이기인은 마을 사람들의 마음을 해하려한다.
이타인은 마을 사람들의 마음을 헤아린다.

...

이기인은 격투기 하듯 사람들을 대하며 까칠이 산다.
이타인은 '곁에 두기' 하듯 사람들을 대하여 같이 산다.

[이기인과 이타인의 소유의식의 차이]

...

이기인은 까칠이 갑질해 깍지*까지 가지려 한다.
이타인은 '같이의 가치'로 가지가지 가지런히 같이 가지려 한다.

* 콩깍지 같은 껍떼기.

...

이기인은 가짜로 떠벌려 "다 가지자!" 한다.
이타인은 "더 붙어 더불어 더블*로 더 불려 더 불러 더 풀어 더불어 가지자!" 한다.

* 더블: Double. 배.

[이기인과 이타인의 주체성의 차이]

...

이기인은 '나는 나!, 너는 너!' 한다. 스스로 늘 '나'를 강요한다.
이타인은 '나는 너!, 너는 나!' 한다. 나날 서로를 공유, 경유한다.

[이기인과 이타인의 관습의 차이]

...

이기인은 공동체의 고유 관습을 겨우겨우 따르거나, 따로 가거나, 다 '유골화' 한다.*
이타인은 공동체의 고유 관습을 공유, 경유해 따르거나 더 '고유화' 한다.*

* 사장시킨다는 의미로. * 공동체의 일원으로, 사회구성원으로 산다는 의미로.

[이기인과 이타인의 경제 관념의 차이]

...

이기인은 좋은 물품 모음으로 성공과 행복을 찾는 '고유 경제인'이다.
이타인은 좋은 뭘 품은 마음으로, 마을을 품는 마음으로, 마을에 좋은 뭘 푸는 좋은 행보로 성공과 행복을 찾는 '공유 경제인'이다.

[이기인과 이타인의 '도'의 차이]

...

이기인은 감도가 아니라 강도 위주의 삶으로 강도같이 산다.
이타인은 강도가 아니라 감도 위주의 삶으로 같이 산다.

...

이기인은 행복은 빈도, 온도가 아니라 강도라 생각한다.
이타인은 행복은 강도가 아니라 빈도, 온도라 생각한다.*

* 소소한 것에도, 소소한 만남에도 만족을 느끼며 행복하게 산다는 의미로.

▣ 15단계 황금계단에 오르기 위해 알아두어야 할 황금팁

− 디지털계단 −

∙ ∙ ∙

이기인은 디지털로 포효, 욕한다.
이타인은 디지털로 포용, 포옹한다.*
* '디지털 포용'의 의미로.

∙ ∙ ∙

이기인은 디지털로 화풀이 하려한다.
이타인은 디지털로 화풀려, 화합하려, "하하하~"하려 한다.

∙ ∙ ∙

이기인은 디지털을 안다. 그러니 디지털 기부도 그저 안다. 그러나 안 한다.
이타인은 디지털을 한다. 그러니 디지털 기부도 그저 한다.*
* 디지털 기부의 실천 생활화, 디지털 기부 문화화 의미로.

∙ ∙ ∙

이기인은 디지털을 모른다며 디지털 기부도 모른다 한다.
이타인은 디지털로 몫 모은다면 디지털 기부로 모두한테 모든 다 기부한다.

∙ ∙ ∙

이기인은 쉽게 말하면 디지털시대 가상화폐 기부는 가상이라 말하며 기피하니, 거부하니 사람들한테 "시대에 뒤졌다!"라고 말 듣는 사람이다. 이런 사람은 사람들이 제때 대꾸하는, 제때 태클하는 사람이 된다.
이타인은 쉽게 말하면 디지털시대 가상화폐로 디지털 기부*를 기쁘게 하니 사람들한테 "디지털 사랑인!"이라고 말 듣는 사람이다. 이런 사람은 가상화폐로 가산을 디지털 자산으로 만드는 사람, 가상화폐 재테크로 거부*도 되는 사람이다.
* 러시아의 우크라이나 침공 전쟁 시 우크라이나에 대한 후원금이 가상화폐로 짧은 시간에 전 세계 각지로부터 엄청나게 기부되었다는 사실에서 이미 대세가 된 디지털 자산 시장을 실감한다. * 큰 부자.

• • •
이기인은 자산 형성 수단이 가산에 상가에 집에 머문다. 자산 형성 수단이 늘 진부하다. 이들은 기부와 나눔을 머뭇머뭇하기에 거부하기에 편리한 자산이다.* 그러나 인복을 닫는 자산 형성 수단이다.
이타인은 자산 형성 수단이 가산, 상가, 집보다는 가상자산 세상 머물다 늘 진보한다. 가상자산은 이익들의 기부와 나눔에 편리한 자산이다. 그러니 인복이 닿는 자산 형성 수단이다.
* NFT(대체불가토큰) 활용 기부·나눔·후원의 의미로.

• • •
이기인은 금전운용의 꼴이 고리타분하다. 꼴이 고리*가 다분하다. 사람들이 다분하다. 가능성이 돼지털같이 뻣뻣하다.
이타인은 금전운용의 꼴이 디지털과 같이 해 가능성이 다분하다. 사람들에 다 보낸다. 다 '본'이다. 디지털과 같이 벗, 벗한다.
* 높은 이자, 사채.
* 유연하고, 창의적이고, 수수료가 저렴한 디지털을 활용하고, 디지털 기부, 나눔으로 그 씀씀이가 본보기가 된다는 의미로.

• • •
이기인은 디지털에 퉁 한다.
이타인은 디지털로 통한다.

• • •
이기인은 디지털로 설렁설렁 늘 논다. 사람을 살랑살랑 늘 놀린다. 슬렁슬렁 늘 노린다. 그러다 늘 수렁!
이타인은 디지털로 사람을 늘 놀랜다.* 늘 늘린다.* 사람이 늘 술렁술렁 는다. 그러다 늘 사랑의 노래다!
* 놀라운 성과, 업적을 보여준다는 의미로. * 인재 육성, 양성의 의미로

• • •
이기인은 디지털로 갈취해 가진다.
이타인은 디지털로 같이 해 가진다.

...

이기인은 디지털로 "각자 가자!" "각자 갖자! "한다. 사람을 "까자!", "까자!"* 갑질한다. 그러니 디지털 가치를 높히는 사람이다.
이타인은 디지털로 "같이 가자! 같이 갖자!" 한다. "사랑으로 갖자!" 한다. 그러니 디지털 가치를 높이는 사람이다.
* 악성 댓글 등의 의미로.

...

이기인은 디지털로 "다 가질래!", "모두 가질래!" 한다.
이타인은 디지털로 "다 같이 가질래!", "모두 같이 가질래!"한다.

...

이기인은 디지털로 속일 것을, 깍지*를 만든다.
이타인은 디지털로 '속'인 것을, 가치를 만든다.*
* 콩깍지 같은 껍페기. * 가치 창출이라는 의미로.

...

이기인은 디지털로 싸움을, 두려움을 만든다.
이타인은 디지털로 삶을 쌓음을, 들여옴*을, 드림*을 만든다.
* 소득 * 기부 & Dream

...

이기인은 디지털로 남이 뒤진 것을, 남이 잘못한 것을 찾으려 뒤진다.* 그러다 잘못하면 뒤진다.
이타인은 디지털로 남에 뒤진 것을 찾으려 뒤진다. 그러다 잘못하는것이 잘 되어진다.
* 인터넷 서핑의 의미로.

...

이기인은 디지털을 할 일 없이 휴일을 위해 쓴다.
이타인은 디지털을 할 일, 업 있이 효율을 위해 쓴다.

...

이기인은 디지털로 막 가진다며 막 가다 망가진다. 막 까진다.
이타인은 디지털로 망을 가진다. 디지털로 많이 가진다면 나눔의 맘을 가진다. 디지털로 맑아진다.

...

이기인은 일생 플레이*, 폼*으로 디지털을 쓴다.
이타인은 '디지털 플랫폼'*을 '인생 플랜'*, 폼으로 쓴다.*
* Play,놀이. * 폼(잡음). * Digital Platform * 인생 플랜: Life Plan, 인생계획, 꿈, 비전. * 따뜻한 공동체 인간관계의 틀이란 의미로.

...

이기인은 디지털 공동체*가 갈등에 처했을 때 "우리 같이 튀자! 빠지자!"며 결렬한다.
이타인은 디지털 공동체가 갈등에 처했을 때 "우리 같이 뛰자! 바치자!"며 격려 한다.
* 가령 단톡방도 디지털공동체임.

...

이기인은 디지털 공동체의 터에 오기 부린대로 거둔다.
이타인은 디지털 공동체의 터에 옳게 뿌린대로 거둔다.

...

이기인은 디지털 공동체의 사람들이 밉도록 행동한다.
이타인은 디지털 공동체의 사람들이 믿도록, 밀도록 행동한다.

...

이기인은 디지털공동체, 사람들의 위* 하려 재력을 과시한다.
이타인은 디지털공동체 사람들을 위하려 제어력을, 저력을 과시한다.
* (상)위.

...

이기인은 디지털공동체에서 힘든 일이 주어지면 손 떼려 한다.
이타인은 디지털공동체에서 힘든 일이 주어지면 손 대려 한다.

...
이기인은 디지털로 경제보다 모두의 견제에 몰두한다.*
이타인은 디지털로 견제보다 모두의 경제에 몰두한다.*
* 악플, 조롱, 비아냥을 일삼는다는 의미로.
* 디지털 공유경제, 디지털 포용경제에 활용한다는 의미로.

...
이기인은 디지털로 일탈을 만든다.
이타인은 디지털로 일터를 만든다.

...
이기인은 돼지탈을 쓰고 까칠이 산다.
이타인은 디지털을 쓰고, 같이 산다.*
* 디지털 공유경제의 의미로.

...
이기인은 디지털로 서로 까칠이 조롱, 해친다.
이타인은 디지털로 서로 같이 초롱초롱해진다.

...
이기인은 디지털로 아픈 세상을 만든다. 세상의 악의 본이다.
이타인은 디지털로 예쁜 세상을 만든다. 세상의 앞 본다.

...
이기인은 디지털로 나뿐인 나쁜 세상을 만든다.*
이타인은 디지털로 너뿐인 넓은 세상을 만든다.*
* 이기적 세계를 만든다는 의미로.
* 이타적 포용세계, 공유세계를 만든다는 의미로.

...
이기인은 디지털로 쾌락을 함께 한다.
이타인은 디지털로 고락을 함께 한다.

...

이기인은 디지털로 환락을 즐긴다.
이타인은 디지털로 활약을 즐긴다.

...

이기인은 디지털에 검은 물 들인다.*
이타인은 디지털에 금.은, 뭘 들인다.* 드린다.*

* 디지털 부작용 양산이란 의미로. * 디지털 경제의 의미로. * 디지털기부·나눔 의미로.

...

이기인은 디지털에 부적응한다. 그러다 디지털부작용이 부쩍는다.
이타인은 디지털을 부착, 응한다. 그러다 디지털에 적응, 디지털이 부쩍는다.

...

이기인은 공동체에 '디지털 부작용·한계'를 만든다.
이타인은 공동체를 디지털로 부쩍 용하게 만든다.

...

이기인의 디지털 공동체 속 삶의 방식은 보양, 얕봄, 뿌연 이기이다.
이타인의 디지털 공동체 속 삶의 방식은 부양, 양보, 뽀얀 이타이다.

[디지로그 이타인]

...

이기인은 디지털시대에도 "디지털이 돼지털 아냐?"라고 디지털을 모르고, 디지털에 아날로그를, 모은 뜻인 따뜻한 마음의 디지털인 '디지로그'* 뜻은 뒤질려고 더 모르고, 아날로그만으로 뒤진 생활, 막힌 생활을 만만히 하다 뒤에 "뒤졌다!" 막막히 한탄한다거나 디지털만으로 생활하다 뒤진 생활을 하는 사람들*, 자산이 막혀 사는 사람들을 '돼지똥'처럼 몰고, 모른다고 한다. 이는 모든 다 디지털에 맡겨 철없는 수만 빡빡 박한 생활이면서도 돼지처럼 사는 이기 생활이다.

이타인은 '디지로그'로 따뜻한 마음을 아주 많이 모으고, 따뜻한 아날로그 말을 하다 다 득한다거나 디지로그로 자산을 모으고, 모은 자산으로 뒤진 생활을 하는 사람들, 자산이 막혀 사는 사람들을 먹여 살리는 따뜻한 디지털 생활을 한다. 이는 디지로그라는 따뜻한 마을의 '대지·터'에서의 신박하면서도 순박한 이타 생활이다.*

* Digilog=Digital + Analog 감성   * 끝없이 지루하게.
* 디지로그가 자리이타에 부합하는 디지털 생활방식이라는 의미로.

■ 16단계 황금계단에 오르기 위해 알아두어야 할 황금팁

· · ·

이기인은 꽃 난 길인지 아닌지 특히 잘하면 돈 받는 자리인지 아닌지 가려 한다. 하지만 이타인은 고난 길을 인지하지만 가려 한다. 특히 동반자 있는 자라면.

· · ·

이기인은 공동체 사람들이 죽고 싶을 만큼 힘든 상황에서 또 죽~ 골골한 척하니 공동체 사람들이 죽이고 싶을 만큼 더 힘든 상황을 만든다.
이타인은 공동체 사람들이 죽고 싶을 만큼 힘든 상황에서도 죽~고, 고! 척척 하니* 공동체 사람들이 사랑 주고 싶을 만큼 더 힘 되는 상황을 만든다.

* 죽~Go, Go!

· · ·

이기인은 은혜를 눈 감는다.*
이타인은 은혜를 늘 갚는다.

* 모른척 한다는 의미로.

· · ·

이기인은 좋은 것들과 같이 겉으로 화려하려는 사람이다.
이타인은 좋은 사람들과 같이 가치 있는 것을 거두려 하려 하는 사람이다.

• • •

공동체 일이라면 누가 시키기 전에는 안 한다. "할께!"해도 씩씩거리며, 거르며 하는 꼴통'형인 인간이다.
이타인은 공동체 일이라면 누가 시키기 전에도 한다. 구르며 해도 씩씩하게 하는 공동체형인 인간이다.

• • •

이기인은 공동체의 경제적 위기 때 이기로 자신 자산을 간수하고, 간사하고, 공동체를, 공동체 사람들을 되레 때려눕히고 떠나고, 이탈한다.
이타인은 공동체의 경제적 위기 때 이타로 자신감과 위기 이기기로 위기를 때려눕히고, 되레 공동체를, 공동체 사람들을 감싸고, 감사해하고, 공동체를 더 낫고, 근사하게 높이고, 자산을 건사한다.

• • •

이기인은 마을 사람들의 마음을 엉엉 울려 사는 사람이다. 특히 자산, 돈 문제로.
이타인은 마을 자산을 올려 쌓는, 마을 사람들과 사랑을 우려 영영 어울려 사는 사람이다. 특히 자신이 도운 문제인 사람들과도.

• • •

이기인은 성공은, 돈은 사람 꺽고, 아는 사람 것 한껏 걷고, 떼어야 온다고 믿는다.*
이타인은 성공은, 돈은 아는 사람과 함께 걷고, 뛰어야 온다고 믿는다.*
* 오로지 지식, 학벌, 명성이 성공의 길이라고 생각한다는 의미로.
* 좋은 인간관계와 협력이 성공의 길이라고 생각한다는 의미로.

• • •

이기인은 어떤 상황에서도 부정적으로 계획, 구상하고 비관적으로 긁적긁적, 실행하는 척, 척척 나가는척 한다. 특히 공동체 위기 상황에서는 "난 관전한다!". 그러니 돈이 모이랴!
이타인은 어떤 부정적·비관적 상황에서도 긍정적으로 계획, 구상하고 낙관적으로 척척 실행한다. 특히 공동체 위기 상황에서는. 그러니 돈이 모이랴!

...
이기인은 이익을 따라 돈을 따라 떠돌아다닌다.
이타인은 일을 따라 더 돌아다닌다.*
* 근면 성실, 부지런하다는 의미로.

...
이기인은 부지런히 아첨해 붙어산다. 여전히 빌붙어 산다.
이타인은 아침부터 부지런히 산다. 열정에 불붙어 산다.

...
이기인은 공동체의 경제적 파란* 때 되레 반란을 일으킨다.
이타인은 공동체의 경제적 파란 때 되레 발랄한 공동체로 일으킨다.
* 어수선한 시련.

...
이기인은 공동체의 목표와 꽤 다르다.
이타인은 공동체의 목표에 꽤 따른다.

...
이기인은 공동체 외 '고립무원'*!
이타인은 공동체와 고리* 무한!
* 아무런 도움을 받지 못한 채 홀로 외로이 서 있다.   * (연결)고리.

...
이기인은 자신의 공동체·공동체 자산과 불신 관계!
이타인은 자신의 공동체·공동체 자산과 분신 관계!

...
이기인인 사회지도층은 '민심이 천한 심'!
이타인인 사회지도층은 '민심이 천심'!

• • •
이기인인 공직자는 직보다 짓을 한다. 공공에게 도움주기 보다 돈 받아 쥐기로 살며,
이타인인 공직자는 짓보다 직을 한다. 돈보다 공공에게 도움지가 사명!

• • •
이기인은 매사에 '전전긍긍'*, '쩐쩐끙끙'*이다.
이타인은 매사에 적적·긍정적이다.
* 겁을 먹고 움츠리거나 벌벌 떠는 것. * 돈걱정 의미로.

• • •
이기인은 경제적 당면과제에 움츠리거나 움찔거리거나 벌벌 떤다.
이타인은 경제적 당면과제에 펄펄 움직이거나 발을 뗀다.

• • •
이기인은 누군가의 돈을 거저 가지려는, 누군가에게 걱정, 해를 주는, 누군가의 부탁을 거절해 '거지'라며 꺼지라는 사람이다.
이타인은 누군가의 돈을 건전히 해 가지려는, 누군가를 걱정해주는, 누군가의 부탁을 그저 해주는 사람이다.

• • •
이기인은 사고가 바르지 못해 못된 버릇이 버려지*만 못해, 사고치고, 싸우고 살고, 돈벌레처럼 돈에 꽂히고 빠른 돈벌이를 벌이지만 돈벌이가 못 되고 돈버리지만, 또 돈 벌어도 싹~ 꼭 쥐고 벌리지 못하지만, 이타인은 사고가 바르니, 빠르게 버릇 싹~고치고, 수고 치르고, 몫 해 돈 꽂히고 바른 돈 바로 쌓고, 바르게 되고, 또 돈벌지 못해 돈에 콕콕 찔리고 사는 이들에게 돈 번 이익들을 깨, 돈벌리고 몫 떼어 주고 바르게!
* 벌레

• • •
이기인은 자기의 머리로 냅다 내다보고 나아가고, 경제적 당면문제를 해결하려 하다 물의를 빚고, 한계에 부딪힌다.
이타인은 멀리 내다보고 나아가고, 빚고, 짝의, 무리의 머리로 경제적 당면문제를 해결하려 한다. 함께 부딪친다.

...

이기인은 공동체가 경제적으로나 모든 면에서 위대할 때 공동체를 위태해지게 한다.
이타인은 공동체가 위태할 때 공동체를 경제적으로나 모든 면에서 위대해지게 한다.

[이기인과 이타인의 성격적 차이]

...

가령 이기인 야구선수는 스트라이크 공을 후려치지 못한 때 스트레스로 끝내 훈련을 때려치운다. 그리고 팀 탓으로 돌린다.
가령 이타인 야구선수는 스트라이크 공을 후려치지 못한 때 스트레이트로 훈련을 끝내, 끝내 후련히 때려 친다. 그리고 공을 팀 덕으로 돌린다.

...

이기인은 "수리수리 마수리!", "술이 술이 말술이!" 식으로 일도 재물도 이루려 한다.*
이타인은 "수리수리 많은 수리!", "순리 순리 많은 순리!" 식으로 일도 재물도 이루려 한다.*
* 요행과 술접대로 이루려 한다는 의미로.
* 교정, 바로 잡음과 이치에 따라 바르게 이루려 한다는 의미로.

...

이기인은 오늘도 늘, 오늘 할 내 일을 내일 하려 하니 내일이 열리랴! 재물 창고 문이 열리랴!
이타인은 오늘도 늘, 오늘 할 내 일을 오늘 내 하려 하니 내일이 환히 열리리라! 재물 창고문이 열리리라!

...

이기인은 치렁치렁 뭔가를 걸치고, 치렁치렁 데리고, 겉치레로 살아간다.
이타인은 치렁치렁 걸친 뭔가를 '컷'*치고, 거친 뭔가를 고치고, 차례차례 거치고, 치뤄 뭔가가 되려고 살아간다.
* cut.

...
이기인은 어려운 경영 상황이 닥쳤을 때 눈앞이 깜깜해 갑갑하니 대책 없이 해치운다는 식, 둔탁한 팔이 감으로 돌팔매 식 대처하다 때리는 순간 그만 경영 상황이 다 깜깜해진다. 해 진다.
이타인은 어려운 경영 상황이 닥쳤을 때 가만가만 늘 앞을 감안해 또 판매시 대책 업* 시켜 대처하다 때로는 순간 감히* 대차게 감행*해 씩씩히 감으로 돌파한다.
*up * 두려움을 무릅쓰고. * 과감하게 실행함.

...
이기인은 젊어서 늘 놀다가 돈 물 쓰듯이 쓰다가 말년에 막연, '망연자실'*, 한탄만 연이어한다.
이타인은 젊어서 늘 노가다!* 돈 못 쓰듯이 쓰다가 말년에 자신만만, 영하다.*
* 당한 상황에 정신이 없이 멍하니 어리둥절한 모양
* 막노동. * Young 하다. 젊다.

...
이기인은 공동체에 시비를 조장하여 공동체를 적으로 가른다. 공동체 자산도 "쩍" 가른다.
이타인은 공동체와 공동체 자산의 '시시비비'*를 정의로 조정하여 가린다. 정으로 가른다.
* 옳은 것은 옳다 그른 것은 그르다 말한다는 뜻으로, 사리를 공정하게 판단함을 이르는 말.

...
이기인은 아수라*같아, 야수 같아 공동체의 아슬아슬한 경제적 위기에 오히려 공동체에 위해를 가해 과히 아수라장*을 만든다.
이타인은 공동체의 아슬아슬한 경제적 위기에 오히려 공동체를 위해 가히 수라상*을 만든다.
* 싸움을 좋아하는 귀신. * 끔찍하게 흐트러진 현장. * 임금에게 올리는 진지상.

...
이기인은 공동체의 경제적 위기로 이성을 발휘해야 할 때 이성이 휘발해 사라지는, 인상 팍팍 쓰며 들어 사랑 찢는, 행동이 빠르지 못한, 이상한 버러지만 못한 행동을 하는,

인성이 바르지 못한, 일탈적인, 일생 적인 사람일 뿐이다.
이타인은 공동체의 경제적 위기로 이성을 발휘해야 할 때 이상을, 이성을, 인성을 버리지 못하는, 발이 해야 할 때 빠른 짓, 바른 짓, 맞는 행동을 하는, 인상이 퍽 수수히 스며들어 사랑 짓는, 이타적인, 이상적인 사람인 '분'이다

...

이기인은 공동체와 공동체 자산의 형식을 촉진한다.
이타인은 공동체와 공동체 자산의 혁신을 촉진한다.

...

이기인은 돈 욕심의 수준은 높인다만 포부는 눕힌다. 포복 수준이다.
이타인은 돈 욕심의 수준은 눕힌다마는, 보폭 수준이다마는 포부는 높인다.

...

이기인은 아슬아슬, 설렁설렁, 어슬렁어슬렁, 까칠이 사니 결국 사람들이랑 썰렁하게 사네! 돈이랑 사네!
이타인은 이슬같이 선량하게 사니 결국 사람들이랑 "사랑사랑!" 함께 같이 사네! 사랑이랑 돈이랑 같이 쌓네!

[이기인과 이타인의 성질적 차이]

...

이기인은 가령 남자인 경우 상놈이다.
이타인은 가령 남자인 경우 상남자*이다.
* 상남자: 남자 중 남자.

[이기인과 이타인의 체질적 차이]

...
이기인이 '섹스쟁이'라면,
이타인은 '센스쟁이'라며!

...
이기인은 육체적 쾌감을 즐긴다.
이타인은 체육적 쾌감을 즐긴다.

■ 17단계 황금계단에 오르기 위해 알아 두어야 할 황금팁

...
이기인은 돈으로 은밀한 것을 즐긴다. 돈으로 꼬시려 하는 것을, 돈에 맛들려 하는 것을 특히 즐긴다.
이타인은 돈으로 음미하는 것을 즐긴다. 도움의 돈으로 돈을 꽃으로 만들어 음미하는 것을 특히 즐긴다.*

* 기부, 나눔의 의미로.

...
이기인의 눈에는 세상만사가 꼽다. 돈이 없으면 더 꼽다. 그러니 "인생도 꼽다!" 세상 막 산다.
이타인의 눈에는 세상만사가 곱다. 돈이 없어도 다 곱다. 그러니 인생도 꽃 답다.

...
이기인의 심성은 시선이 돈을 앞에 두고는 종종 실성한 수준이다.
이타인의 심성은 시선이 돈을 앞에 두고도 성실, 신선해 종종 신성한* 수준이다.

* 고결하고 거룩한.

...
이기인은 지금 조금이면, 작금에* 작으면, 적으면 저금 깨, 턴다. 그러니 지금 개털*
이다!
이타인은 지금 조금이면, 작금에 작으면, 적으면 적금 꽤 든다. 그러니 지금 꽤 든든히
있다.
* 요즘. * 무일푼.

...
이기인은 어려운 이들을 본다면 저기 본다. 더러는 찔끔 준다.
이타인은 자기보다 어려운 이들을 본다면 자기가 지금 어려워도
저금, 적금을 털어 준다. 이들의 어려움을 덜어 준다.

...
이기인은 자기의 역할과 삶의 무게와 우려와 경제적 어려움과 시름들을 누구라도 지게
하는 사람이다.
이타인은 짝의, 어려운 사람들의 삶의 무게와 우려와 경제적 어려움과 시름들을 누그러
지게 하는 '지게' 역할을 하는 사람이다.

...
이기인은 돈 문제로 가까이하기에는 늘 어려운 사람, '우리'스러우나 늘 우려스러운 사람
이다.
이타인은 돈 문제에도 가까이 화기애애 늘 어울려 웃는 사람, 늘 가까이하기에 '우리 사
람'이다.

...
이기인은 가령 산을 깎아, 평지로 넓혀 성공의 씨앗을 뿌린다.* 끝내는 불의로 뿌리가
썩는다.
이타인은 가령 삶을 가꿔, 삶의 지평을 넓혀 성공의 씨앗을 뿌린 끝내는 뿌리로 선다.
* 부동산투기의 의미로.

· · ·
이기인은 돈 안 생기는 일이면 일을 멀리 늘 미룬다. 그러니 일머리를 알랴! 일머리가 돈새기인데 돈 생기랴!
이타인은 돈 안 생기는 일이어도 일을 미리 생기로 늘 한다. 일을 미루는 일을 멀리한다. 그러니 일새기기로 일머리를 알리라! 일머리가 돈새끼이니 돈 생기리라!

· · ·
이기인은 고락을 함께한 공동체인 마을이 경제적 고난 시 교란 행위*로 마을사람들의 마음에 골나게, 마을을 가난하게, 곤란하게 한다. 한마디로 '고통 동네'로 만든다.
이타인은 고락을 함께한 공동체인 마을이 경제적 고난 시 구난 행위로 마을사람들 마음에, 마을에 꽃 나게 한다. 한마디로 '꽃동네'로 만든다.
* 마음이나 상황 따위를 뒤흔들어서 어지럽고 혼란하게 하는 행위.

· · ·
이기인은 가정과 공동체의 기능성과 자산에 그저 기대어 희미해 산다.
이타인은 가정과 공동체의 가능성을 기대하여 자신의 긍정의 힘에 기대어 기도*하여 기도*하며 자산을 쌓는다.
* 시도. * '진인사대천명' 의미로.

· · ·
이기인은 인간관계·금전관계를 이간시키니 인간인가? 일감 과하게 시키니 '갑질인간' 인간인가?
이타인은 인간관계·금전관계를 지키는, 이익 가는 관계로 치키는 인간이니 값진 인간이다!

· · ·
이기인은 인간관계·금전 관계를 이간시키니 인간인가? 일감 과하게 시키니 '갑질인간'이 인간인가?
이타인은 인간관계·금전 관계를 지키는, 이익 가는 관계로 치키는 인간이니 값진 인간이다!

...
이기인은 금력, 권력을 휘둘러 '성난 영향력'을 행사한다.
이타인은 금력, 권력을 휘돌아 '선한 영향력'을 행사한다.

...
이기인은 꿈과 비전에 탐의 허식을 더 해 형식화, 비현실화 시키고, 허술하게 만든다. 현실에 찍히고 만다.
이타인은 꿈과 비전에 땀의 헌신을 다해 혁신화, 배 현실화 시키고, 실화로, 치키고, 신화를 만든다.

...
이기인은 타인의 꿈, 비전을 비정하게 눌러, 자기의 꿈, 비전을 향한 노력을 놀려, 꿈, 비전을 으깨 껌 정도로 비천하게, 때가 있게, 노린내 있게 한다.
이타인은 자기의 꿈, 비전을 향한 정도의 배전의 노력으로 빛 정도로, 빔*정도로 노련을 늘린다. 이 노력한 노련은 대가가 있게, 꿈, 비전을 누릴 때가 있게 한다. 누릴 때 타인과 같이 누린다.
* (레이저)빔.

...
이기인은 자기의 비전을 이루기 위해 주위 사람들에게 비정하고, 심지어 자기 빛 전해 비천하게 해 화나게 한다.
이타인은 자기의 비전을 이루기 위해 자기를 정비하고, 주위 사람들에게 자기 심지의 비전의 빛 전해 환하게 한다.

...
이기인은 "줄거니 말거니?" "죽겠니 맞겠니?" 한다.
이타인은 주거니 받거니, "주겠네! 맡겠네!" 한다.

...
이기인은 줄이고 주니 남남! 놈! 때로는 때리고 주니 "놈"!
이타인은 주고 죽~ 주니 님! 때로는 "주님"!

...

이기인은 집을 산다.
이타인은 집에 산다.

...

이기인에게 집은 돈 주고 사는 것이다.
이타인에게 집은 동주하고, 도움 주고 사는 곳이다.

...

이기인은 독서를 저 멀리해, 책을 보고도 보기 싫어해 날름날름 제 혀를, 제 머리를 독사로 만들어 해를, 실언을, 난타를 공동체에 실어 나른다.
이타인은 독서에 맛 들어 저 멀리 '동서고금'의 고급의 지혜를 제 머리에, 공동체에 실어 나른다. 책을 보고*로 보고, 보고 또 보고 하다 해를 저 멀리로 해, 복 있곤 한다. 꿈 실현으로 저 멀리 난다.

* 보물금고.

...

이기인은 경제 도서를 사서도 덜 봐, 책을 다 팔아 자신과 공동체의 경제위기에 위기 돌파책, 위기 타파책을 못 찾는다. 자신의 몫을 못 찾는다.
이타인은 경제 도서를 서서도 독서해, 책을 다 봐 독파해 자신과 공동체의 경제위기에 위기 돌파 책, 위기 타파책을 찾는다. 자신의 몫을 찾는다.

...

이기인은 회사의 경제적 위기에 자신의 생존을 위해 몸담은 회사에 위해를 가하는 과한 전량 소비를 일상에 전적으로 감행하다 사고나 감옥행 한다.
이타인은 회사의 경제적 위기 시에 일생 몸담은 회사의 생존과 구사를 위해 늘 수비적 절약과 적절·적정 소비를 전략적으로 적절히 감안해 구사해 구사하고, 자신도 '구사일생'한다.

...

이기인은 친구에게도 좋은 일은 만류*하고, 나뿐인 일*, 나쁜 일은, 특히 나쁜 돈 만드는 일은 과장하고, 권장한다.

이타인은 친구에게 더 좋은 일은 관장하고, 권장하고, 나뿐인 일, 나쁜 일은, 특히 나쁜 돈을 만드는 일은 만류한다.
* 붙들고 못 하게 말린다.
* 이기적인 일.

• • •
이기인은 돈독에 타인을 탄압한다. 자기가 탄압받는 때는 담합*한다.
이타인은 타인이, 짝이 탄압받는 때는 타인과 짝과 단합한다. 돈도 이타심에 돈독히 다 합한다.
* 들러붙어 서로 짜고 치는 부당한 공동행위.

• • •
이기인은 돈 생기는 일, 이익 드는 일이라면 앞뒤 안 보고 물불 안 가리고 강행한다. 그러다 자신에게 해가 되고, 타인을 가해한다.
이타인은 돈 생기는 일이든 안 생기는 일이든 앞 뒤 안을 보고, 물불 가리고, 타인을 감안하고, 그러나 자신 있게 감행 하다 되고, 한다.

• • •
이기인은 돈 생기는 일이라면 나설 때 안 나설 때 다 나선다.
이타인은 돈 생기는 일이라도 낯선 돈* 생기는 일이라면 나설 때 덜 나서고, 안 나설 때 안 나선다.
* 검은 돈, 눈먼돈 의미로.

• • •
이기인은 돈 생기는 길이라면 바른 길 아니라도 낄 때 안 낄 때 다 낀다.
이타인은 돈 생기는 길이라도 낄 때 "탁" 끼고, 안 낄 때 안 낀다. 바른 길 갈길 바빠 "깔 낄빠빠"*!
* '낄 땐 끼고 빠질 땐 빠진다.'의 줄임말 신조어

• • •
이기인은 경제적으로 어려운 사람들에게 덜 주고, 줘도 덜덜 떨며 준다.
이타인은 경제적으로 어려운 사람들에게 주고, 줘도 덤 더 주고, 털며 준다.

...
이기인은 한 둥지의 동지에게도 할지 말지를 안 묻는다. 그러다 하지 말 일을 하다가 더 말려들고, 다 물리고, 하자 다 난다. 돈 물린다. 돈 문다. 돈 말린다.
이타인은 하한 둥지의 동지에게 할지 말지를 묻는다. 그러나 하지 말 일은 다 물리고, 하지 말자 더 말리려 들고, 타이른다.

...
이기인은 남을 빼려 한다. 나은 남을 패려 한다. 남의 돈을 빼오려 한다.
이타인은 남을 배려한다. 나은 남을 배우려 한다. 남은 돈을 빼 배려한다.

...
이기인은 "뭐니 뭐니해도 머니*가 최고!"라며, 자기 주머니에 머니를 매일 꼭꼭 눌러 채우고 꽉꽉 많이, 늘 채워 쥔다.
이타인은 매일 아껴 자기 주머니의 머니를 매일 라면 먹는 이들에게 '먼 이'*라 해도 날러 각각 쥐어주며, 내어 주며, 내내 채워 준다.
* Money. 돈. * 멀리 떨어져 있는 사람. 친분이 없는 사람.

■ 18단계 황금계단에 오르기 위해 알아두어야 할 황금팁

...
이기인은 어려운 사람들을 하대, 한대*한다.
이타인은 어려운 사람들을 환대한다.
* 푸대접.

...
이기인은 타인 삶과 타인 쩐의 전진과 정진과 점진을 저지한다.
이타인은 타인 삶과 타인 쩐의 전진과 정진과 점진을 지지한다.

...
이기인은 일을 않고, 촌지로 졸지에 일이 되는 것을 좋아한다.
이타인은 쫄지 않고, 졸지 않고 일을 한 조치로 일이 촉진되는 것을 좋아한다.

...
이기인은 별 이익 앞에 사람의 도리를 내다 버린다. 사람을 도울 일을 "한다!한다!" 하다 도리어 냅다 다 도려내어 버린다.
이타인은 별 이익 앞에 사람의 도리를 내내 다한다. 사람을 도울 일을 내내 벌이다 번 이익을 다 냅다 도려내어 낸다.

...
이기인은 가령 덕보다 떡이다.
이타인은 가령 떡보다 덕이다.*
* '배부른 돼지가 되느니 배고픈 소크라테스가 되겠다!'의 의미로.

...
이기인은 입으로 화를 자주 낸다. 사람도 돈도 무서워 냉하다.
이타인은 입으로 "하하하~"를 자주 낸다. 사람도 돈도 모셔 와 내내 "하하하~"한다. 논다.

...
이기인은 사람들의 발길을, 돈의 발길을 부러뜨린다.
이타인은 사람들의 발길을, 돈의 발길을 불러들인다.

...
이기인은 일을 주면 뒷짐지며, 억지로 엎치락뒤치락하니 일도 뒤처져 버린다. 대가도 엎질러 버린다. 그러니 사람들은 "뒈져라" 하네!
이타인은 일을 주면 쥐어 쥐며 어찌어찌하니 일도 앞질러 버린다. 대가도 '앞 쥐어라 뒤에 져라' 번다. 그러나 번다면 앞집 뒷집에 주며 낙이라 하네!

...
이기인은 남보다 일을 조금 하거나 조급해 급조하거나 조금밖에 없는 남에게 저급하게 한다.
이타인은 남보다 일을 적극 제곱*하거나 남과 접근해 화기애애하게 일 하거나 조금밖에 없는 남에게 자급한 저금 지급한다.
* 제곱: 곱절.

...
이기인은 늘 부정적이라 부정 탄* 일 있다. 특히 돈이.
이타인은 늘 긍정적이라 '극적 턴'* 이 있다. 특히 돈이.
 * "안된다! 안된다!" 하면 진짜 안된다. '말이 씨가 된다'는 의미로.
 * 극적인 반전 전환(turn)을 맞는다는 의미로.

...
이기인은 남의 '쩐'을 빼 오니*, 저를 배 올리니 적이 배 오네! 이웃이 비웃네! '쩐', 정 비네!
이타인은 남의 '쩐'을 비우니, 저를 비우니, 남의 '쩐'을 배 올리니 정을 피우네! 이웃이 배우네!
쩐, 정 배 오네!*
 * 부당이득, 절도의 의미로. * 배(로) 오네!

...
이기인은 종종 동료를 돈으로, 똥으로, 돌로 본다.
이타인은 종종 동료를 본 딸 동료로, 따를 동료로 본다.

...
이기인은 공동체에 신음·시름의 빚 비바람을, 피바람을 일으키곤 한다.
이타인은 공동체에 신바람, 빛, 보람을 일으키곤 한다.

...
이기인은 매사에 담, 위에서 관망한다. 단, 돈은 탐에 홀러 갈망한다.
이타인은 매사에 땀흘려 갈망한다. 단, 탐의 돈은 유해해서 관망한다.

...
이기인은 일단 그 사람의 겉모습을 본다. 그리고 간 본 다. 다 까본다. 깔본다.
이타인은 일단 그 사람의 곁 모습을 본다. 그리고 다가가 본다.

• • •
이기인은 그 사람의 가진 것을 보고 얕본다.
이타인은 그 사람이 가질 것을 보고, 앞 본다.*
* 사람의 잠재력, 가능성, 전도유망함 등을 본다는 의미로.

• • •
이기인은 노닥노닥 농담, 한담*하다, 놀다, 하루 하루 공치다 꼴찌다!
이타인은 하루하루 꼭 짓다, 노동하다, 한땀 한땀 놓다, 고치다 꽂이다!
돈이 꽂힌다!
* 심심하거나 한가하게 이야기하는 것 또는 별로 중요하지 않는 이야기.

• • •
이기인은 이기로, 안이로 타인을 다운*시키는 삶, 다 우는 삶을 야기한다. 이는 안이사람이 아닌 사람의 삶의 이야기이다.
이타인은 이타로 타인을 도우는 삶, 타인의 안위를 치키는, 지키는 삶, 다 웃는 삶을 야기한다. 이는 사람다운 사람의 이야기이다.
* Down. 무너뜨림. 하락.

• • •
이기인은 경제적 고난이 주어지면 항상 곳곳에 곤란한 상황을 만든다.
이타인은 경제적 고난이 주어지면 항상 곧 나은 상황을, 곧 나는 상황을, 꽃 난 상황을 만든다.

• • •
이기인은 스스로 좌절로 저절로 무너진다. 좌절에 물려, 진다. 주절주절 뭐 넋두리다. 특히 경제적 좌절로.
이타인은 스스로 조절로 진단으로 좌절을 물리친다. 무너뜨린다. 주적이 좌절이다. 특히 경제적 좌절.

• • •
이기인은 사람이 배를 불리냐며 뭐 뭐 조건 따져, 건조한 조건적인 사랑을 한다. 사랑을 돈으로 사려 한다.

이타인은 사랑을 다져, '사랑의 배'를 건조하는 무조건적인 사랑을 한다. 불리한 사람을 도움으로, 사랑으로 살리려 한다.

• • •

이기인은 자기에게 이익이 생기는 일이면 타인이 그 일을 하기 싫게 만들어 자기가 가지 가지 가진다.
이타인은 자기가 이익이 생기는 일이어도 타인이 그 일을 하고 싶게, 하기 쉽게 만들어 같이 이익을 가진다.

• • •

이기인은 서로 등치고, 등지게 된다.
이타인은 서로 둥지가, 동지가 된다.

• • •

이기인은 돈을 앞에 두고 우리의 의리를 유리같이 깨지게 한다.
이타인은 돈을 앞에 두고 우리의 의리에 같이 가지게 한다.*

* '견리사의' (이익을 앞에 두고 의리를 생각한다) 의미로.

• • •

이기인은 누군가에게 저뿐인 사람, 적일 뿐인 사람, '쩐'뿐인 사람이다.
이타인은 누군가에게 "저분!"인 사람, 정분인 사람이다.

• • •

이기인은 돈 냄새 피우며, 깃 세우고, 사람들 앞에서 걸어가려 한다.*
이타인은 사람 냄새 피우며, 돈 비우며, 귀 세우고 사람들 옆에서 걸어가려 한다.*

* 남보다 잘난 체 품 잡으려 우두머리 행사한다는 의미로.
* 남의 어려움을 경청하며 동반자로 산다는 의미로.

• • •

이기인은 사소한 돈 문제에도 돈 밝힌다. 얼굴을 붉힌다.
이타인은 사소한 돈 문제에도 얼굴을 밝힌다.

...
이기인은 갈등, 분쟁, 실수, 손해, 위해의 원인을, 답을 남에게서 찾느라 안간힘을 쓴다. '유인원'인가?
이타인은 갈등, 분쟁, 실수, 손해, 위해의 원인을, 답을 나에게서 찾느라 안간힘을 쓴다. '인간'답다.

...
이기인은 돈 안 되는 일이면 일을 지겹게 하니 당연히 인생도 지겹다.
이타인은 돈 안 되는 일이어도 일을 즐겁게 하니 당연히 인생도 즐겁다.

...
이기인은 자기가 자신 없는 일은 "불가능하다!", "해도 밑진다!" 하다 사람들이 하면 "미쳤다!"한다. 이런 사람에게 불가능은 불이 과한 불이다.
이타인은 자기가 자신 없는 일도, 사람들이 불가능하다 해도 하며, 일에 미쳐 기능으로 다 하다 가능에 미친다. 이런 분에게 불가능은 불가능에 불과할 뿐이다.

...
이기인은 자기가 가지고 있는 것이 늘 적다한다.
이타인은 자기가 가지고 있는 것이 늘 적당하다, 족다다한다.

...
이기인은 타인에게 냉소*를 주니 마치 냉동인간 같다.
이타인은 타인에게 '내 손'을 주니, '내 돈도 인근에 주니, 내일도 인근에 주니 마치 인간 안 같다.
* 쌀쌀한 태도로 비웃음 또는 그런 웃음.

...
이기인은 타인에게 "너 너구리다!" 한다. 특히 돈 문제로.
이타인은 타인에게 "너 그립다!"한다. 타인에게 너그립다. 특히 돈 문제에.

...
이기인은 타인이 고통을, 체기를 느끼게, 까칠이 쌀쌀함을 느끼게 한다. 갑질로 느끼게 언행을 한다.
이타인은 타인에게 공동체에 '같이 살 사람'임을 느끼게, 사랑을 느끼게, 사람의 가치를 느끼게 언행을 한다.

...
이기인은 사람보다 돈을 공경하니 타인과 공동체를 공격한다.
이타인은 돈보다 사람을 공경하니 타인과 공동체를 공경한다.

...
이기인은 자신에게는 1천만원어치, 2천만원어치 좋은 게 있게 하나, 타인에게는 1전만, 2전만 있게, 많지 않게 있게, 쫀쫀하게 한다.
이타인은 타인에게 늘 마치 1촌만치, 2촌만치 촘촘하게 좋게 자신에게 있는거 쪼개, 전하게 해있게 한다.

■ 19단계 황금계단에 오르기 위해 알아두어야 할 황금팁

...
이기인은 통속적인 냄새나는, 돈 썩은, 쩔은 냄새나는 사람이다.
이타인은 토속적인 '사람 냄새'나는 사람이다.

...
이기인은 마치 똥통속의 통속적인 '한통속' 같다.
이타인은 마치 돈 통속에서도 토속적인 한 동족 같다.

...
이기인은 그 시작은 창대하나 그 끝은 미약하다. 특히 돈 약속의 말.
이타인은 그 시작은 미약하나 그 끝은 창대하다. 특히 돈 약속의 말.

・・・
이기인은 매사 별일 다 "걱정, 걱정!" 벌인다. 특히 돈 걱정.
이타인은 매사 "걱정 꺼져!"니 걱정이 걷혀 버린다. 특히 돈 걱정.

・・・
이기인은 돈고생, 마음고생, 몸 고생, 사서 고생마다 하다, 생고생!
이타인은 돈고생, 마음고생, 몸 고생, 사서 고생 맡아 하나 생이 곧 생생!

・・・
이기인은 '쩐'만 알면서 살다 절망을 하면서 산다. 적막한 철망 안에서 산다*. 천막에서 산다.
이타인은 전망을 하면서 살다 정말 하면서 산다.
* 쇠창살감방 의미로.

・・・
이기인은 삶에 '쩐'만이 감돌다 적막이 주위에 많이 감돈다.
이타인은 삶에 정이 많이, 감동이 많이 주위에 정말 많은 이가 감돈다. '쩐'이 많이 감돈다.

・・・
이기인은 가령 돈을 저리로 얻어도 가난한 사람에게도 고리로 돌리는 "돈돈!"하는 돈독 오른 사람이다.
이타인은 가령 돈을 고리로 얻어도 가난한 사람에게는 저리로 돌리는 돈독한 옳은 사람이다.

・・・
이기인은 돈과는 일일이 친밀하나, 화가 치밀면 미친 듯 사람을 밀친다.
이타인은 돈 갖는 일에 화가 치민 사람과도, 돈에 미친 사람과도 친밀하다.

・・・
이기인은 사람들을 등치듯, 족치듯 대한다.
이타인은 사람들을 동친*이듯, 종친*이듯 대한다.
* 촌수가 같은 사람들. * 일가붙이.

...
이기인은 손에 번다해야 해본다.
이타인은 손해 본다 해도 해본다.

...
이기인은 사람들을 사귀어 사기를 친다.
이타인은 사람들을 사교로 사귀어 친하다.

...
이기인은 힘든 일을 부담하면 역정을 내며 "부당하다!" 한다.
이타인은 힘든 일을 부담하면 불타는 열정을 내며 부단히 일한다.

...
이기인은 공동체 사람들에게 골치다. 돈에 우는 사람이니.
이타인은 공동체 사람들에게 꽃이다. 도우는 사람이니.

...
이기인은 불리함에 항거한다. 경제 공정으로 불리함에.
이타인은 불의함에 항거한다. 특히 경제 불공정에.

...
이기인은 타인을 되돌아 벌 줄 안다. 자신의 복에 안달한다.
이타인은 자신을 되돌아 볼 줄 안다. 벌설 줄 안다. 자신의 복줄여 타인에 복 줄 줄 안다.

...
이기인은 공동체의 존립을 위한 명령에도 자신의 이익과 배치되면 항명한다.*
이타인은 공동체의 존립을 위한 명령에는 자신의 이익과 배치돼도 하라면 한다.
* 예를 들어, 코로나 전염병 대책 집합금지명령 불응 등.

...
이기인은 감정에 남치는 세상을 만든다. 그러니 합의금에 멍든다.
이타인은 정감이 넘치는 세상을 만든다. 그러니 합의한 금을 만든다.

...
이기인은 '비웃음', 악역 배우 웃음*!
이타인은 배 웃음, 아기 베이비 웃음! 악기 배우며 웃음! "웃으면 복이 배!"
* 가식적이고 비열한 웃음의 의미로.

...
이기인은 인상이 밉소! 그러니 인생도 밉소! 돈도 그 미소에 밉소!
이타인은 인상에 미소! 그러니 인생도 미소! 돈도 그 미소에 미소!

...
이기인은 욕도, 독도, 오기도 주니 아마 악마?
이타인은 용돈도, 용기도, 요기도 주니 아마 엄마?

...
이기인은 제 것, 제 손에 한껏 있는 삶을 살려 한다.*
이타인은 '지고지순'*한 격있는 삶을 살려 한다.
* 지나치게 욕심부리며 산다는 의미로.
* 지극히 고결하고 지극히 순수함, 이를 데 없이 깨끗하고 맑음.

...
이기인은 물 찾는 사람을 보고도 놔둔 찬 맹물도 놔두는, 매몰된 사람을 보고도 놔두는 매몰찬 사람이나 매물 찾는 사람을 보고는 '물찬제비'*같이 다가가는 사람이다
이타인은 물 찾는 사람을 보고는 찬 맹물도 나누는, 뭘 찾는 사람을 보고는 채비까지 해 다가가 늘 나누는 사람이다.
* 제비가 물 위를 날으며 쏜살같이 내려가 물을 한 모금 먹고, 발로 힘껏 물을 찬 뒤 공중으로 솟아오르는 모양새를 사람에 비유한 말.

…

이기인은 "이 세상에 나뿐!" 자기밖에 모른다.
이타인은 "이 세상에 너뿐!" 짝밖에 모른다.

…

이기인은 없이 사는 사람을 동물을 대하듯, 똥물을 대하듯 한다.
이타인은 없이 사는 사람도 동무를 대하듯, 동문을 대하듯 한다.

…

이기인은 공동체에 도발한다. 돈에 반한이라 공동체에서 돈 받아야, 도움 받아야 동반한다. 돈이 아니면 동반 안한다.
이타인은 공동체와 동반한다. 똑바른 돈이 아니면 공동체에서 돈 받아도 반환한다.

…

이기인은 금전에는 고리*를 두나 사람들의 마음에 거리를 둔다.
이타인은 사람들의 마음에 긍정의 고리, '정의'의 고리를 단다.

* (연결)고리.

…

이기인은 사람들의 마음에 미움을 준다마는 모음 한 것은 안준다. 그러나 이상하게도 모음 한 것이 준다. 의상한다.
이타인은 사람들의 마음에 믿음을 준다, 맞는 모음 한 것도 안 준다. 그러나 이상하게도 모음 한 것이 안 준다. 사람들의 사랑이 상상 이상이다.

* 정당히 일해 번 재산의 의미로.

…

이기인은 사람들의 마음에 '한 맺힘'을 남긴다. 특히 돈 문제에서.
이타인은 사람들의 마음에 '하나 맺음'을 남긴다. 특히 돈 문제에서.

...
이기인은 뭣 좀 한다면, 뭣 좀 있다면 공동체 전체를 정체시키는 맞춤을 춘다. 이로서 공동체 전체가 멈춤을 한다.
이타인은 공동체 전체를 절제시키는 멈춤을 한다. 이로서 공동체 재산의 절제를, 공동체 사람들의 맞춤을 한다.

...
이기인은 공동체의 다정함을 버리고, 단절로 벌리고, 자신은 단정함을 버리고, 단점, 흠을 리고, 공동체 재산을 뿔리고!
이타인은 공동체의 단절을 버리고, 다정함을 불리고, 자신은 단정함으로 바르고, 단점, 흠을 버리고, 공동체 재산을 불리고!

...
이기인은 자신의 이기심에 공동체와 공동체 자산을 뒤흔든다. 공동체에 '혼돈' 든다.
이타인은 자신의 이타심에 공동체와 공동체 자산의 뒷 힘 된다. 공동체의 '혼' 된다.

...
이기인은 돈 냄새 나면 사람들 앞에 섬을 즐긴다. 돈 냄새 안나면 내내 샌다. '하지 말기' 위해 사람들 뒤에 섬을 즐긴다.
이타인은 도우는 내색 안 내며 뒤에서 도우며, 사람들을 '한치밀기'* 위해 사람들 뒤에 섬을 즐긴다.

* 조금이라도 전진시키기 위해 민다는 의미로.

...
이기인은 자신은 공동체에서 빠진다.
이타인은 공동체에 애써 자신도, 재산도 바친다.

...
이기인은 일에서 사물을, 셈을 따진다.
이타인은 일에서 삶을 다진다.

...
이기인은 만남에서 미끼를 던진다. 그러다 터진다. 다친다. 닫힌다. 다진다.
이타인은 만남에서 믿기로 다진다. 그러다 다 쥔다.

...
이기인은 인간관계를 채권·채무관계로 멍들이곤 한다.
이타인은 채권·채무관계도 인간관계로 멋 들이곤 한다.

...
이기인은 은둔, 고독의 삶! 그러다 고독의 섬에서 고독사! 곧 돈도 고독사! 곧 고통의 삶!
이타인은 공동의 친한 삶! 그러다 삶에서 곧 우뚝 섬! 곧 돈도 섬! 곧 고동치는 삶!

...
이기인은 성난 독사같이 사는 사람이다. 그러니 사람들이 돌 싸 들고 온다.
이타인은 선한 도사같이 사는 사람이다. 그러니 사람들이 돈 싸 들고 온다.

...
이기인은 시스템* 무시하니, 실무에 스태프* 무시하니 실수 땜에 스텝*이 꼬인다.
이타인은 시스템 실무하니, 스태프 모시니 한단 한단 스텝이 "고!"*이다. "골인!"*이다.
 * System. 집합체.
 * Staff. 조언, 자문, 권고를 하는 참모 부문 또는 그런 사람.
 * Step. 행보. * Go! 계속 진행, 전진.
 * Goal in! 득점, 결승점 도착, 목표달성.

...
이기인은 공동체에 불행이 닥치면 행방불명, 향방 불분명! 뿔뿔이!
이타인은 공동체에 불행이 닥치면 행방 향방 분명! 풀뿌리!

...
이기인은 공동체의 대위기 때 되레 공동체에 위해 가하고, 다 도망, 더 이기! 그 결론은 다 잃기, 다 망하기!
이타인은 공동체의 대위기 때 위기를 이기기 위해 각오하고, 더 똘망똘망!* 그 결론은 되레 더 있기*, 더 익기*, 더 익히기!*

* 더 정신을 차린다는 의미로. *존립, 이득의 의미로.
* 성숙, 숙련의 의미로. *미래의 준비의 의미로.

▣ 20단계 황금계단에 오르기 위해 알아두어야 할 황금팁

...

이기인은 공동체 사람들의 차이를 야유로 대한다. 공동체 사람들도 공동체 자산도 야윈다.
이타인은 공동체 사람들의 차이를 여유로이 대한다.* 공동체 사람들도 공동체 자산도 여유로이 된다.
* 포용의 의미로.

...

이기인은 가령 장차 비전을 비싼 최신 버전으로 갈기만 한다. 최신 화장한 것이다. 이는 환장할 일을 만든다. 최신은 잠시인 것이다. 한 순간 최신을 더하여 사는 것이 성공하는 것이 아니다.
이타인은 가령 장차 비전을 비상할 버전으로 갈고, 보존, 최선으로 가기만 한다.* 장한 일을 하는 것이다. 이는 한창 화창한 일을 만든 최선은 참 신기한 것이다. 한 순간 한 순간 최선을 다하여 사는 것이 성공하는 것이다.
* 꿈을 향한 최선의 노력의 의미로.

...

이기인은 이기심과 이기 행위로 공동체와 공동체 자산 속을 곯게, 꼬이게 만든다.
이타인은 이타심과 이타 행위로 공동체와 공동체 자산 속을 곧게, 굳게 만든다.

...

이기인은 이기심에 사람들에 진저리를 치곤 한다.
이타인은 이타심에 사람들의 진자리*를 치우곤 한다.
* 오줌, 똥이나 땀으로 축축하게 젖은 자리.

...
이기인은 이익을 앞에 두곤 친구에게도 진저리치곤, 짓궂곤 한다.
이타인은 이익을 앞에 두곤 친구에게 더 진정한 절친 친구곤 한다.*
* '견리사의' 의미로.

...
이기인은 이기심에 사람들에게 짜증, 화를 내내 내곤 한다.
이타인은 이타심에 사람들에게 짜증, 화를 내내 자중하곤 한다.

...
이기인은 어려운 일에 줏대 없고, 어려운 이에 준 데 없다.
이타인은 어려운 일에 줏대 있고, 어려운 이에 준 데 있다.

...
이기인은 능청맞게, 눈총 맞게 사람들을 대하곤 한다. '쩐' 많은 사람들은 늘정 많게 대하곤 한다.
이타인은 늘 정 많게 사람들을 대하곤 한다.

...
이기인은 보통 사람들이 거래를 꺼려하며 볼똥말똥 하는 사람이다.
이타인은 보통 사람들이 거래하며 "그래!"하는 보통 아닌 '보통 사람'이다.

...
이기인은 이익이 생기면 한때 친구급 사람들을 헌신짝 취급하곤, 밟곤 한다.
이타인은 이익이 생기면 헌신짝 취급받곤 하는 사람들한테 친구급 헌신, 짝 취급하곤, 받들곤 한다.

...
이기인은 이익을 앞에 두고 같이 한 사람들의 목을 베려, 몫을 빼려 한다.
이타인은 이익을 앞에 두고 같이 한 사람들의 몫을 배 배려한다.*
* '견리사의' 의미로.

...
이기인은 이권을 중시한다.
이타인은 인권을 중시한다.

...
이기인은 "돈돈돈!"하며 살아가다 사람들을 잃는다. 돈도 잃는다.
이타인은 사람들과 돈독히 살아가다 사람들을 잇는다. 돈도 잇는다.

...
이기인은 '감성팔이'*로 돈을 모은다.
이타인은 감성발휘로 돈을 모으다.
* 감성을 자극하여 사람들을 선동하는 일. 또는 그런 사람.

...
이기인은 공동체의 목표를 달성하기 위한 자신의, 자신의 자산의 희생이 낯설다.
이타인은 공동체의 목표를 달성하기 위해 자신의, 자신의 자산의 희생에 나선다.

...
이기인은 경제적 난관 앞에 난감하여 "난 관둔다!" 식이다.
이타인은 경제적 난관 앞에 낙관하여 "난 난관 뚫는다!"식이다.

...
이기인은 돈 문제로 인간간 단절!
이타인은 돈 문제 제로로 인간간 다정! 단결!

...
이기인은 삶의 기복이 심한 때일수록 기복*하려 자신의 신을 찾는다.
이타인은 삶의 기복이 심한 때일수록 극복하려 자신의 기본을 찾는다.
* 복을 빎.

• • •
이기인은 금전에는 그릇되는 행동을 하나 사람들에게는 그릇된 행동을 한다.
이타인은 사람들에게 늘 그릇되는 긍정의 행동을 한다.

• • •
이기인의 돈 문제 때문에 공동체의 모양새는 엉망인 기형이 된다.
이타인의 도움 먼저 때문에 공동체의 모양새는 원만한 구형*이 된다.
* 원형.

• • •
이기인은 갈취해 취한다.
이타인은 같이 해 취한다.

• • •
이기인은 까칠이 갑질 행동을 한다.
이타인은 같이 값진 행동을 한다.

• • •
이기인은 자기에게 이로운 길을 걸으나 주변 사람들은 외로운 길이다.
이타인은 자기가 외로운 길을 걸어도 주변 사람들에 의로운 길이다.

• • •
이기인은 이웃에 돈으로 우월을 느끼려 살다 우울을 느끼며 산다.
이타인은 이웃을 돕는 이웃으로 이웃과 5월을 느끼며 산다.*
* 따뜻함과 행복감을 느끼며 산다는 의미로.

• • •
이기인들은 서로 서러워 원망하며 산다.
이타인들은 서로서로 원만하여 산다.

...
이기인들은 서로 공동체의 외지에서 각각 산다.
이타인들은 공통체에서 서로 의지해서 가까이 산다.

...
이기인은 잘나가는 좋은 시절에 감히* '한탕'하다 일내* 불리한 시절을 맞으며, 내내 한탄한다.
이타인은 잘나가는 좋은 시절에 더 겸허하고, 불리한 시절을 맞으면 내내 인내하다 좋은 시절을 맞는다.
* 함부로, 만만하게.   * 말썽을 일으켜.

...
이기인은 가진 것이 즐비한 시절에는 늘 놀려 한다.
이타인은 가진 것이 즐비한 시절에도 늘 준비하고, 늘 노력한다.

...
이기인은 금전과 세상을 일치하나, 세상의 이치에 역행하니 성공에도 역행한다.
이타인은 금전과 세상의 이치에 여행하니 성공을 연행*한다.
* 데리고 감.

...
이기인은 금전적인 문제로 오해를 살 일을 자주 한다.
이타인은 금전적인 문제로도 우애를 쌓을 일을 자주 한다. 오해를 살 일은 자제한다.

...
이기인은 금전관계에서 따질 것, 안 따질 것, 다 따지다 금전관계가 닫힌다.
이타인은 금전관계에서 따질 건 따져 금전관계를 다진다.

...
이기인은 '허망의 탑'*을 쌓는다.
이타인은 '희망의 탑'을 쌓는다.
* 성경에 나오는 바벨탑 같은 의미로.

...
이기인은 비상시국에 자기 식구의 비상식만 '사재기' 한다. 심지어 자기방에 있는것도 사재기에 방해되면 매번 '쏴 죽이기'까지 한다.
이타인은 비상시국에 짝의 식구의 비상식도 '사주기' 한다. 심지어 자기 방에 있는 것도 대번 '싸주기', '싹~주기'까지 한다.

...
이기인은 상시나 비상시나 힘든 일에서 늘 대피한다.
이타인은 상시나 비상시나 힘든 일에 애써서 늘 대비한다.

...
이기인은 돈 문제로 사회와 괴리된 듯, 고립된 듯 산다. 사회 꼴이 '사외'이게 만든다.
이타인은 돈 문제 제로라 사회와 고리 댄 듯 산다. 사회 꼴이 '사회'이게 만든다.

...
이기인은 불우한 이웃에 "준다! 준다!"하다 몰라라 한다.
이타인은 불우한 이웃에 뭘 날라 준다.

...
이기인은 돈 문제로 서로 오해해 적으로 살곤 한다.
이타인은 돈 문제 제로라 서로 호혜적으로 정으로 살곤 한다.

...
이기인은 돈으로 누군가를 위해 가하려, '위력 행사'를 하곤 한다. 그래서 형사적 현상을 일으킨다.
이타인은 돈으로 누군가를 위해 가려, 위하려, '위로 행사'를 하곤 한다. 그래서 형이상학적 현상을 일으킨다.

...
이기인은 매일 땅에 홀려 매입함으로, 매일 맨입으로 사람들을 홀려, 후려, 한탕으로 이루려 하다 매일 외로이 된다. 한탄한다.

이타인은 매일 땅에 배 일 함으로, 매일 의로이 땀을 흘려 이루려 하다 매인 사람들이 사랑하는 '메인'*이 된다.
* Main. 주.

• • •
이기인은 활개 치는* 행동으로 돈을 버린다.
이타인은 활기찬 행동으로 돈을 번다.
* 제멋대로 함부로 거들먹거리며 행동하는.

• • •
이기인은 사회 일탈적인 이기 행위를 한다.
이타인은 사회에 이타적인 잇기 행위를 한다.

• • •
이기인은 삶의 행적이 마치 해적과 같다.*
이타인은 삶의 행적이 마치 호적과 같다.*
* 제멋대로, 이득 갈취라는 의미로.
* 정확한 기본이 있다는 의미로.

• • •
이기인은 빚져 서로 비정한 관계가 되곤 한다.
이타인은 빚 줘 서로 비전 환한 관계가 되곤 한다.

• • •
이기인은 돈 문제로 서로 나뉜다.
이타인은 돈을 먼저 서로 나눈다.

• • •
이기인은 돈 문제로 평상시에 서로 비대면으로 하여 산다.
이타인은 돈 문제 제로로, 도움 먼저로 평상시에 서로 비벼대며, 위로하여 산다.

■ 21단계 황금계단에 오르기 위해 알아두어야 할 황금팁

...

이기인은 돈 문제로 사람들을 소심으로, 사심으로 대하니 사람들은 상심한다.
이타인은 돈 문제를 제로로 하니, 사람들을 선심*으로, 성심으로, 의리로 대하니, 위로 하니 사람들은 '우리!'로 대한다.

* 선량한 마음. 남에게 베푸는 후한 마음.

...

이기인은 일생 타인에게 인색하기 짝이 없어, 돈밖에는 짝이 없어, 심심하기 짝이 없이 산다. 사람들이 "쫙"- 찍어진 인생을 산다.
이타인은 돈 없어 사는, 도움 밖에 사는 타인에게도 인심이 세세하기에 짝 하기에, 일생 짝해 산다. 사람들이 짝 지어진 인생을 산다. 사람들이 "짝짝짝!"

...

이기인은 선심이 아닌 선심성 자금지원을 한다.
이타인은 선심성 아닌 선심의, 성심의 자금지원을 한다.

...

이기인은 돈이 없는 사람이라면 썰렁한 마음을 가지고 설렁설렁 사람을 대한다.
이타인은 돈이 설령 없는 사람이라도 선량한 마음을 가지고 사람을 대한다.

...

이기인은 '쩐'을 갖느라 정이 가느다란 사람이다.*
이타인은 '쩐'이 정에 가니, 정이 가는 단란한 사람이다.

* 인색하다는 의미로.

...

이기인은 감정이 '폭발화'하니 인간관계상, 사업관계상 감점이 있다.
이타인은 감정이 '포말화'하니 인간관계상, 사업관계상 강점이다.

...
이기인은 현찰에서 답을 찾는 '협잡꾼급' 사람이다.
이타인은 현장에서 답을 찾는 '현자*급' 사람이다.
* 현명하고 지혜로운 사람.

...
이기인은 뭐 모의하여 일내려, '머니모이* 먹으려 모인다.
이타인은 뭐 위하여 모여 뭐뭐 일하려, 뭇 모아 먼 이 먹이려 모인다.
* Money모이.

...
이기인은 몫이, 이익이 있다면, 즉 먹이·모이가 있다면 모이는 즉 사람 같지 않은 사람이다.
이타인은 의의*가 있다면 모이는, 즉 '같이의 가치'를 아는 사람이다.
* 어떤 사실이나 행위 등이 갖는 중요성이나 가치.

...
이기인은 이해관계에는 밝으나 일의 이해에 해이해 일을 하니 해내랴!
이타인은 밝은 이해로 이해관계에 관계하니, 일을 이해해 발군이니 이행해 내리라!

...
이기인은 각기 갈기갈기*! 각기 까기!* 각기 갈 길 가기! 각기 갖기!
이타인은 같게 가기!* 각기 같기!* 같게 갖기!*
* 각기 갈기갈기: 여러 가닥으로 찢겨진 분열의 의미로.
* 각기 까기: 분쟁의 의미로.
*같게 가기: 공동목표를 향한 한 마음 대동단결의 의미로
*각기 같기: 평등의 의미로. * 같게 갖기: 공평 공동배분, 공유, 더불어살기의 의미로.

...
이기인은 공동체의 위기에 이기의 잡종 이익에 집중한다.
이타인은 공동체의 위기에 이기기에 집중한다.

• • •
이기인은 자신 개인이든 자신의 공동체든 고난, 특히 경제적 고난을 맞이하면 되레 공동체 사람들을 난타로 망치로 다 때려 치다 다 때 려치운다. 곧 나간다. 공동체와 공동체 사람들은 곧 낭간을 맞이하며 공동체 자산은 망친다.
이타인은 자신 개인이든 자신의 공동체든 고난, 특히 경제적 고난을 맞이하면 고난을 다 때려 친다. 공동체에 곧 꽃 난다. 공동체 사람들은 곧 난다. 공동체 산은 되레 채운다. 자산을 많이 만진다.

• • •
이기인은 공동체의 위기에 되려 한탕 돈 만지려, 한달음에 도망치려 한다.
이타인은 공동체의 위기에 더 맘 추려 도움 많이 주려 한다.

• • •
이기인은 금괴가 생기면 남 만남을 끊기, 금기*로 "놈!" 말 듣는다.
이타인은 남 만나 끈기로 '님' 만든다. 금괴가 생기면 남과 금괴를 맞든다.
* 마음에 꺼려서 하지 않거나 피함.

• • •
이기인은 공동체가 궁지, 특히 경제적 궁지에 몰렸을 때 그것이 내 일이 아닌 남의 일이고, 꽁지를 내리고 퇴로를 찾는다.
이타인은 공동체가 궁지, 특히 경제적 궁지에 몰렸을 때 그것이 남의 일이 아닌 내 일이고, 되레 공동체의 긍지*로 대로를 찾는다.
* 자신의 능력을 믿음으로써 가지는 당당함.

• • •
이기인은 우리가 되찾은 것들을 잃어버리고, 잊어버린다. 그러나 자신이 되찾을 돈은 안 잊어버린다.
이타인은 우리가 잃어버린 것들을, 잊어버린 것들을 되찾는다. 그러나 자신의 돈이 아닌 우리의 돈은 안 잊어버리고 되찾는다.

∙ ∙ ∙
이기인은 '쩐'만 아니 막하다. 하는 일이 산만하니, 정이 삭막한 사막이니, 삶이 망하다 사망한다.
이타인은 한 일이 산만 하니 '쩐'이 산만 하다. 정이 산만 하니 삶이 살만 하다.

∙ ∙ ∙
이기인은 자기의 감정, 욕심, 충동에 스르르 꿇기를 한다.
이타인은 자기의 감정, 욕심, 충동을 스르르 끊기, 극기를 한다.

∙ ∙ ∙
이기인은 사람을 차별하곤, 차버리곤 한다. 특히 돈 없는 사람을.
이타인은 사람을 차별하는 삶을 차버리곤 한다. 특히 돈 없는 사람을 차버리곤 하는 사람을 차버리곤 한다.

∙ ∙ ∙
이기인은 후대에게 돈을 남긴다거나 방에 자국을 남긴다거나 발작 자국을 남긴다.
이타인은 후대에 남길 길을 닦거나 남이나 조국을 도운 발자국을 남긴다.

∙ ∙ ∙
이기인은 죽었을 때 관두는 인간관계! 죽었을 때 관에 든 돈 뜯는 금전관계!
이타인은 죽었을 때 관 드는 인간관계! 죽었을 때 관 돈 대는 금전관계!

∙ ∙ ∙
이기인의 관심거리는 돈 된다는, 있다는 옥션*!
이타인의 관심거리는 도움 된다는 '이타 액션'*!
* Auction. 경매. IT옥션 웹사이트.
* 이타 Action. 선행, 나눔의 실천, 기부, 후원 등의 의미로.

∙ ∙ ∙
이기인은 수시로 '한탕'의 망상을 한다. 그러니 막 얻는다. 막 산다. 그러다 어느날 맘 상해 한탄한다.
이타인은 수시로 묵상·명상을 한다. 그러나 막상 한다. 그러다 어느날 명성을 얻는다.

• • •
이기인이 버는 돈은 돈 골수*의 꼼수*의 고 사익!
이타인이 버는 돈은 수고한 고수*의 고수익! 꼼수의 고 사익은 고사!
* 어떤 것이나 사람에 대한 애호가 지나쳐 광적인 사람.　* 속이거나 쩨쩨한 방법이나 수단.
* 어떤 분야나 기술에서 뛰어난 사람.

• • •
이기인은 악한 사람들과 잘 어울린다.
이타인은 약한 사람들과 잘 어울린다.

• • •
이기인은 일을 단독적으로 하니 '한계 성장'을 한다.
이타인은 일을 다독다독, 정으로 하니 함께 성장을 한다.

• • •
이기인은 늘 무책임! 늘 딱딱히 '땍땍' 탓한다.
이타인은 늘 책임! 늘 채무, 책무, 임무를 딱딱 다한다.

• • •
이기인은 성실하지 못하니 무엇 하나 제대로 이루지 못하나,
이타인은 성실하니 무엇 하나도 제대로 하니 무엇을 하나 하나 제대로 이뤄 제 몫 하네!

• • •
이기인은 자기에게 더 이익이 되면 한다.
이타인은 짝에게 더 이익이 되면 한다.

• • •
이기인은 매사 눈치보다 늘 날 샌다. 그러니 돈이 샌다.
이타인은 매사 눈치보다는 나를 세운다.* 그러나 돈을 센다.
* 주체적으로 한다는 의미로.

•••
이기인은 일을 핥는 듯, 하는 둥 마는 둥 하니 일은 똥!* 그러니 돈이 따르랴!
이타인은 할 일을 하는 등, 맡는 등 하니 일은 등등*, 둥둥*! 그러니 돈이 따르리라!
*형편없다는 의미로. * (기세)등등(하다)는 의미로. *뜬다, 히트친다, 대박난다는 의미로.

•••
이기인은 일이 많다 한다. 하다 만다. 그러니 돈이 따르랴!
이타인은 일을 맡는다. 한다. 한다면 많이 다 한다. 그러니 돈이 따르리라!

•••
이기인은 일을 마침내 망친다. 그러니 돈이 따르랴!
이타인은 일을 마침내 마친다.* 그러니 돈이 따르리라!
* '유종의 미' 의미로.

•••
이기인은 일 안 하거나 안일하게 일한다. 그러니 돈이 따르랴!
이타인은 일 안아 하거나 한 개 한 개 일 알아 일한다. 그러니 돈이 따르리라!

•••
이기인은 역정 내며 일한다. 그러니 돈이 따르랴!
이타인은 열정 내며 일한다. 그러니 돈이 따르리라!

•••
이기인은 공동체를 경제적으로 고통 치르게 만든다.
이타인은 공동체를 경제적으로 고동치게* 만든다.
* 희망이나 이상이 가득 차 마음이 약동하게.

•••
이기인은 공동체를 골동체*, 고통체*로 전락시킨다.
이타인은 공동체를 고도체*, 고등체*로 전략화시킨다. 공동체 자산도 절약화 시킨다.
*구식 틀. * 고통 틀. * 첨단 틀. * 높은 수준 틀.

■ 22단계 황금계단을 오르기 위해 알아두어야 할 황금팁

...

이기인들은 서로 으깬다. 우긴다. 어긴다. 돈도 어긴다.
이타인들은 서로 오간다. 돈도 오간다.

...

이기인은 매사에 전전긍긍, 쩔쩔, 끙끙이나 '쩐', 금에는 매사 궁금, 적극, 쩝쩝! 끙끙이! 근근이 사는 사람들과는 금 긋네! 끝내는 끝내네! 끈 끊네!
이타인은 매사에 전적, 적극, 전적 긍정이나 '쩐', 금에는 매사 점점! 근근이 사는 사람들과는 끈끈! 끈 잇네!

...

이기인은 지각하며, 착각하며, 제각각 산다. 특히 금전관계에서.
이타인은 재깍하며, '착착'하며, 착하며, 자각하며, 짝하여 "짝짝"하며 산다. 특히 금전관계에서.

[이기인의 한탕주의와 이타인의 한땀한탐주의]

...

이기인은 만사 '한탕'의 허튼 망상에 막 살다 많이 상한 뭘 막 싹 ~먹다 체한다. 다 잃는다. 하여튼 막상 허탕치고 허당으로 산다. 탑으로 말썽 많은 삶을 산다. 타인에게는 허튼 말로 체하다 하는 체한다. 타인이 맘 상할 말로 호통치고, 타인을 다 이르고 막말로 묵살·말살하다 타인과 담을 쌓는다. 그러다 말 삶에는 맘 상한 체 한탄하다 허탈한 체 막사한 체 막사 한 체 짓고 산다.

이타인은 만사 '한탕'의 허튼 망상을 지우고, 치우고 맘 싹~ 먹다 하여튼 합당한 뭘 한땀 한땀 하다 한단 한단 하다 하여튼 다 이룬다. 땀으로 많은 삶을 한 체 한 체 짓고 산다. 한단 한단 먼 산 산 타듯 살다 다 이르고, 이룬다. 타인에게는 체 안 한다. 뭘 한 체 하였다 말을 한다. 타인이 막 삶을 산다면 맘말로 타이른다. 답답한 많은 사람에게 답을 하다, 다 잃은 맘 상한 많은 사람을 다 먹이다 다 어우르다, 맘 싹 튼 삶 살다, 타인과 맘탑을 쌓는다. 그러다 말 삶에는 만사에 해, 달만한 삶을 타인과 합체해 해탈한 듯 산다. 만선의 삶을 산다.

...

이기인은 돈 좀 있다 싶으면 공동체와 공동체 사람들 위에 앉는다. 금융위기를 안은 힘든 공동체 사람들을 위한 뭘 안한다. 위안을 안한다.
이타인은 돈 조금 있다 싶으면 공동체의 안위를 위해 금융위기를 안은 힘든 공동체 사람들을 위해 뭘 한다. 안는다. 위안을 한다.

...

이기인은 안 유하다.* 온리 "욱!"한다. 특히 금전관계에서.
이타인은 온유 하다. '온리 유!*'한다. 특히 금전관계에서.
* 부드럽지 상냥하지 못하다. * Only you! 오직 당신뿐! 일편단심. 섬김 중, 성 신의의 의미로.

...

이기인은 길이 없으면 주저주저하고 주저앉고, 주절주절 말 늘어 간다.* 특히 돈 나올 길이 없으면.
이타인은 길이 없으면 주저앉고 길을 만들어 간다. 특히 돈 나올 길이 없으면.
* 이 핑계 저 핑계, 이러쿵저러쿵, 궁시렁궁시렁 한다는 의미로.

...

이기인은 세상에 제 화를 뿜는다. 세상 사람들이 좋아하는 재화*로 세상 사람들에게 뽐낸다.
이타인은 세상을 조화로 품는다. 세상의 재화를 조화할 사람들에게 보낸다.
* 명품 의미로.

...

이기인은 얼은 행동을, 어린 행동을, 어림없는 행동을 한다. '얼음 행동'을 한 뒤 동행을 안 한다. 특히 금전관계에서.
이타인은 얼른 행동을, 어른 행동을 한다. 얼음 해동을 한 뒤 동행을 한다. 특히 금전관계에서.

...

이기인은 끝끝내 꼭 일을 쉬더라! 그러니 돈을 벌랴!
이타인은 쉬더라도 일을 끝끝내 꼭 끝내고 쉬더라! 그러니 돈을 벌리라!

• • •

이기인은 일생이 '화투 삶'*이다. 이따 화 되는 삶이다.
이타인은 사람 사랑이 일생의 화두다. 이따 "하하하" 되는 삶이다.

* 화투판처럼 어지럽고 한탕주의라는 의미로.

• • •

이기인은 돈 팍팍 쓰다 도발, 돌발, 도박하다 '독박* 쓴다'.
이타인은 따박따박 쓰다 또박또박 하다 대박 쏜다.

* 돈 관용어. 고스톱에서 유래한 말로 패자 한 명이 혼자서 모든 책임을 뒤집어 쓰고 감당해야 한다는 말.

• • •

이기인은 맡은 일을 하더라도 덜 하더라! 특히 나눔 일을 맡는다 하더라도 막는다. 멎는다. 자기가 먹는다. 덜 덜더라! 덜덜 떨더라!
이타인은 맡은 일을 하더라도 더 하더라! 또 다 하더라! 특히 나눔 일을 맡는다 하더라도 더 덜더라! 더 털더라!

• • •

이기인은 돈 있이 살면, 돈 없이 사는 사람들을 귀찮은 듯 끊는다. 업신여겨, 역겨워, 엮이지 않는다.
이타인은 돈 없이 살아도 돈 없이 사는 사람들을 기차인 듯 끈다. 업신여기지 않는다. 엮여져 끌어안는다. 사람들의 '역'이다.

• • •

이기인은 인간의 존엄이 "까짓것!"이나 돈의 존엄은 준엄한 가치의 것이다. 인간이 아닌 것 같이.
이타인은 인간의 존엄이 준엄한* 가치의 것이나 돈은 존엄, 준엄이 아닌 같이 가질 것이다.

* 거룩한 속성과 엄격하고도 절대적인 권위가 있는.

...

이기인은 앞으로 올 내일을 한낱 오늘 '다음 날'로, '딴 날'로 해석 한다. 그러니 돈이 오랴!
이타인은 앞으로 올 내일은 오늘을 '땀 날'로 해서, 내 일을 하나하나 해서, 오르는 날로 해석한다. 그러니 돈이 오리라!

...

이기인은 행동은 이기적, 일탈적, 선동적이나 동작 전, 도전 전, 도착 전이다. 말은 선정적, 설전적이다. 이성관은 '성 도착'적이다. 인간관계는 인간'섬'이다. 가치관은 금전적'이다. 사회관은 이탈적이다.
이타인은 행동은 선 도전적, 선도적, 선 도착이다. 말은 서정적이다. 이성관은 '성 도덕'적이다. 인간관계는 '썸'*이다. 가치관은 긍정적이다. 사회관은 이타적정의, 정이 있다.
* 썸(타다).

...

이기인은 사람들을 꽤 쪼아하다, 죄다 죄 짓는 일을 하다, 사람들에 꽤 죄짓다, 죄다 단죄되고, 죄다 일이 깨져 말에는 죄죄죄 초라하다, 불운에 불우하다, 삶이 부유한다.
이타인은 "사람들이 꽤 좋아!" "일이 꽤 좋아!" 하다 말에는 죄다 일이 쾌조*라 쾌재* 부르고, 부유하다. 사람들이 꽤 좋아한다. 부른다. 사람들로 삶이 부유하다.
* 일 등이 되어 가는 것이 아주 좋은 상태. * 일 등이 아주 잘 되어 만족스럽게 여겨 그 기쁨을 외침.

...

이기인은 뺀질뺀질 말만 하곤 일을 안하곤, 반절만 하곤, 하나 됐다 곧 변절하곤 하니 삶이 변질된다. 특히 돈 문제에 있어서는.
이타인은 일을 안아 꼭 하곤, 곳곳 하나하나 반질반질히 하곤, 말, 맘 변치를 않아 꼬옥 안아 하나 된다. 특히 돈 문제에 있어서는.

...

이기인은 남에게 빼 옴으로 챙긴 것의 배부름의 비움을 비운으로 여긴다.
이타인은 남에게 배움으로 챙긴 것의 베풂의 비움으로 요긴 한 것의 배 옴을 챙긴다.

...

이기인은 맡은 일이라면 뭐든 힘들어한다. 그러니 공동체에 힘이 들어오랴! 사람들이 들어오랴! 돈이 들어오랴!
이타인은 맡은 일이라면 뭐든 힘들여한다. 그러니 공동체에 힘이 들어 오리라! 사람들이 들어 오리라! 돈이 들어 오리라!

...

이기인은 늘 그냥 그저 사니, 이기에 사니, 적으로 사니 늘 그 전같이 사네! 공동체 위기에, 특히 금융위기에 삭네!*
이타인은 늘 그날그날을 적극적으로, 긍정으로, 정으로 같이 사니 공동체 위기에, 특히 금융위기에 늘 극적으로 사네! 싹 있네! 쌓네!

* 삭다: 물건이 오래되어 본바탕이 변하여 썩은 것이 되다.

...

이기인은 사람들과 늘 반동*하니, 삶에 빈둥빈둥하니 삶이 반등*하랴! 정상에 오르랴!
이타인은 사람들과 늘 동반 하니 삶에 등반하니 반등하리라! 정상에 오리라!

* 진보적이거나 발전적인 움직임을 반대하여 강압적으로 가로 막음. 역행.
* 시세 가치 등이 떨어지다 오름.

...

이기인은 이기에 이타의 의견에 반대네! 돈 있는 사람에게는 빈대네! 빚내네!
이타인은 이타의 의견 내네! 돈 없는 사람들에게 늘 발판되네! 빛 되네!

...

이기인은 없는 사람을 죄다* 죈다. 돈줄 죈다. 죄다 밟는다. 들이박는다. 없는 사람한테도 돈 죽~받는다. 그런 일은 죄다 '죄'다!
이타인은 한때 없는 사람도 사랑으로 죄다 받든다. 돈도 도움도 준다. 그런 이를 사람들은 죽~들어 받든다.

* 전부, 모두, 다.

•••
이기인은 돈 없는 사람들한테 막대로 막 때리듯 막 대한다. 심지어 돈도 뗀다.
이타인은 돈 없는 사람들한테 막대한 맘 대한다. 돈도 댄다. 막대한 도움도 된다.

•••
이기인들은 독이 있는, 특히 돈독이 있는 사람이라 서로 더 독이 되어 사니, 둑이 높은 사람이라 서로 이웃을 막아 외롭지만,
이타인들은 돈독히 덕이 있는 사람이라, 둑이 높지 않은 둔덕이 있는 사람이라 더 기대어, 더 덕이 되어 사니 이웃이 많아 외롭지 않은 사람이다.

•••
이기인은 마침표보다 쉼표가 많은 삶을 사나 삶은 사납고, 쉰다.* 단, 탐에는, 돈에는 마침표가 없다.
이타인은 쉼표보다 마침표가 많은 삶을 사나 삶은 싹 나고, 숨쉰다. 단, 땀에는 쉼이 없다. 돈에는 쉼이 있다. 도움에는 쉼이 없다.

* 상하여 냄새나고 시큼하게 변하다.

•••
이기인은 공동체의 위기, 특히 금융 위기의 장기 판국에는 자폭 화약 가득 든 화약고 같은 일탈의 존재, 이탈적 존재가 된다.
이타인은 공동체의 위기, 특히 금융 위기의 장기 판국에는 장기판 판 바꾸는 '차, 포'* 같은 활약이 꼭 있다. 존재의 의의 있는 이타적 존재가 된다.

* 장기판의 막강의 무기.

•••
이기인은 공동체의 경제적 위기 대처 시 힘든 갈등 요인이 된다.
이타인은 공동체의 경제적 위기 대처 시 '히든 카드'* 요원이 된다.

* Hidden card. 상대가 예측하지 못하도록 숨겨둔 비장의 수.

...
이기인은 공동체의 위기에 공동체에 극강의 위해 가하는 '비정의 마귀'가 된다.
이타인은 공동체의 위기에 그간 공동체를 위해 갈은 극강의 '비장의 무기'가 된다.

...
이기인은 공동체의 위기 대처 시 늘 느리고, 자신의 이기를 배 늘리고, 의무를 빼 놓려고 한다.
이타인은 공동체의 위기 대처 시 늘 있고, 자신의 의무를 배 늘리고, 이기를 빼 노력하곤 한다.

▣ 23단계 황금계단에 오르기 위해 알아두어야 할 황금팁

...
이기인은 가지니 사는 사람이다.
이타인은 '같이'니 사는 사람이다.

...
이기인은 기부하더라도 꽤 쫀쫀한 마음으로 꽤 적게 기부하더라!
이타인은 기부하더라도 꽤 짠한 마음으로, 꽤 좋은 마음으로, 쾌청한 마음으로 쾌척하더라!

...
이기인은 기부하라면 기분이 일단 한 단 하락 한다.
이타인은 기부하라면 일단 허락이 기본이다.

...
이기인은 상대방을 일단 반겨하는 태도가 습관화되어 있다. 그러니 상대방이 얼굴에 침 뱉으리라! 뭐라도 줄이겠다! 뭘 덜더라도 빼겠다! 뺏겠다!
이타인은 상대방을 일단 반겨하는 태도가 습관화되어 있다. 그런 이니 상대방이 '웃는 얼굴에 침 뱉으랴!'* 뭐라도 주겠다! 멀더라도 뵙겠다.

* 속담.

…
이기인은 나쁜인 태도, 나쁜 태도를 유지, 치장하니 유치찬란하니, 도태가 돼 가거나, 되더라도 대도*가 돼 유치장 가거나 하나,
이타인은 대도를 가거나 너뿐인 태도, 남뿐인 태도를 나쁜 때도 늘 유지 잘하니 님 돼 가거나, 잘 돼도 찬란하니 잘 되더라!
* '바늘도둑이 소도둑 된다'(속담) 의미로.

…
이기인은 어떤 것으로 겉을 치장한다. 그러니 접촉에 지장을 받을 수밖에.
이타인은 어떤 것으로 접촉장치를 한다. 그러니 접속으로 장치값을 받을 수밖에.

…
이기인은 건더기를, 떡을 자기만 많이 껄떡껄떡 더 먹는 사람이다.
이타인은 건더기를, 떡을 짝에게 많이 걷어 더 먹이는 사람이다.

…
이기인은 엄청 척하며, 염치없이 얌체로 사니 사람들이 "얌체!"라 한다.
이타인은 엄청 착하며, 염치 있이 사니 사람들이 '엄지척' 한다.

…
이기인은 평소 정신상태가 멍청하다. 그러니 재산이 멀쩡하랴!
이타인은 평소 정신상태가 멀쩡하다. 그러니 재산이 멀쩡하리라!

…
이기인은 사람들 눈 속이는 악마를 본뜬다. 특히 '돈 악마'를.
이타인은 사람들 눈 속에 있는 악마를 본다. 특히 특이한 "돈 야인마!"를.

…
이기인은 사람들을 사무적으로, 적으로 대하며 공동체를 속여서 산다. 그러니 사람들도 사무적으로, 적으로 멀게 대한다.
이타인은 사람들을 사모, 정으로 대하며 공동체 속에서 산다. 그러니 사람들은 정으로, '쩐'으로, 사모은 뭘 꽤 더하며, 뭘 개 더하며 산다.

• • •

이기인은 사람들을 빈정대며 대면하고, 건달마냥 비정하고, 비정상적인 사람이라 사람들이 빈정 상하고, '적'인 사람이라 사람들이 마음에 빗장을 마냥 거는, 다는 사람이다. 사람들한테 자기 창고 문의 빗장도 다는 사람이다.
이타인은 마냥 정상적인 사람이라, 사람들을 사랑으로 품는 사람이라, 사람들이 건 단단한 마음의 빗장을 푸는 사람이다. 사람들한테 자기 창고 문의 빗장도 푸는 사람이다.

• • •

이기인은 이익을 앞에 두고 죽자 살자 '사생결단'식으로 한다.
이타인은 이익을 앞에 두고 주자 살자 '상생결단'식으로 한다.*
* '견리사의' 의미로.

• • •

이기인은 금에 이르려 은행의 금리를 여행하듯 하나 술이 말술인듯한 언행, 막 소리인 말소리로 순리를 역행하다 금이 이르다. 금을 잃는다.
이타인은 언행이 순리를 여행하듯 하다 "수리수리마수리!"이듯 금에 이른다.

• • •

이기인은 저문 전문성을 가지고 저만 가지고 저만 먹고 산다.
이타인은 젊은 전문성을 가지고 같이 먹고, 곳곳 먹이고 산다.*
* 시대에 발맞춰 자기계발에 애쓴다는 의미로.

• • •

이기인은 인간관계·금전관계에서 먼저 물고 뜯는다. 인간의 관계가 아닌 듯!
이타인은 인간관계·금전관계에서 먼저 물꼬 튼다. 물의 관개*인 듯!
* 물을 인공적으로 농지에 공급해 주는 일.

• • •

이기인은 이익을 앞에 두고 사람 관계를 '남남 관계'로 자기만 '냠냠 관계'로, '남량 관계'로 저지, 정지시키는 사람이다.

이타인은 이익을 앞에 두고도 사람 관계를 '님 관계'로 진정인 관계로, 지적인 관계로, 질적인 관계론 진전, 전진시키는 사람이다.*
* '견리사의' 의미로.

• • •
이기인이 사는 수단은 탐욕! 욕!
이타인이 사는 수단은 땀, 역!*
* 애씀, 힘들임, 역할, 맡은 바 사역.

• • •
이기인은 '탐'으로 살아가는 '현찰주의자'다.*
이타인은 '땀'으로 살아가는 '현장주의자'
* 탐욕에 가득 차 살아가는 배금주의자, 황금만능주의자란 의미로.

• • •
이기인은 오늘도 늘 비비며, 협잡의 일이나 한탕 하다, 사람 저버릴 일이나 하다, 형장의 이슬로 사라져버릴 일이나 하다 한탄한다.
이타인은 오늘도 이슬로 눈 비비며 일어나 사람이 저버린 현장에서도, 눈비 현장에서도 누비며, 현장에서 애써서'도', 옳은 일을 늘 배우며 하다 한 단 한 단 오른다.

• • •
이기인은 자기 것, 자기 배 불리며, 주변 사람들에게는 짜게 살아간다.심지어 작은 쌀알들이라도 쪼개서라도.
이타인은 짝에, 주변 사람들에게 자기 것 쪼개서라도 작게라도 늘 베풀며 좋게해서 살아간다. 심지어 작은 개에게라도 베풀며 살아간다.

• • •
이기인의 삶은 마치 '협잡꾼'인 자 같다.
이타인은 삶은 마치 '현자, 군자' 같다.

…

이기인은 돈 때문에 주변 사람들에 약게 사니, 악해 노해* 사니 주변 사람들이 "노!"*해 외로이 따로 사나,
이타인은 돈 때문에 약해 사는 주변 사람들을 아껴 위로해 사니, 사람을 돈 위로 해 사니, 악에 의로이 사니 주변 사람들이 노래해 따라 사네!
* 화내. * No! 거부.

…

이기인은 돈 냄새 맡고 잡을* 골라 또 '시중 잡배'들이랑 짜고서라도* 맡고, 하다 힘들면 잡을 덜 하다 잽싸게 접는다.
이타인은 시중에서 작고, 냄새 많고, 힘들다는 잡이라도 돈은 접고 맡고, 시종 신중히 잡고, 접해 애써 하다 힘들다 해도 잠 덜 자고서라도 힘들이며 잡을 배 늘 더 해둬, 잽싸게 늘 다 해둬 잡을 잡는다.
* Job. 일. 업. 업무. *담합행위의 의미로.

…

이기인은 한다며 매번 그만둔다. 그러니 매번 번번히 삶이 뻔하다. 사람들이 그만둔다. 그만 뜬다.
이타인은 한다면 매번 끝 만든다.* 그러니 매번 번번이 삶의 '큼'을 만든다. 사람들의 마음에 든다. 금을 만든다.
* '유종의 미' 의미로.

…

이기인은 틈만 나면 놀려 한다. 돈이 나면 놀려 한다. 돈이 "온다! 온다!"며 놀려 한다.
이타인은 틈만 나면 노력한다. 그 틈으로 돈이 나며, 돈이 틈만 나면 놀러 온다.

…

이기인은 매사 기분 따라 산다. 돈도 기분 따라 쓴다.
이타인은 매사 기본 따라 산다. 돈도 기본 따라 쓴다.

• • •
이기인은 탐의 이기심에 고집, 아집으로 일을 벌인다. 찝찝한 일을 벌인다.
이타인은 땀의 이타심에 일에 고집, 아집을 버린다. 찝찝한 일은 버린다.

• • •
이기인은 상대방의 처지를 십 분만 이해한다. 특히 돈 문제에 있어서.
이타인은 상대방의 처지를 십분* 많이 이해한다. 특히 돈 문제에 있어서.
* 아주 충분히.

• • •
이기인은 이익을 앞에 두고 한 같이 한 사람을 패려 한다. 또 빼려 한다. 그러니 사람들도 그런 이를 패려, 빼려 한다.
이타인은 이익을 앞에 두고 같이 한 사람을 배려한다.* 그러니 사람들은 그럴 이를 또 보려한다.
* '견리사의' 의미로.

• • •
이기인은 이익을 앞에 두고 삿대질, 쪼는 것으로 대치하고, 늘 상대를 빼려하는 마음 상태이다.
이타인은 이익을 앞에 두고 상태, 질 좋은 것으로 대체하고, 늘 상대를 배려하는 마음 상태이다.

• • •
이기인은 돈에 관련된 일로 상대의 마음을 해하려 한다. 헷갈리게 한다.
이타인은 돈에 관련된 일에서 상대의 마음을 헤아리려 한다. 해같이 있게 한다.

• • •
이기인은 누군가를 보더라도 그 사람 것에서 채우려 그 사람 겉을 재려하고, 째려보더라!
이타인은 누군가를 보더라도 그 사람 것에 속 채우려 하고, 그 사람 속을 보더라!

◦◦◦
이기인은 '쩐'문제로 사람들과 적으로 산다. 심지어 '천적'으로.
이타인은 '쩐'문제 제로로 사람들과 정으로 산다. 심지어 '친척'으로.

◦◦◦
이기인은 마치 일에 '슬슬 주의'라 주위의 실망이 두텁다. 그러니 받는 돈도 실망스럽다.
이타인은 일해 마치고, 일에 주의해 '실실, 만만, 슬슬'이 없다. 그러니 주위의 신망이 두텁다.* 그러니 받는 돈도 두텁다.
* 다른 사람이 볼 때 믿음이 가고 미래를 기대해 볼 만하다는 의미로.

◦◦◦
이기인은 돈으로 사람을 사니, 명성을 사려 사니, 실명한 삶'*을 사니, 기분 따라 사니 종국에는 사람들에게 실망의 대상이 된다.
이타인은 도우는 삶을 사니, 선명한, 사려 깊은 명석한* 삶을 사니, 기본따라 사니 삶에 기품이 따라 종국에는 사람들에게 선망의 대상이 된다.
* 눈에 보이는 게 없는 듯 생각 없이 판단력 흐리게 막 사는 삶의 의미로.
* 생각이나 판단력이 분명하고 똑똑한.

◦◦◦
이기인은 몸에 좋은 상품을 두르고 사는 사람이다.
이타인은 몸에, 맘에 좋은 성품을 두르고 사는 사람이다.

◦◦◦
이기인은 타인에게 위해 가하는 일도, 자신에게 독이 되는 일도 돈이 되는 일이면 한다.
이타인은 자신에게 유해가 되는 일도, 독이 되는 일도 타인을 위해 가는 일이면 자신의 돈을 떼는 일도 한다.

▣ 24단계 황금계단을 오르기 위해 알아두어야 할 황금팁

• • •

이기인은 자기에게 좋은 것이 생기면 주변에 빼돌린다.
이타인은 자기에게 좋은 것이 생기면 빼 주변에 돌린다.

• • •

이기인은 모여 사는 사람들의 그 마음을, 고마움을 모르고 살다 곧 미움을 산다.
이타인은 모여 사는 사람들의 그 마음을, 고마움을 모으고 살다 곧 마음을 산다.

• • •

이기인은 과욕이 넘치니 남 치는 이고, 돈이 넘치니 남 치는 이다. 돈이 넘치니 남이 친한 이다.
이타인은 관용이 넘치니 남이 친한 이다.

• • •

이기인은 자기보다 약하고 부족한 사람들, 없이 사는 사람들을 업신여겨 역겨워하고, 욕하고, 하대하고, 한대하고, 학대한다.
이타인은 자기보다 약하고 부족한 사람들, 없이 사는 사람을 부족함 없이 환대한다. 한데 없, 실을 엮어 부족같이 대한다.

• • •

이기인은 목표를, 일을 할 것을 끝까지 안 하기 즉 포기가 습관이다. 이는 돈도 포기하는 습관이다. 동료도 같이 포기케 하는, 동료를 파괴하는 습관이다.
이타인은 목표를, 일을 한 건 한 건 끝까지 안아 하기 즉 끝까지 한 길 파기가 습관이다. 이는 돈도 한껏 파는 습관이다. 동료도 같이 끝까지 한껏 파게 하는 습관이다.

• • •

이기인은 자신은 한다 하나 늘 느려 하니, 늘 놀려 하니 능력도 노련도 놀려 한다. 그런 능력, 노련은 사람들이 놀릴 만한 노련이라 수익도 날린다. 사람들 왈, "그런 능력, 노련은 놓으련?"
이타인은 자신의 노력으로 한단한단 하나하나 늘 늘려 하니 사람들이 놀랄만한 능력이, 그런 능력, 노련이 된다. 노련은 수익도 늘린다.

• • •
이기인은 이권관계상의 평수적인 욕망을 가지고 산다.*
이타인은 인권관계상의 수평적인 열망을 가지고 산다.
* 가령 집 평수를 늘리려는 물질적 욕망.
* 가령 평등권 추구나, 공정·공평의 추구나 인간관계의 확대 지향.

• • •
이기인은 인생의 수평적, 수집적, 수치적, 수직적 상승에 집중한다.* 그러다 삶에 수치!*
이타인은 인생의 수평적 상생에 집중한다.* 그러다 삶의 수질쪽의 '수직적 상승'!
* 가령 출세, 승진, 졸부. * 가령 협력, 공존공영, 상부상조. * 수치(스러움)

• • •
이기인은 수리*적인 사리 판단을 우선 시 한다.
이타인은 순리적인 사리 판단을 우선 시 한다.
* 산수적, 수치적 이치. 셈법.

• • •
이기인은 따가운 시선으로 주변 사람들을 바라본다. 돈을 조중하고, 사람을 조준하고, 빼려 하고, 나누기·기부를 거부한다.
이타인은 다 가까운 시선으로 주변 사람들을 바라본다. 사람을 존중하고, 배려하고, 나누고, 기부한다.

• • •
이기인은 탐의 이기심에 소심해, 수심에, 사심에 가득 차 행동을 한다.
이타인은 땀의 이타심에 소신에 가득 차 수신해 '참행동'을 한다.

• • •
이기인은 돈이랑 인연을 사람이랑 인연보다 더 생각한다. 그러니 어떤 사람을 수없이 만나면서도 '이 사람이랑 사랑일리가! 인연일리가!'생각한다.
이타인은 사람이랑 인연을 돈이랑 인연보다 더 생각한다. 그러니 어떤 사람을 술수 없이 만나면서 더 '이 사람이랑 사랑인가? 인연인가?' 생각한다.

・・・
이기인은 어려운 사람을 돕는 일을 꽤 하는 척하는 사람이다.*
이타인은 어려운 사람을 돕는 일을 꽤 척척 하는, 쾌적하는 꽤 착한 사람이다.
* 위선자란 의미로.

・・・
이기인은 공동체의 재정적 위기를 있게 하는 이기적인 위태한 행동을 한다.
이타인은 공동체의 재정적 잇기를 있게 하는 기저*적인 행동을, 기적적인 위대한 행동을 한다.
* 밑바탕.

・・・
이기인은 자신의 일도 공동체의 일도 간간이 점검한다. "실은 뒤에 될 일이다."라며 이따 점검한다. "돈도 뒤에 될 이익이다."라며, 또한다. 이따 점검한다.
이타인은 자신의 일도 공동체의 일도 깐깐히, 칸칸이 일단 점검한다. 이따 또 점검한다. '신은 디테일에 있다.'* '돈도 디테일에 있다.'* 라며 점검한다.
* 서양속담. God is in the detail.
* 가령 디테일이 뛰어난 명품 의미로.

・・・
이기인은 가령 외도, 갑질, 내기, 뜯어내기로 까칠이 검게 살다 성난 뜨내기 검객같이 죽는, 삶의 가치를 잃는 사람, 삶의 가치를 죽이는 사람이다.
이타인은 값진 내 것 뜯어내 기로에 선 사람이 와도, 검게 주눅 든 사람이 와도 주는, 죽는 사람 살리다 죽는, 뜨내기와도 같이 살다 죽는, 삶의 가치를 이루는 선한 사람이다.

・・・
이기인은 재정·자산 문제에서 반칙이 방책이다. 공동체의 방침이 아니라 자신 개인의 방침을 따른다.
이타인은 재정·자산 문제에서 공동체의 방침이 방책이다. 자신 개인의 방책이 아니라 공동체의 방책을 따른다.

• • •
이기인은 공동체의 재정적 방침에 발칙한 반칙, 박치기, 빠지기를 한다.
이타인은 공동체의 재정적 방침에 바치기, 받치기를 한다.

• • •
이기인은 없이 사는 사람에게는 인정사정 볼 것 없이 사나운 사람이나, 썩 나은 사람이나 볼 것 있이 사는 사람에게는 웃는 사람이다.
이타인은 썩 나은 것 없이 사는 사람이나, 우는 사람의 사정 보는, 남에게 늘 인정 있이 사는 사람, '인지상정'이 있는 사람이다.

• • •
이기인은 청하는 사람에게, 또 천한 사람에게 "쫑!"*하는 사람이다.
이타인은 청하는 사람에게, 또 천한 사람에게 '쩐' 전하는, 정 전하는, '촌'*하는 사람이다.
* 끝냄.   * 1촌, 2촌, 3촌, 사촌.

• • •
이기인은 공동체를 위한 옳은 일이라도 하라면 '울며 거저먹기'로 또 하려 한다.
이타인은 공동체를 위한 옳은 일이라면 '울며 겨자 먹기'*로라도 하려 한다.
* 속담.

• • •
이기인은 자신의 공동체를 위해 맞는 일을 하는 남도 매도한다. 도매급으로 매도한다.
이타인은 자신의 공동체를 위해 남이 맞는 일을 한다면 님으로도 맺고, 맞는다. 공동체에 유해한 나의 못난 일은 한탕 남의 매도 맞는다.

• • •
이기인은 공동체의 재정방침을 종종 철회해서 해한다.
이타인은 공동체의 재정방침을 족족 철해서*행한다.
* 유동이 없게 단단히 꿰어 묶어.

...

이기인은 자신과 공동체의 과제에 대해 정략적* 접근을 한다. 특히 경제적 과제에 대해.
이타인은 자신과 공동체의 과제에 대해 전략적 접근을 한다. 특히 경제적 과제에 대해.
* 정치적인 메커니즘으로 교묘하게 꾸미는 책략을 목적으로 하는.

...

이기인은 '부'를 부를 꾀를 부리다 "꽥!"을 부르니 '부'를 깨 버리나.
이타인은 '부'를 부를 꾀를 부려도 '쾌'를 부를 꾀를 부리니 '부'를 꽤 불린다.

...

이기인은 공동체의 권력, 권한을 가지면 부패한다.
이타인은 공동체의 권력, 권한을 가지면 분배한다.

...

이기인은 한때 공동체의 권한을 쥐면 권한에 취하니 '주벽'*인 듯 한탕 취한다.
이타인은 한때 공동체의 권한이 쥐어지면 취한 권한을 주변인들한테 권한다.*
* 술을 마시면 나타나는 버릇, 술을 매우 좋아하는 버릇.
* 권한 배분, 권한 위임의 의미로.

■ **25단계 황금계단에 오르기 위해 알아두어야 할 황금팁**

...

이기인은 삶을 가치 있게 하는 것은 값진 가지가지 있게, 가지는 것'*이라 생각하는 사람이라 가지려 가지가지 갑질한다.
이타인은 삶을 가치 있게 하는 것은 같이 있고, 같이 하는 것이라 생각하는 사람이라 같이 가지려 같이 한다.
* 많은 재물의 소유의 의미로.

...

이기인은 다 가지는 것이 행복이라 생각한다.
이타인은 다 같이 가지는 것이 행복이라 생각한다.

• • •

이기인은 자기 것의 가치만 수호하다 싸워 전사하는 적 전사 같다.
이타인은 짝의 것의 가치도 수호하니 수호천사 같다.

• • •

이기인은 삶은 늘 뻔하나 사람은 늘 변하니 사람들이 주의해 주위에 사람들이 없으나,
이타인은 삶은 늘 변화하나 사람은 늘 변함 하나 없으니 늘 사람들이, 주위가 번화하다.*
* 번성하고 화려하다.

• • •

이기인은 타인이 한 것을 배운다기보다 빼 온다.
이타인은 타인이 하는 것을 보다 배우다가 타인 보다 배 하니 타인 것을 빼온 이보다 배 온다.* 배 웃는다.
* 숙련에 대한 대가 의미로.

• • •

이기인은 화려·번화함 그 자체가 발전이라 생각한다.
이타인은 반전하려, 진전하려 변화하는 그 반전 자세가 진정한 발전이라 생각한다.

• • •

이기인은 이상한, 변성*, 법석*을 통해 일상이 번성하려 한다.
이타인은 이성, 반성을 통해 이상함을 벗어 일상이, 이상이, 인성이 번성하려 한다.
* 이상 물질, 사람을 만나 모양이나 성질이 변하는 것.
* 야단법석, 소란 법석.

• • •

이기인은 가령 평상시에 스스로 전신을 가련하게, '쩐'을 신으로 해, 정신을 가련하게 만든다.*
이타인은 가령 평상시에 스스로 처신을 가려해, 전신을 강력하게, 정신을 강렬하게 만든다.
* 가령 다이어트한답시고 몸을 망친다든가 패배 의식에 젖어 산다는 의미로.

...

이기인은 말이 욕구의 논리이고, 욕구로 노리고, 욕구의 요구를 늘리고, 용구를 많이 누리고 살려 한다. 그러나 오히려 욕구를 날리고, 난리고, 굴욕에 살게 된다.
이타인은 말이 욕구를 누른 논리이고, 요구의 욕구를 누르고 살려 한다.* 그러나 오히려 용구를 누리고 살게 된다.
* 근검절약하는 삶, 미니멀리즘의 의미로.

...

이기인은 마치 심문, 지배하려는 듯한 태도로 상대방을 대한다.
이타인은 마치 식물 재배하려는 듯한 태도로 상대방을 대한다.

...

이기인은 자기의 변화에 몰두한다.
이타인은 자기의 변화와 짝의, 모두의 변화에 몰두한다.

...

이기인은 자국의 발자국인 역사를 배우지 않고, 심지어 비웃다 비운을 맞는다. 운다* 역시 늘 박복이 자꾸 반복한다. 역시 역사를 잊은 민족은 미래가 없다!
이타인은 '역사는 반복한다.'며 자국의 발자국인 역사를 배우니 자국의 심지를 알고, 심지어 비운을, 박복의 반복을 막는다. 운 온다. 자꾸 웃는다. 역시 역사를 잊지 않고 배우는 민족은 미래에 만족이 있다!
* 역사를 잊은 민족이나 개인은 미래가 없다는 의미로.
* 서양 속담, 'History repeats itself.'

...

이기인의 신념과 의지력은 여린 어린이 수준이다.
이타인의 신념과 의지력은 '얼' 있는 어른의 수준이다.

...

이기인은 돈 먹는 식욕이 격하니 식용 실력은 매우 왕성할지라도 삶의 실용 실력은 매우 엉성해 '미완성'하니 삶에 시련이, 한 떼의 아우성이, 원성이, 언성이 격하니 왕성하다.

이타인은 돈먹는 식욕을 꺾어 하니, 시련을 겪어 하니 한때 매우 앙상할지라도 삶의 실용 실력을 완성하니 삶은 매우 왕성하고, 삶의 미를 완성한다.

...
이기인은 일은 않고 바라기만 하고, 일을 벌이기만 하고, 일을 빠르게만 하려고 하니, 일은 않고 화려하려고 겉에 바르기만 하니, 바르게만 하고 있는 이를 투고 하고, 곁에 일을 훑고 있는 이를 두고 일을 하니 그 일을 버리기만 하고, 곁을 두고두고 벌리기만 하고, 그 일로 벌이 있기만 하나,
이타인은 일을 알고 바르게 뚫고 하고, 바르게 많이 하려 하고, 곁에 바른 이만 두고, 두고두고 곁에 안고 일하니 그 일로 두고두고 벌이가 벌리기만 하네!

...
이기인은 힘들 때나 "동지!동지!"지, 잘 나갈 때는 돈질*하며, 동지를 등치고, 둥지를 나가 벽에 똥칠할 때까지 동지를 등지고, 등지고 살다 벽을 치고 산다.
이타인은 힘들 때나 잘 나갈 때나 늘 동질의* 동지로 둥지를 짓고, 벽을 치우고 "하하하"하며 같이산다.
* 노름판, 내기에서 건 돈을 주고받는 짓. * 변함없음의 의미로.

...
이기인은 가지가지 두르고, 가지가지 두고, 두고두고 가지는 것에 삶의 가치를 두고 산다.
이타인은 두고두고 같이 가지는 것에, "같이 가자!"는 것에 삶의 가치를 두고 산다.

...
이기인은 '간판 쌓다'* 지치고, 간밤에 끼 발해 한탕 사고를 치고 죄짓고 감방에 살다시피 하고, 깜박해 살다 실패하고, 강박에 삶을 피하고, 죄~ 찢고, 각박히 가방에 쌓다 죄~ 썩고, '석고'다시피 산다.
이타인은 기 팔팔 발해 하다 삶에 깃발이 서고, 하고 하고 하다 성공 기반에 서고, 서고에 살다시피 하다 간발 간파의 기발한 사고로 개발해 짓고, 쌓고, 같은 방에 살, 골 섞고 살고, 간밤의 '산타'*다시피 산다.
* 스펙 쌓기 의미로 * 산타(클로스).

...

이기인은 가령 타인에게 자신이 신이라거나 좋은 교인, 신자라 하거나 타인에게 종교로 자신을 감싸고 감춘다. 그런데 믿는 신이 '백금'인 '배금교'*의 '빼김' 신자이다.

이타인은 종교로 자신이 신이 나거나 일어나거나 좋은 교리를 쫓고, 신에 감사하고, 타인을 감싸고, 타인에게 '좋은 교!'를 강추한다. 그런데 믿는 신이 '사랑'인 '사랑교'의 '사람' 신자이다.

* 배금주의, 황금만능주의 의미로.

...

이기인은 자신의 인생 목표를 향한 행보에서 '안이, 안일'*하고, 일 아니 하고 딴짓하고하니 목표, 행복에 닿지 아니하고, 타인의 인생 목표를 향한 행보에 딴지 걸고, 꺾고 하나,

이타인은 자신의 인생 목표를 다짐하고, 향해 행보해서 다지고, 목표를 향해 애써 다하고, 딴짓 아니하고 걷고, 타인과 다 친하니 목표, 행복을 다 쥔다.

* 너무 쉽게 여기는 태도나 경향.

...

이기인은 인위적으로, 적으로 사람들을 대한다.

이타인은 인의*, 정으로 사람들을 대한다.

* 어짊과 의로움. 도덕의 핵심.

...

이기인은 대꾸해대고, 추근대고, 사람들과 싸워 해되고, 심지어 측근에 해되고, 측은히 산다.

이타인은 '측은지심*, '수오지심'*을 심지로 사람들을 대하고, 측근을 수호해 산다.

* 어려운 이들을 가엽고 불쌍히 여기는 마음. * 부끄러워할 줄 아는 마음.

▣ 26단계 황금계단에 오르기 위해 알아두어야 할 황금팁

...
이기인은 금·은·물만 관계하는 인간관계라, 인간관계가 금 때문에 흐리니 금이 간다.
이타인은 인간관계가 인간관계의 끈 때문에 금 그물망 같다. 금이 인간관계에 흐르니 금은 물만 같다.

...
이기인은 타인의 분쟁·갈등 상황에서 '저울질' 한다.*
이타인은 타인의 분쟁·갈등 상황에서 조율을 잘한다.*
* 정의나 의리 등을 떠나 어느 편을 들어야, 어디에 붙어야 자신에게 유리할까를 셈한다는 의미로.
* 화해하도록 중간 역할을 잘한다는 의미로.

...
이기인은 인간관계에서 자기 목 각도 높임을 중시하여 '남남 관계'로, 자기 몫 중심의 '이익 간 관계'로, '이익 까는 관계'로, '작위적 관계'로 관계를 이간하고, '이 가는 관계'로 망친다.
이타인은 인간관계에서 남 높임 각도를 중시하고, 관계의 감도, 강도 높음을 중시하여 '이익 가는 관계'로 감동의 '짝의 정 관계'로, 관계를 '인간 간 관계'로, 인간 중심 관계로 애써 만진다.

...
이기인은 인간관계를 '적대적 관계', '쩐대쩐 관계'로 만든다. 이는 상대방에 대한 '천대적 관계'이다.
이타인은 인간관계를 '정대정 관계'*, '절대적 관계'로 만든다. 이는 상대방에 대한 '접대적 관계'이다.
* 정이 오가는 사이라는 의미로.

...
이기인은 매사를 재력으로 시작하려 한다.
이타인은 매사를 자력으로, 저력으로 시작하려 한다.

・・・
이기인은 인생의 의미를 '돈통'에서 찾다 옆구리에 구린 '똥통' 찬다.
이타인은 인생의 의미를 '돈독함', '통함', '동'*'함'*에서 찾다 '통합'도 찾고, '똑똑함'도 '도통함'도 차고, 옆구리에 '돈통'도 차고, 함도 차고, 창고도 채운다.
∗ (역)동. ∗ (행)함.

・・・
이기인은 공동체의 적인 잦은 결석으로, 적은 결속으로 공동체의 겉, 속에 결손은 줄 잇는다.
이타인은 공동체적인 자진 결속으로 공동체의 겉, 속의 결손을 줄인다.

・・・
이기인은 평소 내부 결속을 다지기에 경솔하니 공동체에 경제적 위기가 닥치게 되고, 위기에 다치게 되고 다지게 되고, 이기에 서로 따지게 되고, 다 찢게 되고, 마음이 닫히게 되고, 공동체는 골골골*!
이타인은 평소 내부 결속을 다지기에 공동체가 경제적 위기에 이기고, 다 지키게 되고, 더 다지게 되고, 서로 마음을 다 주게 되고, 공동체는 고고고*!
∗ 병이 오래되거나 몸이 약하여 시름시름 앓는 모양. ∗ Go Go Go!

・・・
이기인은 된 인간관계를 약화시키고, 식히고, 화 되는 인간관계로 악화시키고,
이타인은 악화된 인간관계를 '아쿠아'*화 시키고, 씻기고, "하하하"대는 인간관계로 쉬 키우고, 인간관계는 고고고*!
∗ Aqua. 물/청록색. ∗ Go Go Go!

・・・
이기인은 실책을 슬쩍 넘기다 실책을 거듭한다. 그러니 질책은 거듭된다.
이타인은 거듭한 실책으로 실적을, 시책을 남긴다. 그런 이니 실책으로도 거듭 거두게 된다.

…
이기인은 어디서든 "쉬자!" 한다.
이타인은 어디서든 시작한다.

…
이기인은 짐 된다 남을 치니 주변에 등진 적이 넘친다. 또 남을 등친 '쩐'이 넘친다.
이타인은 남에 친하니 주변에 정이 넘친다. 또 남의 짐 드는, 남의 짐 등에 지는 정 있으니 친한 님이 넘친다.

…
이기인은 남 위에 오르려, 날 올리려 한다. 특히 돈 문제에 있어서.
이타인은 날 위해, 남 위해 옳으려, 남을 올리려 한다. 특히 돈 문제에 있어서.

…
이기인은 시련이란 이 난적이 싫어 시련이 적을 물리적 편법, 무례한, 무리한 범법적 사고, 절벽적 사고를 내다 사고를 낸다.
이타인은 시련이란 이 난적을 물리치려 싸우고, 늘 실용적인 병법적 사고를 내어다 실현해 난적을 물리쳐 살고, 늘 무리지어 싸우고는 늘 무리지어 살고, 법적으로 늘 적법으로 쌓고 살고,*!
* '청부'의 의미, '부당이득'의 반대 의미로.

…
이기인은 늘 "돈!돈!쩐!"인 사람, '날 도적'*인 사람들과 동족인 듯 어울려 사람들을 울리고, 인생길 도정*이 뜻 한 곳에 이르지 못하나, 뜻한 것을 뭣 하나 이루지 못하나,
이타인은 늘 동적인 사람, 능동적인 사람, 늘 도전적인 사람들과 '우리' '동족'인 듯 어울려 사람들을 아우르니 인생길 도정이 뜻한 곳에 이르고, 뭘 하나 뜻한 것을 이루고 "하하하"네!
* 날강도의 의미. * 어떤 장소나 상태에 이르기까지의 과정.

…
이기인은 돈은 에너지인듯 산다마는, 맘에 몸에 '문화 엘러지'가 있는 듯한, '문화 문외한', '문화 무뇌인'인 듯한 삶을 산다.

이타인은 맘에 몸에 많은 '문화 에너지'가 도는 듯한 삶을 산다.

• • •
이기인은 자신의 힘 모아 타인과 더 싸운다.
이타인은 다 힘 모아, 자신의 힘 더 모아 쌓는다. 자신의 덕 모아 타인과 더 모여 산다.

• • •
이기인은 재산 받지만, 재산 싸움박질!
이타인은 재산 쌓음을 바침!*
* 기부, 사회공헌 등의 의미로.

• • •
이기인은 주변 사람의 약점, 특히 경제적 약점을 틀어 쥐고,
이타인은 주변 사람의 약점, 특히 경제적 약점을 털어 주고, 덜어 주고!

• • •
이기인은 위기 상황, 특히 경제적 위기 상황에 '이기'로 항상 대피하니 위기를 이기랴! 대패하리라!
이타인은 위기 상황, 특히 경제적 위기에 항상 대비하니 위기를 이기리라!

• • •
이기인은 보이지 않는 곳에서는 느릿느릿 일한다거나 일 안 한다. 그러니 재물의 움직임도 느릿느릿 한다거나 보이지 않는다.
이타인은 보이지 않는 곳에서 늘 일한다거나 늘 늘린다. 그러니 재물이 움직이고, 보지않아도 는다.

• • •
이기인은 물욕에 치졸한 삶을 살거나, 놀려 하여 모욕*의 삶을 살거나 둘 중 하나다.
이타인은 무욕*, 지족*인 삶을 살거나, 노력하여 지존인 삶을 살거나 둘 중 하나다.
* 깔보고 욕함. *욕심이 없음. * 분수를 지키며 만족하려는 삶.

∴

이기인은 재물 만능주의에, 가득 갖겠다는 물욕에, 재물로 욕먹을 짓 하다 욕하는 사람, 죄 물어 가두겠다는 지인이 이내 주위에 가득하다. 즉, 재물을 오물로 모욕의 목욕시키고, 사랑을 찢는 짓 하는 요물이다.

이타인은 무욕*에 갖겠다는 재물이 맞는 재물인지 욕먹을 재물인지 하나하나 주의해 거두겠다는 주의이니, 주위 사람이, 지인이 재물로 가득하게 하겠다는 주의이니, 재물을 옥물로* 목욕시키고, 사랑을 짓는 사람이다.

* 욕심이 없음. * '청부'의 실천이란 의미로.

∴

이기인은 조직의 부하들을 독재자 히틀러같이 까칠이 무력, 물리력을 휘둘러 조지고 막 무리하게 해 일이 하나같이 '물렁물렁 무력하게'* 끝난다. 그러니 끝내 조직은 돈이 물러 끝난다.

이타인은 조직의 부하들을 하나와 같이 동조자로 해 '해 뜰 녘'* 같이, 일 하나하나까지 같이 해, 또 제자같이 해들녘* 무럭무럭 하게 해, 마력 휘두름같이 일을 획획 뚫어 마무리하게 해 끝낸다. 그러니 끝내 조직에 돈이 몰려 조직이 해들녘 같지! 좋지!

* 맥아리 없게. * 해 뜰 즈음. * 양지.

∴

이기인의 조직 부하들은 부하에 눌린다. 혹사에 시달린다. 부화가 치밀어 '한'에 "밉소! 밉소!"하니 화 쌓인 화산불 위기 분위기다. 그러니 부하와 불화, 분화가 늘 있다. 조직에 조직적·재정적 불·화가 늘 인다.

이타인의 조직 부하들은 흑쌀이 늘 있는 치밀한 식단에 다 호사를 누린다. 부하들을 "믿소! 믿소!"하니 부하들은 환히 미소, "하하하" 하는 화사한 회사 안 분위기다. 그러니 부하의 부화, 부활이 늘 있다. 조직의 조직적·재정적 부활이 늘 있다.

∴

이기인은 일을 '수박 겉핥기'*식으로 하니 일이 박살! 재물이 곁하기 싫어 하네! 동료들이 곁하기 싫어하네!

이타인은 일을 건건 '하기'식, '하기'수반하기 식, 동료들을 독려해, 곁하기식으로 하니 일에 박사! 동료들이 박수! 재물이 박스에 거하게 수북하네!

* 속담.

•••

이기인은 자기 재산형성에 있어 자존심은 강하나 자족심이 상대적으로 약하다.* 또 자기 재산보다 많은 상대를 적으로 보기까지 한다. 악하다! 역하다!

이타인은 자기 재산형성에 있어 자족심은 강하나 자존심이 상대적으로 약하다. 자기 재산보다 적은 상대를 정으로 돌보기까지 한다. 또 자기 재산형성에 상대를 엮어다 같이 역할하다 같이 강하다.

* 남보다 재산이 적은 것을 참을 수 없어 하고, 욕심이 끝이 없어 만족함을 모른다는 의미로.

•••

이기인은 가령 '한탕'한다 하다. 골나서 '영끌투자'*를 하다, '억' 굴려 먹는, '억' 굴러 떨어지는 투자란 굴레에 끌려 영~글러먹은 투자를 하다 굴러 떨어지니 굴러 굴러 불우이웃이 되어 한탄, 앓이 한다.

이타인은 가령 '투잡'하다, 골라서 알알이 '영글 투자'*를 한단 한단 하다 굴러 떨어진 '억' 꾸려도 불우이웃에 끌러 떼어 덜어 주네!

* 영혼까지 끌어모아 투자한다는 신조어. 씁쓸한 세태를 반영한 * 실속 있는 알찬 투자의 의미로.

•••

이기인은 새로운 일에 망설여 일한다. 그러니 새로운 운이 망설여 돈도 틀어 돌아간다. 그 조직은 망해서 일난다. 서로 막 서러워 운다.

이타인은 새로운 일에 맘 설레어 막 애써 일한다. 그러니 새로운 운이 들어와 돈도 들어온다. 그 조직은 돌아간다. 서로 맘 섞여 웃는다.

▣ 27단계 황금계단을 오르기 위해 알아두어야 할 황금팁

...

이기인은 기부는 거부가 해야 한다거나, 가불해야 한다거나, 거북해 한다거나, 거부 한다거나, 기분 난다면 한다거나 기부를 소홀히 한다. '거부' 소리 듣는 사람인데도. 이타인은 기부를 해야 기분 난다며 기쁘게 한다거나, 한탕 거나히 한다거나 한다. '거부' 소리 듣는 사람 아닌데도.

...

이기인은 다름을 일절 인정 안 한다. 특히 돈의 성질의 다름을. 그러니 돈의 다름을 이기주의, 황금만능주의로 한다. 이기의 그런 이이기에 주위 사람들이 추위에 살다 잇단 이탈이 있고, 따름이 없다.
이타인은 다름을 인정한다. 특히 돈의 성질의 다름을. 그러니 돈의 다름을 이기주의, 황금만능주의를 주의해 이타주의로 한다. 그러니 이타의 그런 이이기에 일단 주위 사람들의 이탈이 없고, 따름이 있다.

...

이기인은 돈에는 정신이 멀쩡한 사람이나 도리에는 정신이 멍청한 사람, 멋쩍어 하는 사람이다. 돈으로 뭘 척하는 사람이나 불우한 사람과는 먼 척하는 사람이라 도울 일은 먼지로 하는 사람이다.
이타인은 돈에는 멍청한 사람인 척하나 정신이 멀쩡한 사람이라 도리와 세상 이치는 먼저 척 아는 사람이다. 불우한 사람과는 '아는 사람', 먼 친척 하는 사람이라 도울 일을 먼저 척척 하는 사람이다.

...

이기인은 사람을 안다. 그러나 불우한 사람은 모른다 한다.
이타인은 사랑을 한다. 그러니 불우한 사람에게 사랑으로 모든 다 한다.

...

이기인은 기부를 한다며 안 한다. 기부할 데를, 기부할 때를 몰랐다며 사람들에게 알아서 한다 하다 안 한다. 기부할 데를 알음을 덮다 안 한다. 사람들은 "아~놈답다!" "예끼!"한다.

이타인은 기부를 한다면 기부할 데를 알음알음 알아서 한다. 기부할 데를, 때를 몰라도 한다. 사람들은 "아~ 아름답다!" 얘기한다.

...
이기인은 기부를 생각으로만 만만히 많이 한다.
이타인은 기쁜 생각으로, 깊은 생각으로 많이 기부를 한다.

...
이기인은 노령이라면 더 놀려 한다. 노년에 재물을 취한다면 기부도 "할께, 할께!" 하다 기피해 자기만 누리려한다. 사람들은 그 자기만 아는 노년의 삶에 "추하다! 최하다!" 한다. 노욕의 한기에 주위 사람들이 추위에 떤다.
이타인은 노령이라면 더 노력한다. 노년에 작기만 한 재물을 취한다면 한 끼의 작기만 한 기부도 기쁘게 해 함께 누리려 한다. 노년의 향기에 주위 사람들이 취한다. 더 온다.

...
이기인은 기부에도 용기가 필요한 듯 겨우겨우 용기를 내어, 냉한 용기*를 내어 끄적끄적 담아 기부한다. 받는 사람들은 한대의 겨울을 느낀다.
이타인은 그저 깊은 용기*를 내어 필요한 것과 깊은 정 담아 한때 겨우겨우 사는 사람들, 한때의 겨울을 느끼는 사람들한테 기쁜 기부를 한다.
* 그릇.

...
이기인은 이리저리 노려 갖고, 갖고는 사람들을 이러니 저러니 이리저리 갖고 놀려 한다. 놀린다.
이타인은 이리저리 이래저래 각고의 노력으로 갖고, 갖고는 사람들과 이리저리 이래저래, 가꾸고 노력해 노래한다.

...
이기인은 행복을 생각만 한다. 이는 새까만 행복이다. 색깔만 행복이다. 어쩌다 행복보다 어쩐다 어쩐다며 행복에 항복이다.
이타인은 생각 많이 한 행복으로 행보한다. 행보해본 행복이 많이 행복하다. 이는 '행보의 행복'이다.

• • •

이기인은 삶의 변화를 생각은 한다마는 변화를 하다 마는 사람이다.
이타인은 생각한 삶의 변화를 하다 변화하는 사람이다. 변화로 변화를 맞는 사람이다.

• • •

이기인은 변화해야 산다고 여긴다.
이타인은 변화해야 변화해 산다고 여긴다.

• • •

이기인은 사람을 간 본다. 감히 깔본다.
이타인은 사람의 '깜'을 본다. 간간히 본뜬다.

• • •

이기인은 돈, '쩐'을 위해 도전을 늘 생각한다마는 하다만다.
이타인은 생각한 도전을 위해 늘 하다 돈, '쩐'을 한탕 만난다.

• • •

이기인은 늘 느리니, '늴리리'니, '날라리'니, 나날이 '난리' 나리! 남은 돈 날리리!
이타인은 늘 나를 늘리니, 나날이 날리리! 날으리! 남에 돈 나르리!*

* 나눔 의미로.

• • •

이기인은 정신상태, 전신상태가 돈덩이에 가 있다. 그러니 도덕의 상태가 똥덩이 같다.
이타인은 정신상태, 전신상태가 도덕 위에 가 있다. 그러니 도덕의 상태가 돌덩이 같다.*

* 몸과 맘이 튼튼하다는 의미로.

• • •

이기인은 부하직원을 돌덩이, '똥덩이 굴리듯'* 다룬다.
이타인은 부하직원을 돈더미 꾸리듯 다룬다.*

* 속담. 아무 데도 소용되지 않는 쓸모없는 것이므로 아무렇게나 마구 함부로 대한다는 말.
* 인재를 소중히 여긴다는 의미로.

• • •
이기인은 돈, '쩐'을 제외한 도전·시도를 해야 하는 일 앞에서 발, 팔이 벌벌 떠는 것 같은 행동을, 발, 팔이 언 것 같은 행동을 하는 사람이다.
이타인은 도전·시도를 해야 하는 일 앞에서 발, 팔이 펄펄 불타는 것 같은 행동을, 발파기 같은 행동을, '불도저' 같은 행동을 얼른 하는 사람이다.

• • •
이기인은 무조건 '힘'으로 밀어부쳐 해결하려 한다.
이타인은 무조건 '함'으로 밀어부쳐 해결하려 한다.

• • •
이기인은 인생에서 필수적인 노력을 '피서'적으로 한다.*
이타인은 인생에서 필수적인 노력을 필사적으로 한다.*
* 농땡이 피운다는 의미로. * 전력투구한다는 의미로.

• • •
이기인은 사람들을 엉엉 울려 살다 보니 재물을 다 얻고도 인생이 재미가 없고, 또 덧없고, 또 씁쓸하고, 또 쓸쓸하고, 또 고독도 불린다.
이타인은 사람들과 영영 어울려 살다 보니 재물을 더 얻고, 또 인생의 연이어 재미가 쏠쏠하고, 또 술술 곧 풀린다.

• • •
이기인은 독불로 사는 삶이니, '복면 삶'*이니 복이며 재물이며 사는 재미가 있으랴!
이타인은 더불어 사는 삶이니, 보며 사는 삶이니, 복이며 재물이며 사는 재미가 더블*로 있으리라!
* 가면 쓴 듯 가식적이고 위선적인 삶이란 의미로. * Double. 두 배.

• • •
이기인은 금전 목표를 정해 놓고도 마음이 '해이하다'*.
이타인은 금전 목표를 정해 놓고 마음이 "해야 해!" 한다.

…
이기인은 희망이 상상이다. 금전이 사상이다.
이타인은 희망이 사상이다. 긍정이 사상이다.

…
이기인은 탐의 이기심으로 꿈을 잃는 사람이다.
이타인은 땀의 이타심으로 꿈을 이루는 사람이다.

이기인으로 돈벌레?
이타인으로 돈 벌래?

인   쇄　| 2022년 5월 8일
발   행　| 2022년 4월 1일

지 은 이　| 이승철 · 양휘강
책임편집　| 인정아
교정교열　| 연삼흠
북디자인　| 홍소영

펴 낸 곳　| (주)스마일스토리
주   소　| 서울특별시 강서구 마곡 중앙6로 21, 5층 511호 D01(마곡동, 이너매스마곡1차)
전   화　| 1599-1045(대표), 070-7101-7878(기획/편집)
팩   스　| 02-2606-1045
이 메 일　| ceosmilestory@nate.com
홈페이지　| www.smilestory.io

ⓒ SmileStory Corp, 2022. Print in Korea.

이 책의 일부나 전체 내용을 무단으로 복사, 복제, 전재하는 것은 저작권법에 저촉됩니다.
저자와의 협의에 의해 인지는 붙이지 않습니다.